SAPI(서울대 인공지능정책 이니셔티브) 연구총서 1

인공지능 시대의
개인정보 보호법

고학수 · 김병필 · 구본효 · 백대열 · 박도현 · 정종구 · 김은수

박영사

사사(고학수, 박도현): 이 연구는 2019년 대한민국 교육부와 한국연구재단의 지원을 받아 수행된 연구임(NRF-2019S1A5A2A03036673)

머리말

기술발전은 현재진행형이다. 특히, 데이터에 대한 의존도가 높은 현대 인공지능 기술의 발전은 눈부시게 빠른 속도로 이루어지고 있다. 그와 동시에, 이러한 빠른 기술변화에 발맞추어 개인정보보호 법제도가 어떻게 대응해야 하는지에 대한 고민 또한 현재진행형으로 지속적으로 이루어지고 있다.

끊임없이 진행되고 있는 기술의 발전을 배경으로 하여, 법제도는 어떻게 변모해야 하는지에 관한 논의 또한 지속적으로 이루어져야 한다. 현재의 개인정보보호 관련 법제도는 법의 문제이기도 하지만, 동시에 기술의 문제이기도 하다. 법이 기술에 영향을 미치기도 하고, 또한 기술이 법에 영향을 미치기도 한다. 그런 점에서 당연히 법적 원리에 대한 고려와 동시에 기술 상황에 대한 고려가 함께 이루어져야 한다. 법 또는 기술의 어느 한 측면만 위주로 하여 고려하는 것은, 현실상황을 도외시하는 결과를 가져올 가능성이 있다. 하지만 법과 기술을 모두 고려하는 것은 쉽지 않은 노력과 협업을 필요로 한다.

이 책은 이러한 노력과 협업의 결과물이다. 2020년에 개인정보보호법, 신용정보법, 정보통신망법 – 소위 '데이터 3법' – 이 대폭 개정된 것을 계기로, 개정법이 담고 있는 내용은 어떤 것인지 그리고 법 개정을 통해 어떤 '데이터 세상'이 열리게 될 것인지 분석하고자 하였다. 이를 위해 연구팀을 형성하고 논의를 하였다. 연구팀 구성원은 모두 법학 배경이 있는 한편, 그와 동시에 공학, 통계학, 수학, 경제학 등의 영역에 일정 수준의 소양을 가지고 있기도 했다. 연구진은 법제도의 변화에 천착하는 동시에 그 배경에 있는 관련 기술의 상황은 어떠한지에 관해서도 탐구하고자 하였다.

연구진의 노력은 일차적으로는 2020년 6월에 서울대 인공지능정책 이니셔티브(SAPI) 이슈페이퍼의 형태로 나타났다. 연부역강(年富力强)한 젊은 연구자가 다수 포함된 연구진은, 이에서 한 걸음 더 나아가 더 깊은 연구와 논의를 하고, 이를 정리한 단행본을 내는 것으로 뜻을 모았다. 이를 위해 이슈페이퍼를 낸 후로 거의 1년 동안 규칙적으로 자체 세미나를 열고 논의를 진행하였다. 이 책은 이런 오랜 기간에 걸친 연구의 결과물이다. 가명처리로 대표되는 개정법의 주요 변화에 대해 기술적인 관점을 반영하여 정리하는 것에 더해, 인공지능 기술의 활용도가 높아지면서 새로이 등장하고 있는 이슈들 그리고 계속해서 발전하고 있는 다양한 프라이버시 보존기술(privacy-preserving techniques)에 대해서도 정리하였다.

연구진은 여러 주제 영역을 쪼개어 각기 연구를 진행하였고, 연구진 세미나를 통해 난상토론을 거치면서 연구의 깊이를 더하는 과정을 지속적으로 반복하였다. 그런 면에서 이 책은 연구진 모두의 진정한 연구 협업의 결과물이라고 할 수 있다. 몇몇 연구진은 희생적으로 많은 역할을 담당하여, 원고의 진전에 큰 도움이 되었다. 구본효 박사과정생은 몇몇 주요 영역에 대한 원고작업에 더해 전체 작업의 얼개를 마련하고 매번 세미나를 주관하면서 원고를 취합하여 정리하는 중요한 역할을 맡았다. 백대열 박사과정생은 핵심적인 집필진으로 참여하고 가상의 사례를 마련하는 등 원고의 내용 전반에 걸쳐 매우 중요한 역할을 하였다. 박도현 박사는 원고가 전체적으로 일관적이고 균형잡힌 내용을 담도록 하는 데 중요한 역할을 하였다. 김은수 박사와 정종구 변호사는 각자의 전문성을 발휘하여 원고 작업에 참여해 주었다. 그리고 무엇보다 김병필 교수는 상당히 많은 분량의 원고를 직접 작성했을 뿐더러, 전체 작업을 조망하면서 원고의 마무리 과정에서도 핵심적인 역할을 했다.

 이 작업은 연구진 사이의 원만한 협업과 희생이 없이는 이루어질 수 없는 작업이었다. 그런 점에서, 성실한 자세로 작업에 참여해 준 모든 연구진 여러분께 깊은 감사의 마음을 전한다. 책자 발간을 위해 신경써 주신 박영사 조성호 이사님 그리고 근사한 책자를 만들어 주신 윤혜경 대리님을 비롯한 편집 담당자 여러분께도 깊은 감사의 뜻을 전한다. 그리고 편집 과정에서 꼼꼼하게 원고를 검토해 준 김연준 조교에게도 깊은 감사를 드린다. 이 책이 우리나라 개인정보보호 법제도의 발전에 미력하게라도 기여할 수 있기를 바란다.

2022년 5월
저자를 대표하여
고학수

목 차

제**3**장

프라이버시 보호 모델

제**4**장

인공지능을 이용한
새로운 기술 한경과 비시별 조치

제**5**장

비식별 기술의 미래:
차분 프라이버시, 연합학습, 재현 데이터

약 칭

※ 본서에는 다음과 같은 약칭이 사용되었다.

생명윤리법 [생명윤리 및 안전에 관한 법률]
신용정보법 [신용정보의 이용 및 보호에 관한 법률]
외부감사법 [주식회사 등의 외부감사에 관한 법률]
정보공개법 [공공기관의 정보공개에 관한 법률]
정보통신망법 [정보통신망 이용촉진 및 정보보호 등에 관한 법률]
헌법 [대한민국헌법]

HIPAA [Health Insurance Portability and Accountability Act of 1996]
GDPR [Regulation (EU) 2016/679 of the European Parliament and of the Council of 27 April 2016 on the protection of natural persons with regard to the processing of personal data and on the free movement of such data, and repealing Directive 95/46/EC (General Data Protection Regulation)]

가명정보 처리 가이드라인(2022) [개인정보 보호위원회, "가명정보 처리 가이드라인", 2022. 4.]
개인정보 보호 법령 및 지침·고시 해설(2020) [개인정보보호위원회, "개인정보 보호 법령 및 지침·고시 해설", 2020. 12.]
개인정보 비식별 조치 가이드라인(2016) [관계부처 합동, "개인정보 비식별 조치 가이드라인 - 비식별 조치 기준 및 지원·관리체계 안내 -", 2016. 6.]
교육분야 가명·익명정보 처리 가이드라인(2020) [교육부/개인정보보호위원회, "교육분야 가명·익명정보 처리 가이드라인, 2020. 11.]
금융분야 가명·익명처리 안내서(2022) [금융위원회/금융감독원, "금융분야 가명·익명처리 안내서", 2022. 1.]
보건의료 데이터 활용 가이드라인(2021) [개인정보보호위원회/보건복지부, "[2021년] 보건의료 데이터 활용 가이드라인", 2021. 1.]

제 1 장

개인정보의 개념

1. 국내법상 개인정보의 개념

가. 개인정보 보호법의 배경 및 연혁

개인정보 보호 법제는 19세기 후반 미국에서 대두된 '프라이버시(privacy)' 개념에 역사적 뿌리를 두고 있는 것으로 여겨진다. 당시 사진 기술이 발전하면서 일부 악성 신문사가 유명인의 사생활을 여과 없이 알리는 일이 늘어나자, 국가나 타인의 간섭으로부터 개인의 내밀한 영역이 보호되어야 한다는 주장이 본격화 되었다. 소위 '홀로 있을 권리(right to be let alone)'가 프라이버시권으로 대두된 것이다.[1] 외부적 영향으로부터의 불간섭을 핵심으로 하는 소극적 자유가 프라이버시의 출발점이 된 셈이다.

20세기 중반이 되자 프라이버시 개념은 다음과 같은 두 가지 방향의 변화를 맞이하였다. 하나는 자신을 세상으로부터 숨긴다는 의미의 소극적 자유를 넘어 자신을 세상에 알린다는 의미의 적극적 권리성이 대두된 것이었다. 외부적 간섭에서 벗어나 독립적으로 정체성을 형성하는 행위뿐만 아니라 자신을 외부에 알리는 행위 역시 인격권의 일환이고, 따라서 자신을 드러내거나 숨길지를 개인이 전적

---

1) Samuel Warren/Louis Brandeis, "The Right to Privacy", Harvard Law Review 4(5)(1890), pp. 193-220.

으로 결정할 필요가 있다는 주장이다. 미국에서의 논의와 비교할 때 유럽에서의 논의는 개인의 인격권에서 비롯된 자기결정권을 더욱 강조하였다.[2)]

다른 하나는 정보통신기술과 결부된 형태로 프라이버시권이 확장되었다는 것이다. 정보통신기술의 급격한 발전에 따라 개인의 인격을 규정하는 정보를 구현할 수 있는 매개체가 급증하여, 신기술의 고유한 특성에 걸맞은 형태로 프라이버시 개념이 거듭날 필요가 있었다. 이러한 문제의식을 바탕으로, 헌법재판소는 2005년 지문날인제도 사건에서 최초로 개인정보자기결정권을 헌법상 기본권이라고 선언하기에 이르렀다.[3)]

나아가 국내에서는 2000년대에 이르러 몇몇 대규모 온라인 서비스 회사가 보유하고 있던 개인정보가 유출되는 사건이 발생하면서 사회적 물의를 빚기도 했다. 당시 국내의 개인정보 보호법제는 「공공기관의 개인정보보호에 관한 법률」[4)] 등 일부 영역의 개별법만이 마련되어 있던 상황이었다. 이 무렵 개인정보 보호법제를 통괄하는 일반법을 제정해야 한다는 사회적 요구가 거세졌고, 그리하여 마침

---

2) Paul M. Schwartz/Karl-Nikolaus Peifer, "Transatlantic Data Privacy Law", The Georgetown Law Journal 106(1)(2017), p. 123.

3) 헌법재판소 2005. 5. 26. 선고 99헌마513 등 결정. 당시 헌법재판소는 개인정보자기결정권의 헌법상 근거로 헌법 제17조의 사생활의 비밀과 자유, 헌법 제10조 제1문의 인간의 존엄과 가치 및 행복추구권에 근거를 둔 일반적 인격권, 우리 헌법의 자유민주적 기본질서 규정, 국민주권원리, 민주주의원리 등을 고려할 수 있으나, 개인정보자기결정권으로 보호하려는 내용을 위 각 기본권들 및 헌법원리들 중 일부에 완전히 포섭시키는 것은 불가능하므로, 그 헌법적 근거를 굳이 어느 한두 개에 국한시키는 것은 바람직하지 않고, 오히려 개인정보자기결정권은 이들을 이념적 기초로 하는 독자적 기본권으로서 헌법에 명시되지 아니한 기본권(헌법 제37조 제1항)이라고 판시하였다.

4) 이는 개인정보 보호법이 2011. 9. 30.부터 시행됨에 따라 폐지되었다.

내 2011년 현재의 개인정보 보호법이 제정되기에 이르렀다. 이후 개인정보 보호법은 몇 차례 개정되었으나 최근까지도 제정 당시의 기본적 틀은 대체로 유지되고 있다. 특히 그 중심에는 개인정보를 활용하는 개인정보처리자[5]가 정보주체에게 관련된 충분한 정보를 제공하고 그에 기반한 동의(informed consent)를 받아야 한다는 '동의 원칙'이 있다(개인정보 보호법 제4조 제1호, 제2호[6] 등 참조).

그러나 빅데이터, 인공지능 등의 신기술이 등장함에 따라 개인정보를 활용하여 사회적 부가가치를 창출할 수 있는 경로가 다양해지면서, 동의 원칙을 고수하게 되면 이러한 기회를 충분히 이용하기 어렵게 된다는 문제가 점차 대두되었다. 이에 따라 동의 원칙의 예외를 인정하여 개인정보의 활용과 보호라는 두 가지 목적을 함께 달성할 수 있는 대안으로, 이른바 '비식별 조치'에 대한 논의가 확산되었다. 이러한 논의가 발전한 결과, 2020년 2월 개인정보 보호법에 더해 신용정보법, 정보통신망법을 포괄한 일명 '데이터 3법'이 가명처리를 비롯한 비식별 조치에 관한 사항을 포함하는 방향으로 개정되어 2020. 8. 5.부터 시행되고 있다.

---

5) '개인정보처리자'란 업무를 목적으로 개인정보파일을 운용하기 위하여 스스로 또는 다른 사람을 통하여 개인정보를 처리하는 공공기관, 법인, 단체 및 개인 등을 말한다(개인정보 보호법 제2조 제5호). 이때 '처리'란 개인정보의 수집, 생성, 연계, 연동, 기록, 저장, 보유, 가공, 편집, 검색, 출력, 정정, 복구, 이용, 제공, 공개, 파기, 그 밖에 이와 유사한 행위를 말한다(개인정보 보호법 제2조 제2호).
6) 개인정보 보호법 제4조(정보주체의 권리) 정보주체는 자신의 개인정보 처리와 관련하여 다음 각 호의 권리를 가진다.
　1. 개인정보의 처리에 관한 정보를 제공받을 권리
　2. 개인정보의 처리에 관한 동의 여부, 동의 범위 등을 선택하고 결정할 권리 [후략]

나. 개인정보의 개념

개인정보 보호법이 적용되려면 먼저 구체적 사안에서 문제되는 대상이 동법 제2조 제1호에서 규정하는 '개인정보'에 해당하여야 한다.

> 제2조(정의) 이 법에서 사용하는 용어의 뜻은 다음과 같다.
> 1. "개인정보"란 살아 있는 개인에 관한 정보로서 다음 각 목의 어느 하나에 해당하는 정보를 말한다.
>   가. 성명, 주민등록번호 및 영상 등을 통하여 개인을 알아볼 수 있는 정보
>   나. 해당 정보만으로는 특정 개인을 알아볼 수 없더라도 다른 정보와 쉽게 결합하여 알아볼 수 있는 정보. 이 경우 쉽게 결합할 수 있는지 여부는 다른 정보의 입수 가능성 등 개인을 알아보는 데 소요되는 시간, 비용, 기술 등을 합리적으로 고려하여야 한다.
>   다. 가목 또는 나목을 제1호의2에 따라 가명처리함으로써 원래의 상태로 복원하기 위한 추가 정보의 사용 · 결합 없이는 특정 개인을 알아볼 수 없는 정보(이하 "가명정보"라 한다)
> 1의2. "가명처리"란 개인정보의 일부를 삭제하거나 일부 또는 전부를 대체하는 등의 방법으로 추가 정보가 없이는 특정 개인을 알아볼 수 없도록 처리하는 것을 말한다.

위 조문의 규정형식에서 알 수 있는 바와 같이, 개인정보 보호법상의 '개인정보'에 해당하기 위해서는 먼저 제2조 제1호 본문에 규정된 공통요건을 충족하여야 하고, 다음으로 동호 가목 내지 다목의 어느 하나에서 규정하는 개별요건을 충족해야 한다.

1) 공통요건

우선 개인정보의 공통요건은 "살아 있는 개인에 관한 정보"여야
한다는 것이다. 이를 다시 세분화하면 ① 해당 대상이 '정보'여야 하
고, ② 그러한 정보가 '개인에 관한' 것이어야 하며, ③ 그러한 개인
이 '살아 있는' 사람이어야만 한다.

첫째, 개인정보로 인정받기 위해서는 먼저 그것이 '정보'에 해당
하여야 한다. 그런데 개인정보 보호법에서는 정보가 무엇인지를 직
접적으로 규정하고 있지 않고 있으므로, 그 형태나 내용 등에 있어
정보의 범위를 어디까지로 보아야 할지가 문제된다. 관련 개별법들
사이에서도 정보의 범위가 통일되어 있지 않은 실정인데, 예컨대 정
보공개법 제2조 제1호는 정보의 형태나 내용에 제약을 두지 않는
반면, 지능정보화 기본법 제2조 제1호는 정보를 "광(光) 또는 전자적
방식으로 처리되는 부호, 문자, 음성, 음향 및 영상 등으로 표현된
모든 종류의 자료 또는 지식"으로 정의하여 그 처리방식에 제약을
두고 있다. 이에 대하여, 개인정보보호위원회[7]는 해설서에서 개인
정보에 있어 정보의 형태나 내용, 처리방식 등에는 특별한 제한이
없고, 주관적 평가나 부정확한 정보, 허위의 정보까지도 경우에 따
라 개인정보에 해당할 수 있다고 설명한다.[8] 개인정보보호위원회
표준 개인정보 보호지침 제3조 또한 "이 지침은 전자적 파일과 인쇄
물, 서면 등 모든 형태의 개인정보파일을 운용하는 개인정보처리자

---

[7] 개인정보보호위원회는 개인정보 보호법 제7조 내지 제7조의14에 따라 개인정보 보
　호에 관한 사무를 독립적으로 수행한다.
[8] 개인정보 보호 법령 및 지침·고시 해설(2020), 11면.

에게 적용된다"고 하여 모든 형태의 정보가 개인정보에 해당함을 전제로 하고 있다. 한편, 학술적으로는 정보와 데이터(data)를 구분하기도 하지만, 개인정보 보호법은 양자를 별개로 구분하지 않고 모두 '정보'라는 개념에 포섭하여 혼용한다.[9]

둘째, 개인정보는 '개인'에 관한 정보여야 한다. 민법에서는 법적 권리와 의무의 주체인 인(人)을 크게 자연인(민법 제2장)과 법인(민법 제3장)으로 구분한다. 개인정보 보호법에서 말하는 개인은 기본적으로 자연인을 뜻한다. 따라서 법인이나 물건에 관한 정보는 원칙적으로 개인정보에 해당하지 않는다. 또한 개인사업자의 상호명, 사업장 주소, 전화번호, 사업자등록번호, 매출액, 납세액 등은 사업체의 운영과 관련한 정보로서 원칙적으로 개인정보에 해당하지 않는다.[10] 그러나 법인이나 물건에 관한 정보라 하더라도 법인 대표자나 물건 소유자의 이름·주민등록번호 등과 같이 그 자체로 개인에 관한 것이기도 하다면 개인정보에 해당할 수 있다. 이때 그 정보가 반드시 특정한 1인에만 관련된 것일 필요는 없고, 단체 사진과 같이 하나의 정보가 여러 명 각각의 개인정보에 해당하는 것도 가능하다.[11]

셋째, 개인정보는 '살아 있는' 개인에 관한 정보여야 하므로, 배아, 출생 이전의 태아,[12] 사망한 사람에 대한 정보는 원칙적으로 개

---

9) 박노형, 개인정보보호법, 박영사(2020), 72면.
10) 개인정보 보호 법령 및 지침·고시 해설(2020), 10면.
11) 개인정보 보호 법령 및 지침·고시 해설(2020), 11면.
12) 개인정보보호위원회 결정 제2019-10-153호(의결일 2019. 5. 27.)는, 헌법재판소 2008. 7. 31. 선고 2004헌바81 전원재판부 결정을 인용하며, 개인정보 보호법이 살아 있는 개인만을 개인정보의 주체로 인정하면서 태아에 대해서는 개별규정을 두고 있지 않는 이상, 출생 전의 태아를 개인정보 보호법상 정보주체로 보기는 어렵다고 판단하였다. 그 주요 근거는 다음과 같다.

인정보에 해당하지 않는다. 다만 사망자의 정보라 하더라도 이를 통하여 생존한 유족과의 관계를 알 수 있는 정보는 그 유족의 개인정보에 해당할 수 있다.[13] 이처럼 개인정보 보호법이 생존하는 개인에 관한 정보만을 대상으로 하는 것은 개인정보 보호법이 개인의 인격권으로부터 도출된 '개인정보자기결정권' 보호를 주된 목적으로 하고 있기 때문이다. 이와 달리 정보 보호에 관한 법이라도 그 목적이 이와 다른 경우에는 사망한 사람의 정보도 보호 대상이 될 수 있다. 예컨대 의료법상 의료인의 비밀유지의무,[14] 변호사의 비밀유지의무[15] 등은 살아 있는 개인의 비밀만을 대상으로 한정한다고 볼 이유가 없다.[16] 유사하게 정보통신망법은 정보통신망에 의하여 처리·보관 또는 전송되는 타인의 정보를 훼손하거나 타인의 비밀을 침해·도용 또는 누설하는 행위를 금지·처벌하는데(정보통신망법 제49조, 제71조 제1항 제11호), 위 조항의 '타인'에는 생존하는 개인뿐만 아니라 이미 사망한 자도 포함된다.[17]

---

① 태아는 형성 중의 인간으로서 생명을 보유하고 있으므로 국가는 태아를 위하여 각종 보호조치들을 마련해야 할 의무가 있으나, 그와 같은 국가의 기본권 보호의무(헌법 제10조)로부터 태아의 출생 전에, 또한 태아가 살아서 출생할 것인가와는 무관하게, 태아를 위하여 민법상 일반적 권리능력까지도 인정하여야 한다는 헌법적 요청이 도출되지는 않는다.

② 민법 제3조는 "사람은 생존한 동안 권리와 의무의 주체가 된다"고 규정하고 있으므로 사람은 출생한 때로부터 권리능력을 가지게 되는데, 이에 대하여 판례와 학설은 전부노출설을 취하여 출생 전 단계에 있는 태아의 경우 원칙적으로 권리능력이 없다고 본다.

③ 민법은 특별한 필요가 있는 경우 민법 제762조와 같은 개별규정을 두어 예외적으로 태아를 보호하고 있다.

13) 개인정보 보호 법령 및 지침·고시 해설(2020), 10면.
14) 의료법 제19조 및 형법 제317조 제1항.
15) 변호사법 제26조 및 형법 제317조 제1항.
16) 대법원 2018. 5. 11. 선고 2018도2844 판결.
17) 대법원 2007. 6. 14. 선고 2007도2162 판결.

2) 개별요건

앞서 본 공통요건을 충족하면서 동시에 개인정보 보호법 제2조 제1호 가목 내지 다목의 개별요건 중 어느 하나를 갖춘 정보는 개인정보로서 개인정보 보호법의 적용을 받는다.

가) 개인식별정보(제2조 제1호 가목)

먼저 "성명, 주민등록번호, 영상 등을 통해 개인을 알아볼 수 있는 정보"는 그 자체로 개인정보에 해당한다(개인정보 보호법 제2조 제1호 가목). 여기서 '알아본다'는 것은 통상 '식별'이라고 칭해지므로, 본서에서는 위와 같은 개인정보 보호법 제2조 제1호 가목의 개인정보를 **'개인식별정보'**라 칭하기로 한다. 다만 이와 별개로 실무나 강학상으로는 위 규정이 예시로 드는 성명, 주민등록번호처럼 그 자체로 개인을 식별할 수 있게 하는 정보를 '식별자(identifier)'라 일컫기도 한다.[18]

'식별'이 구체적으로 무엇을 의미하는지에 관하여는 크게 다음과 같은 세 가지 관점이 제시되고 있다. ① 첫 번째 관점은 어떤 정보를 특정한 정보주체와 결부시키는 것이 식별이라 본다. 즉, 어떤 정보가 단일한 개인의 것이라는 사실을 넘어 해당 개인이 누구인지 그 신원까지 특정하는 것까지 가능해야 위 정보를 통해 그 개인이 식별되었다고 보는 것이다. ② 이와 달리 두 번째 관점은 복수의 정보가 주어졌을 때, 그 주체가 동일한지 여부를 판단할 수만 있다면 식별

---

18) 최규환, 가명정보와 개인정보자기결정권, 헌법재판소 헌법재판연구원(2021), 6면. 여기서 동명이인이 있을 수 있는 성명과 달리, 개인과 일대일로 대응하는 주민등록번호와 같은 '고유식별정보(개인정보 보호법 제24조 제1항, 시행령 제19조 제1호)'는 '고유 식별자(unique identifier)'라고 일컫는다.

이 이루어졌다고 본다. 정보주체를 정확하게 특정하지는 못하더라
도 복수의 정보 중에서 특정 정보주체에 귀속되는 정보들을 다른 것
들로부터 구별해내거나, 같은 정보주체에 관한 정보들을 서로 연계
할 수 있다면 식별이 이루어졌다고 보는 것이다.[19] ③ 한편, 세 번
째 관점은 정보를 토대로 그 주체의 범위를 좁히는 등 확률적인 추
론이 가능하기만 하면 식별이 이루어졌다고 본다. 이 경우 식별의
범위는 앞의 두 관점보다 훨씬 넓어지게 된다. 이때 첫 번째 관점에
서의 식별이 가능한 정보가 개인식별정보에 해당한다는 사실은 개
인정보 보호법 제2조 제1호 가목의 문언상 명백하지만, 두 번째 관
점 및 세 번째 관점에서의 식별만이 가능한 정보에 대해서는 개인식
별정보에 해당하는지 여부를 단언하기 어렵다.[20]

다른 한편으로 식별 여부를 어떠한 주체의 관점에서 평가할 것
인지가 문제되기도 한다. 이에 대해서는, ① 개인정보처리자의 개별
적·구체적 사정과 무관하게 상정할 수 있는 모든 정보를 고려하여
객관적·절대적으로 식별 여부를 평가해야 한다는 객관설·절대설,
② 그 반대로 개인정보처리자가 갖고 있거나 접근할 수 있는 정보
를 기준으로 하여야 한다는 주관설·상대설이나, ③ 두 견해 사이에
위치하는 절충설[21]도 제시되고 있다. 개인정보보호위원회 해설서에

---

19) 이때 전자와 후자를 명시적으로 구분하는 경우도 있다. 신용정보법 제2조 제15호
    가목 및 나목 참조.
20) 고학수, "개인정보의 식별과 비식별: 누군가를 '알아본다'는 것의 의미", 데이터 이
    코노미, 한스미디어(2017), 175-178면.
21) 가령 이동진, "개인정보 보호법 제18조 제2항 제4호, 비식별화, 비재산적 손해 – 이
    른바 약학정보원 사건을 계기로 –", 정보법학 제21권 제3호(2017), 266-268면은
    개인정보처리자에 더하여 잠재적 공격자(motivated intruder)를 고려한 관점을 기
    준으로 삼아야 한다는 견해를 제시한다.

서는 개인정보처리자의 관점을 기준으로 삼되, 향후 처리가 예정된
자의 관점도 포함한다고 본다.[22] 여기에서 "향후 처리가 예정된 자"
란 개인정보가 제3자에게 제공되었을 때 그 제3자를 말한다.

나) 개인식별가능정보

다음으로 개인식별정보는 아니라도 **"다른 정보와 쉽게 결합하여**
개인을 알아볼 수 있는 정보" 또한 개인정보에 해당한다(개인정보 보
호법 제2조 제1호 나목 제1문). 실무나 강학상으로는 이를 앞서 본 식
별자와 대비하여 '준식별자(quasi-identifier)'라 일컫기도 하나,[23] 여
기서는 앞서 본 개인식별정보와 구분하여 이를 '**개인식별가능정보**'
라 칭하기로 한다. 이때 '**다른 정보**'는 개인식별가능정보와 결합하여
개인을 알아볼 수 있도록 해주는 일체의 정보로, 사회에서 통용되고
있거나 개인정보처리자가 다른 경로를 통해 입수한 배경 지식
(background knowledge)이나 보조정보(auxiliary information) 등이 포
함될 수 있다.

개인식별가능정보 개념에서 가장 논란이 되는 부분은 "다른 정
보와 쉽게 결합", 즉 '**결합용이성**'의 의미가 무엇인가이다. 결합용이
성의 의미를 명확히 하기 위해 2020년 개정법은 "쉽게 결합할 수 있
는지 여부는 다른 정보의 입수 가능성 등 개인을 알아보는 데 소요
되는 시간, 비용, 기술 등을 합리적으로 고려하여야 한다"는 내용을
제2조 제1호 나목 제2문으로 삽입하였다.[24] 그러나 결합용이성을

---

22) 개인정보 보호 법령 및 지침·고시 해설(2020), 12면.
23) 최규환, 앞의 책, 6면.
24) 다만 불법적 방법을 통해야 한다면 입수 가능성이 없다고 본다. 개인정보 보호 법
    령 및 지침·고시 해설(2020), 12면.

판단하기 위한 기준이 구체적으로 무엇인지는 문언상 여전히 불분
명하여 논란이 계속될 여지가 있다.

한편, 개인식별가능정보에 있어서는 '**추론정보**', 즉 개인식별가능
성이 없는 정보로부터 추론을 통해 얻어낸 새로운 정보로서 개인식
별가능성이 있는 것이나, 개인식별가능성이 있는 정보로부터 얻어
낸 새로운 정보로서 식별가능성이 동등하거나 더 높아진 것을 어떻
게 취급할 것인지가 문제될 수 있다. 이러한 추론정보가 그 추론의
토대가 된 기존 정보와 별개로 개인정보 보호법의 규율을 받는지가
문언상 불분명하기 때문이다.

개인정보 보호법은 개인정보 주체나 제3자로부터 개인정보를 수
집하여 이용하는 방식을 개인정보 처리의 일반적 양태로 여기고 있
기 때문에(개인정보 보호법 제15조, 제17조), 일견 추론정보는 개인정
보 보호법의 적용 대상이 아니라고 볼 여지가 전혀 없는 것은 아니
다. 그러나 개인정보보호위원회 표준 개인정보 보호지침 제6조 제1
항과 해설서는 정보주체로부터 직접 개인정보를 제공받는 것뿐만 아
니라 정보주체에 관한 모든 형태의 개인정보를 취득하는 것이 개인
정보 보호법 제15조의 '수집'에 포함된다고 해석하고 있다.[25] 그렇
다면 추론정보라고 하더라도 그것이 개인정보의 개념 요건에 부합

25) 개인정보 보호 법령 및 지침·고시 해설(2020), 81면. 반면 조상현, "추론개인정보
의 법적 취급", 서울대 인공지능정책 이니셔티브 DAIG Magazine 제2호(2021),
166-167면은 '추론'이라는 양태가 사전적 정의나 실무의 현황을 고려할 때 '수집'보
다는 '생성'에 가깝고, 이를 '수집'에 포함된다고 해석한다면 개인정보 제15조가 적
용되어 추론정보가 만들어질 때마다 매번 정보주체에게 고지하고 동의를 받아야
하여 현실적이지 못하다는 견해를 제시한다. 다만 '수집'과 '생성'은 모두 개인정보
보호법 제2조 제2호의 '처리'에 포함되는 개념이므로, 어느 것으로 보더라도 개인정
보 보호법의 적용 범위만 달라질 뿐이지 적용 여부 자체가 달라지는 것은 아니다.

한다면, 기존 정보와는 별개의 법적 규율이 이루어질 필요가 있다.

다만 이때 정보주체로부터 직접 수집한 기존 정보와 이를 처리하여 얻어낸 추론정보의 성격은 반드시 같지 않을 수 있다는 것에 유의해야 한다. 얼마든지 개인정보가 아닌 정보로부터 개인정보가 추론되거나, 개인정보로부터 개인정보가 아닌 정보가 추론되는 현상이 발생할 수 있기 때문이다. 나아가 기존 정보와 추론정보가 개인정보에 해당하지 않는 단순 정보, 민감정보가 아닌 개인정보, 민감정보 사이에서 성격을 달리할 여지도 있다. 따라서 추론정보는 기존 정보와 별개로 추론정보 그 자체를 통한 식별가능성을 고려하여 규율될 필요가 있다.[26]

추론정보와 관련하여 대두되는 다른 한 가지 중요한 쟁점은, 식별가능성을 전부 혹은 전무의 이분법에 기초하여 판단하는 개인정보 보호법의 태도와 달리 추론정보의 식별가능성은 확률적으로 평가되는 것이 보통이라는 것이다. 이러한 이유로 추론정보를 통해 확률적으로만 개인을 식별할 수 있다면 그 식별가능성을 부정해야 한다는 주장도 제기될 수 있다. 즉, 개인정보 보호법상의 '식별가능성' 요건을 규범적으로 해석하고 판단할 때에는 전적인 인정과 불인정이라는 양자택일적 선택만 존재할 뿐이고, 확률적 식별가능성을 포함하도록 식별가능성의 개념 범위를 확장할 수는 없다는 것이다. 그러나 부정확한 정보나 허위의 정보도 개인정보에 포함될 수 있다고 보는 개인정보보호위원회 해설서의 입장[27]과 개인정보의 오류가능성을 전제로 정보주체의 정정 또는 삭제권을 인정하는 현행법(개인

---

26) 조상현, 앞의 논문, 167-169면.
27) 개인정보 보호 법령 및 지침·고시 해설(2020), 11면.

정보 보호법 제36조)의 취지 등을 고려한다면, 단순히 추론정보의 식
별가능성이 확률적으로 평가된다는 점을 들어 모든 추론정보는 개
인정보가 아니라고 단정하기는 어려울 것이다.[28] 실제로 확률적 추
론정보에 기초한 의사결정이 널리 이루어지고 있는 현실을 떠올려
보면 이러한 정보를 규율대상에서 전적으로 배제하는 경우 개인정
보 보호의 사각지대가 무분별하게 확대될 위험도 있다. 다만 규범적
차원에서 확률적 추론정보를 구체적으로 어느 범위까지 개인정보로
보아 규율할지는 신중히 검토되어야 할 문제이다.

다) 가명정부

구 개인정보 보호법은 개인식별정보, 개인식별가능정보의 두 가
지 유형만을 개인정보로 규정하였으나, 2020년 개정법은 '**가명정보**'
라는 새로운 유형의 개인정보를 신설하였다. 이때 가명정보란 개인
식별정보나 개인식별가능정보에 대해 그 일부를 삭제하거나 그 일
부 또는 전부를 대체하는 등의 방법을 통해 추가 정보가 없이는 특
정 개인을 알아볼 수 없도록 하는 '**가명처리**(개인정보 보호법 제2조 제
1호의2)'를 하여, 원래의 상태로 복원하기 위한 추가 정보의 사용·
결합 없이는 특정 개인을 알아볼 수 없는 정보를 말한다(개인정보 보
호법 제2조 제1호 다목). 가명정보는 개인정보의 활용과 보호라는 두
가지 가치를 조화롭게 달성하기 위한 목적에 따라 새로이 도입된 개
념이다. 그리하여 가명정보의 처리가 '통계작성, 과학적 연구, 공익
적 기록보존 등'이라는 목적에 부합할 경우, 개인식별정보 또는 개
인식별가능정보에 비해 완화된 방식의 처리를 허용하는 특례 규정

---

28) 조상현, 앞의 논문, 165-166면.

(개인정보 보호법 제3절 가명정보의 처리에 관한 특례, 제28조의2 내지 제 28조의7)이 적용된다.[29] 그러나 특례 규정이 개인정보 보호법의 적용 자체를 배제하는 것은 아니고, 가명정보는 개념정의상 추가 정보를 사용·결합하면 특정 개인을 알아볼 수 있다는 점에서 개인정보 보호법은 가명정보 또한 개인정보의 일종임을 분명히 하고 있다.

한편 개인식별정보나 개인식별가능정보와 달리 민감정보나 고유식별정보에 대한 가명처리를 어떻게 규율할지는 분명하지 않다. 가명정보 처리 가이드라인(2022)은 원칙적으로 민감정보나 고유식별정보 역시 가명정보 처리 특례조항에 따라 가명처리하여 활용할 수 있지만, 개인정보 보호 원칙(개인정보 보호법 제3조)에 따라 처리 목적에 필요하지 않은 민감정보나 고유식별정보는 삭제하도록 하였다. 다만 주민등록번호는 고유식별정보에 해당하면서도 보다 엄격한 규율이 적용되는 것에 비추어(개인정보 보호법 제24조의2), 관련법에서 명시적으로 주민등록번호를 가명처리 할 수 있는 근거가 마련되지 않는 한 가명정보 처리 특례 규정에 따른 가명처리가 허용되지 않는다고 보았다.[30]

2020년 데이터 3법 개정 시 개인정보 보호법뿐만 아니라 신용정보법에도 가명정보와 관련된 규정이 도입되었다. 세부적인 내용은 일부 차이가 있지만, 가명정보의 개념을 정의하고 여기에 해당하는 경우 개인신용정보(신용정보법 제2조 제2호)에 비해 완화된 처리를 허

---

29) 개인정보 보호법 제28조의4 내지 제28조의7은 문언상 특례 규정이 적용되는 목적을 제한하고 있지 않지만, 개인정보보호위원회 해설서에 따르면 제28조의2, 제28조의3과 마찬가지로 '통계작성, 과학적 연구, 공익적 기록보존 등'의 목적으로 처리하는 경우를 의미한다고 한다. 개인정보 보호 법령 및 지침·고시 해설(2020), 240-248면.
30) 가명정보 처리 가이드라인(2022), 14면.

용하는 특례 규정이 적용되도록 하여 개인정보 보호법과 유사한 구
조를 채택하고 있다(신용정보법 제2조 제15호, 제16호, 제32조 제6항 제9
호의2, 제40조의3 등 참조).

　이때 앞서 본 개인식별가능정보(개인정보 보호법 제2조 제1호 나목)
에서의 '다른 정보'와 가명정보에서의 '추가 정보'가 각각 무엇을 의
미하는지, 그리고 양자는 어떤 관계에 있는지 문제된다. 기본적으로
개인식별가능정보와 가명정보는 해당 정보 자체만으로는 식별가능
성이 없으나 부가적 정보를 동원할 경우 식별가능성이 인정될 수 있
다는 공통점을 가지고 있기 때문이다. 이에 대해 개인정보보호위원
회 해설서는 가명정보에서의 '추가 정보'는 가명처리 과정에서 생성
또는 사용되어 이전의 정보로 복원할 수 있는 정보에 국한되고, 개
인식별가능정보에서의 '다른 정보'는 개인정보처리자가 보유하고 있
거나 합법적으로 접근·입수할 수 있는 모든 정보를 의미한다고 보
아 양자를 구분하고 있다.[31]

　한편, 개인정보보호위원회가 발간한 가이드라인에서는 추가 정
보의 의미를 보다 구체화하여 기술하고 있다. 위 가이드라인에 따르
면, 추가 정보란 "개인정보의 전부 또는 일부를 대체하는 가명처리
과정에서 생성 또는 사용된 정보로서 특정 개인을 알아보기 위하여
사용·결합될 수 있는 정보(알고리즘, 매핑테이블 정보, 가명처리에 사용
된 개인정보 등)"를 의미한다. 나아가 동 가이드라인은 추가 정보는
가명처리 과정에서 생성·사용된 정보에 한정된다는 점에서 다른 정
보와 구분되는 개념이라고 명시하였다.[32]

---

31) 개인정보 보호 법령 및 지침·고시 해설(2020), 13면.
32) 가명정보 처리 가이드라인(2022), 7면.

3) 익명정보

한편, 정보 중에는 원래부터 식별가능성이 없거나, 또는 원래 식별가능성이 있었지만 비식별 조치가 충분히 이루어짐에 따라 식별가능성 있는 정보로 복원될 여지가 없어진 것이 있을 수 있다. 이러한 정보는 식별가능성이 없어 개인정보 보호법의 적용을 받지 않는 것이 타당하다. 이에 2020년 개정된 개인정보 보호법 제58조의2는 "시간·비용·기술 등을 합리적으로 고려할 때 다른 정보를 사용하여도 더 이상 개인을 알아볼 수 없는 정보"에는 동법이 적용되지 않는다는 것을 명문화하였다. 개정 개인정보 보호법은 이러한 유형의 정보에 특별한 명칭을 부여하지 않았으나, '가명'과 '익명'을 서로 대조시키는 개인정보 보호법 제3조 제7항의 내용에 비추어 이를 '**익명정보**'로 표현할 수 있을 것이다.[33] 한편, 신용정보법은 '익명처리'라는 개념을 명시적으로 규정하고 있다(신용정보법 제2조 제17호 등 참조).

본서의 내용과 관련하여 특히 중요한 것은, 익명정보 중에서도 원래 식별가능성이 있었지만 비식별 조치가 충분히 이루어짐에 따라 식별가능성 있는 정보로 복원될 가능성이 제거된 정보이다. 다만 앞서 본 개정 개인정보 보호법 제58조의2의 문언에도 불구하고,

---

[33] 다만 '익명화'를 "개인식별정보를 영구적으로 삭제하거나, 개인식별정보의 전부 또는 일부를 해당 기관의 고유식별기호로 대체하는 것"으로 규정한 생명윤리법 제2조 제19호의 경우는 유의할 필요가 있다. 그 내용만 놓고 보면 개인정보 보호법상 익명처리보다는 오히려 가명처리와 가까워 보이는 개념이기 때문이다. 실제로 개인정보보호위원회와 보건복지부 가이드라인은 개정 개인정보 보호법상 '가명처리'가 생명윤리법상 '익명화'에 포함된다고 설명하고 있다. 보건의료 데이터 활용 가이드라인(2021), 37면.

어느 정도의 비식별 조치가 이루어져야 식별가능성 있는 정보로
복원될 가능성이 없다고 판단할 수 있는지 그 구체적 기준은 불분명
하다.

4) 관련 판례

가) 주요 쟁점

개인정보의 개념을 어떻게 이해하느냐에 따라 개인정보 보호법
의 규율 범위가 달라질 수 있으므로, 개인정보의 개념은 실무상 매
우 중요하다. 이에 판례도 대체로 개인정보 개념의 해석론에 집중하
는 경향이 발견된다. 그런데 가명정보는 최근의 법 개정을 통해 비
로소 실정법에 도입된 개념이기 때문에, 그간 판례들은 개별적·구
체적 사안별로 특정 정보가 개인식별정보, 개인식별가능정보, 익명
정보 중 무엇에 해당하는지를 주로 다루어 왔다. 이 중에서도 식별
여부 내지 식별가능성을 어떠한 주체의 관점에서 평가할 것인지에
관한 객관설·절대설과 주관설·상대설의 대립과 관련된 여러 판결
이 내려졌다. 이에 대하여 아직 확립된 대법원 판례는 없는 것으로
보이고[34] 서로 다른 입장을 취한 하급심 판례만이 있기에, 이하에서
는 관련 하급심 판례들의 내용을 살펴보기로 한다. 다만 이하의 판
례들은 모두 데이터 3법이 개정되기 이전의 것이므로, 그 판시 내용
의 전부 또는 일부가 개정법에 비추어 더 이상 유효하지 않을 수도
있다는 점에 유의하여야 한다.

---

34) 이소은, "개인정보자기결정권의 민사법적 보호", 서울대학교 법학전문박사학위논문
    (2018), 84면.

나) 객관설·절대설을 따른 판례

식별가능성 판단에 있어 객관설·절대설을 따른 판례로 가장 널리 원용되는 것이 이른바 'IMEI·USIM 사건'이다. 이 사건의 피고인들은 앱(app)을 개발한 자 또는 그 개발을 의뢰한 자인데, 해당 앱을 설치할 경우 사용자의 국제 단말기 고유식별번호(international mobile equipment identity, IMEI)와 범용 가입자 식별모듈(universal subscriber identity module, USIM) 일련번호의 조합정보나 IMEI와 휴대전화번호의 조합정보가 서버에 저장되도록 한 피고인들의 행위가 개인정보 보호법을 위반한 것인지 여부가 문제되었다. 논란이 된 쟁점은 IMEI나 USIM의 일련번호가 개인정보에 해당하는지 여부였는데, 피고인들은 주관설·상대설의 관점에서 볼 때 자신들이 보유한 '다른 정보'로는 IMEI나 USIM의 일련번호와의 결합을 통해 특정한 개인을 식별할 수 없다고 주장하였다. 그러나 법원은 통신사의 관리 시스템에 IMEI나 USIM의 일련번호와 결합할 수 있는 다른 정보가 보관되어 있고 제3자가 이를 취득할 가능성이 있다는 이유를 들어 이러한 주장을 배척하였다.[35]

이와 유사한 이유를 들어 휴대전화번호를 개인정보로 인정한 사건도 있었다. 대출중개업 사이트 운영자인 피고인들이 업무상 취득한 휴대전화번호를 제3자에게 무단으로 제공한 사안에서, 통신사와의 가입약정 당시 휴대전화번호와 개인을 식별할 수 있는 다른 정보가 동시에 제공되고 이를 제3자가 취득할 가능성이 있다고 하여 법원이 개인정보 보호법 위반을 인정한 것이다.[36]

---

35) 서울중앙지방법원 2011. 2. 23. 선고 2010고단5343 판결.

나아가 법원은 휴대전화번호 뒷번호 4자를 개인정보로 인정하기
도 하였다. 이 사건은 경찰공무원이 도박장을 단속해 달라고 신고한
자의 휴대전화번호 뒷번호 4자를 도박 피고인 중 한 사람에게 알려
줘 문제가 된 사안이었다. 법원은 오늘날 휴대전화번호 뒷자리 4자
에 일정한 의미나 패턴을 담는 경우가 많고, 특히 해당 주체와 일정
한 인적 관계가 있는 자의 경우 식별가능성이 상당할 수 있다는 논
거를 들어 개인정보 보호법 위반을 인정하였다.[37]

다) 주관설·상대설을 따른 판례

식별가능성 판단에 있어 주관설·상대설을 따른 판례로는 이른
바 '약학정보원 사건'이 널리 알려져 있다. 이 사건은 대한약사회와
약학정보원이 약국관리 프로그램을 통해 개별 약국이 건강보험심사
평가원에 제출한 처방전 목록을 취득하고 제3자에게 판매한 행위의
개인정보 보호법 위반 여부가 문제된 것이다. 해당 판례의 제1심 및
항소심 법원은 모두 '개인정보는 해당 정보를 처리하는 자의 입장에
서 특정 개인을 식별할 수 있는 정보'라는 일반론을 전제로 결론에
이르러 주관설·상대설의 입장에 따른 것으로 이해된다.[38]

주관설·상대설을 따르면서도 식별가능성의 평가기준을 개인정
보처리자의 관점에 국한하지 않은 경우도 있다. 한 사건에서는, 병
원 직원들이 진단검사를 위한 혈액 검체를 무단으로 진단키트 개발

---

36) 서울중앙지방법원 2015. 4. 9. 선고 2015노387 판결. 이는 피고인들의 상고가 대법
   원 2015. 7. 23. 선고 2015도5321 판결로 기각되면서 그대로 확정되었다.
37) 대전지방법원 논산지원 2013. 8. 9. 선고 2013고단17 판결.
38) 서울중앙지방법원 2017. 9. 11. 선고 2014가합508066, 538302 판결; 서울고등법원
   2019. 5. 3. 선고 2017나2074963, 2074970 판결.

업체에 제공할 때 라벨스티커에 해당 병원의 내부 시스템으로 개인
식별정보를 조회할 수 있는 검체번호와 바코드가 함께 인쇄되어, 이
와 관련된 개인정보 보호법 위반 여부가 쟁점이 되었다. 이에 대하
여 제1심 및 항소심 법원은 제3자에게 제공된 개인정보의 식별가능
성은 단순히 제공자를 기준으로 삼기보다는 해당 정보가 담고 있는
내용, 정보를 주고받는 사람들의 관계, 정보를 받는 사람의 이용목
적과 방법, 그 정보와 다른 정보를 결합하기 위해 필요한 노력과 비
용의 정도, 정보의 결합을 통해 상대방이 얻는 이익의 내용 등을 합
리적으로 고려하여 판단해야 한다는 법리를 제시하였다.[39] 이 판결
에 있어서는 개인정보가 제3자에게 제공된 경우(개인정보 보호법 제1
7조), 개인정보를 수령한 그 제3자가 직접적 이해관계를 가진다는
사실이 고려된 것으로 보인다.

2. 개인정보와 비식별 조치

가. 비식별 조치의 개념 및 유형

이처럼 헌법상 개인정보자기결정권이나 개인정보 보호법 등 실
정법은 '개인정보'를 그 보호 대상으로 하고 있으므로, 이를 고려하
여 수집된 개인정보를 개인정보가 아닌 정보로 변환하여 이용하거
나 제3자에게 제공하는 것을 생각해 볼 수 있다. 앞서 설명한 가명
정보 및 익명정보는 모두 이러한 맥락에서 등장한 개념이다. 구 개

---

39) 수원지방법원 성남지원 2017. 9. 15. 선고 2017고단1438 판결; 수원지방법원 2018.
    4. 12. 선고 2017노7275 판결.

인정보 보호법에서는 이와 관련하여 '익명처리(구 개인정보 보호법 제
3조 제7항)' 또는 '특정 개인을 알아볼 수 없는 형태로 개인정보를 제
공(구 개인정보 보호법 제18조 제2항 제4호)'이라는 표현을 찾아볼 수
있었지만, 학술적으로는 개인정보의 정의에 포함된 '식별' 개념과 대
조하여 '비식별'이라는 개념이 널리 원용되었다. 이에 여러 정부 부
처 합동으로 2016년에 발표된 개인정보 비식별 조치 가이드라인
(2016)은 '비식별 조치(de-identification)'라는 표현을 활용하면서 이
러한 개념을 공식화하기에 이르렀다.[40]

    이에 따라 구 개인정보 보호법상 '익명처리'와 위 가이드라인상
'비식별 소치'가 각각 무엇을 의미하는지, 양자는 어떤 관계에 있는
지 등 다양한 문제가 제기되었다. 가장 먼저 양자는 식별가능성을
완전히 제거하는 것을 의미하는지, 아니면 일정 수준 이하로만 낮추
면 충분한 것인지를 두고 논란이 빚어졌다. 일각에서는 식별가능성
을 완전히 제거하는 것만을 익명처리 및 비식별 조치로 보아야 한다
는 엄격한 해석을 주장하기도 하였으나, 다른 한편에서는 두 개념
모두 식별가능성을 일정 수준 이하로 낮추기만 하면 충분하다고 보
기도 하였다. 이와 달리 식별가능성을 완전히 제거하는 것을 익명화
(anonymization)로, 일정 수준 이하로 낮추는 것을 가명화(pseudo-
nymization)로 이원화하면서 비식별 조치는 양자를 포괄한 개념으로
바라보아야 한다는 견해도 나타났다.[41]

    개정 개인정보 보호법 제3조 제7항은 '익명처리'와 '가명처리'를

---

40) 개인정보 비식별 조치 가이드라인(2016), 3면 이하.
41) 국내외의 관련된 논의에 대한 상세한 사항에 대하여는 고학수 외, 개인정보 비식별
    화 방법론 -보건의료정보를 중심으로-, 박영사(2017), 195-204면 참조.

구분함으로써 이들이 서로 구별되는 개념임을 분명히 하고 있다.[42] 또한 앞서 본 바와 같이 개정법이 가명정보를 개인정보의 일환으로 규정(제2조 제1호 다목)하는 반면, 익명정보는 개인정보 보호법의 적용범위에서 원천적으로 배제(제58조의2)하는 것도 이러한 개념 구분을 방증한다. 다만 현실적으로는 식별성 제거를 위한 합리적인 노력에도 불구하고 식별가능성을 완벽하게 제거하기 어려운 경우가 많으므로, 익명처리는 추가 정보 내지 다른 정보를 활용한 식별가능성의 확보가 규범적 차원에서 불가능해졌다고 판단할 수 있는 수준의 조치를 의미하는 것으로 이해할 수 있다.[43]

개인정보 보호법이 개정됨에 따라 개인정보 비식별 조치 가이드라인(2016)은 현행법에 따른 가이드라인이 아니라는 이유로 폐지되었다.[44] 그러나 실무적으로는 익명처리 및 가명처리 양자를 포괄하는 것으로서 비식별 조치 개념이 여전히 원용되고 있으므로, 이하에서는 비식별 조치의 방법 등을 살펴보기로 한다.

나. 비식별 조치의 방법

비식별 조치는 통상 식별자 내지 준식별자의 전부 또는 일부의 내용을 삭제하거나 대체하는 등의 방법을 활용하여 식별가능성을 줄이는 조치를 일컫는다.[45] 개인정보 비식별 조치 가이드라인(2016)

---

42) 개인정보 보호법 제3조(개인정보 보호 원칙) ⑦ 개인정보처리자는 개인정보를 익명 또는 가명으로 처리하여도 개인정보 수집목적을 달성할 수 있는 경우 익명처리가 가능한 경우에는 익명에 의하여, 익명처리로 목적을 달성할 수 없는 경우에는 가명에 의하여 처리될 수 있도록 하여야 한다.
43) 고학수, 앞의 논문, 182면 참조.
44) 가명정보 처리 가이드라인(2022), 6면.
45) 개인정보 비식별 조치 가이드라인(2016), 5-6면.

에 제시된 대표적인 비식별 조치 방법 다섯 가지는 다음과 같다.

첫째, 식별자에 해당하는 정보를 식별할 수 없는 다른 값으로 대체하는 방법인 '가명처리(pseudonymization)'가 있다. 식별자 이외의 다른 정보에는 영향을 미치지 않기 때문에 정보의 변형과 변질 정도가 적다는 장점이 있지만, 그 반대급부로 가명처리 이후에도 여전히 식별가능성이 유의미하게 남아있을 수 있다는 단점이 공존한다. 실무적으로는 식별자를 일정한 규칙에 따라 변형하는 휴리스틱 가명처리(heuristic pseudonymization), 식별자의 암호화(encryption), 식별자와 다른 항목 간의 교환(swapping) 등의 방법이 활용될 수 있다.[46] 여기서 한 가지 유의할 사항은 가명처리만 활용될 경우 충분한 비식별 조치가 이루어졌다고 보기 어려우므로, 아래에 제시되는 기법을 추가로 적절히 혼용해야 한다는 것이다.[47] 한편, 여기서의 '가명처리'는 그 명칭에도 불구하고 개정 개인정보 보호법에 새롭게 도입된 '가명처리'와 정의상 구별됨에 유의할 필요가 있다. 즉, 위 가이드라인이 비식별 조치 방법 중 하나로 제시하는 가명처리가 개정 개인정보 보호법 제2조 제1호의2가 규정하는 가명처리에 해당하는지 여부는 개별적·구체적 맥락에 비추어 달라질 수 있다.

둘째, 전부 혹은 일부의 정보에 대해 총합이나 평균 등의 통계값을 적용하여 특정한 개인을 식별할 수 없도록 하는 방법인 '총계처리(aggregation)'가 있다. 총계처리를 통해서는 수치정보에 대한 식별가능성을 낮추면서 통계분석을 수행할 수 있다는 장점이 있지만, 그 과정에서 세부적 정보가 누락되어 정교한 분석이 어려울 수 있고 집

---

46) 개인정보 비식별 조치 가이드라인(2016), 31면.
47) 개인정보 비식별 조치 가이드라인(2016), 7면.

계 수량이 적은 경우에는 개체의 특성이 유사하여 통계값으로부터
개별 개체를 추론할 여지가 발생할 수 있다는 단점이 있다. 실무적으
로는 오차범위가 큰 일부에만 총계처리를 적용하는 부분총계(micro
aggregation), 총계처리된 값에 대하여 올림·내림·반올림 등을 활용
하는 라운딩(rounding), 기존 정보의 전체적 내용은 유지하면서도 개
인의 정보를 타인의 정보와 뒤섞어 식별가능성을 낮추는 재배열(re-
arrangement) 등이 활용되고 있다.[48]

셋째, 식별가능성 있는 정보를 원천적으로 삭제(data reduction)하
는 방법도 있다. 근본적으로 식별가능성을 없앨 수 있다는 장점이
있지만, 분석의 유효성과 신뢰성을 크게 낮출 수 있다는 단점도 있
다. 실무적으로는 원본 데이터에서 모든 식별자, 경우에 따라서는
준식별자를 포함한 일체의 정보 중 일부 또는 전부를 삭제하거나 다
른 정보와 뚜렷이 구별되는 일부 이상값(outlier)을 삭제하는 등의 방
법을 활용한다.[49]

넷째, 어떤 정보를 정보주체가 속한 집단의 대푯값으로 변환하거
나 일정한 구간값으로 범주화하여 식별가능성을 낮추는 방법인 '범
주화(suppression)'가 있다. 수치화된 형식을 취하고 있어 통계분석이
용이한 반면, 범주화하는 과정에서 정보가 왜곡될 수 있고 특정 범
주의 구간이 좁혀지면 식별의 여지가 있다는 문제가 있다. 실무적으
로는 어떤 정보를 평균 또는 범주값으로 변환하여 표시하거나 앞서
본 올림·내림·반올림과 같은 라운딩 기법을 활용한다.[50]

---

48) 개인정보 비식별 조치 가이드라인(2016), 32면.
49) 개인정보 비식별 조치 가이드라인(2016), 33-34면.
50) 개인정보 비식별 조치 가이드라인(2016), 34-35면.

다섯째, 정보의 전부 또는 일부를 공백(blank)이나 잡음(noise)으로 대체하는 방법인 '마스킹(masking)'이 있다. 원래 정보가 가지고 있는 구조를 비교적 적게 변형시킨다는 장점이 있지만, 과도한 마스킹으로 인해 정보가 왜곡되거나 반대로 과소한 마스킹으로 인해 식별가능성이 여전히 유의미하게 남게 될 수 있다는 단점이 있다. 실무적으로는 원래의 정보에 임의 잡음(random noise)을 삽입하거나, 정보의 전부 또는 일부를 공백이나 대체문자로 바꾸는 방안을 주로 활용한다.[51]

다. 비식별 조치의 적정성 평가

위와 같은 다양한 방법을 동원하여 비식별 조치를 진행한 이후에는 그 결과물이 잠재적 공격자에 의해 식별가능성 있는 정보로 복원될 가능성이 있는지, 즉 재식별(re-identification) 위험이 있는지를 평가하여야 한다. 이때 재식별 위험을 측정하기 위한 계량 모델로는 'k-익명성(k-anonymity)', 'l-다양성(l-diversity)', 't-근접성(t-closeness)' 등이 있는데, 자세한 내용은 본서 제3장에서 자세히 설명하도록 한다.

라. 비식별 조치와 목적합치의 원칙

한편, 개정 개인정보 보호법은 '목적합치의 원칙'을 도입하여 기존의 동의 원칙에 대한 예외 조항을 신설하였는바, 이 또한 비식별 조치와 밀접한 관련이 있다. 개정법은 개인정보처리자로 하여금 최초 수집 목적과 합리적으로 관련된 범위에서 정보주체의 불이익과

---

51) 개인정보 비식별 조치 가이드라인(2016), 35면.

안전성 확보에 필요한 조치 등을 고려하여 대통령령으로 정하는 바
에 따라 정보주체의 동의 없이 개인정보를 이용·제공할 수 있도록
하고 있다(개인정보 보호법 제15조 제3항, 제17조 제4항).[52] 그런데 개
정법 시행령 제14조의2 제1항 제4호는 '안전성 확보에 필요한 조치'
의 예시로 가명처리 또는 암호화를 들고 있는바, 이는 비식별 조치
의 예시라고 해석할 수도 있다. 가명처리가 동의 원칙의 예외가 된
다는 점에서, 이는 앞서 본 개인정보 보호법 제28조의2 가명정보 특
례 규정과 유사한 취지를 반영한 것으로 볼 수 있다. 이 조항은 개
인정보 수집 당시 목적과의 '양립가능성(compatibility)'을 기준으로
동의 원칙을 완화한 GDPR 제5조 제1항 (b)호, 제6조 제4항의 영향
을 받은 조항으로 평가된다.

3. GDPR상 개인정보의 개념

이하에서는 비교법적 검토의 일환으로 GDPR상 개인정보의 개
념을 살펴본다. GDPR은 개인정보 보호에 관한 유럽연합의 일반규
정이다. GDPR이 2018. 5. 25. 시행됨에 따라, 1995. 12. 13.부터 시
행되어 왔던 유럽연합 개인정보보호지침(Directive 95/46/EC)은 폐기
되고 GDPR로 대체되었다. 유럽연합 개인정보보호지침과 달리
GDPR은 각 회원국의 국내 입법이 없이도 직접적인 법적 구속력을
가진다(GDPR 제99조).

GDPR상 개인정보의 개념을 살펴보는 것은 실무상으로도 중요

---

52) 다만 개인정보보호위원회 해설서는 이 조항은 민감정보나 고유식별정보에 대해서는
    적용되지 않는다고 보았다. 개인정보 보호 법령 및 지침·고시 해설(2020), 101면.

하다. 우선 GDPR의 역외 적용 조항(제3조)으로 인해 우리나라의 개
인정보처리자들도 ① 유럽연합 역내의 정보주체에게 재화나 용역을
제공하거나 ② 유럽연합 역내의 정보주체가 유럽연합 역내에서 수
행하는 활동을 모니터링하는 경우에는 GDPR을 적용받게 되므로,
이를 구체적으로 살펴볼 필요가 있다. 나아가 우리 개인정보 보호법
은 유럽연합으로부터 GDPR에 상응하는 개인정보 보호 수준의 적정
성을 인정받을 수 있는 방향으로 최근 개정되었고, 이에 실제로 그
개정 과정에서 GDPR이 중요한 참고자료가 되었다.[53] 따라서 개정
개인정보 보호법의 내용을 정확히 이해하기 위해서도 GDPR의 내용
을 살펴볼 필요가 있다.

가. GDPR상 개인정보의 정의

GDPR 제4조 제1항은 개인정보(personal data)를 "식별된 또는
식별가능한 자연인과 관련된 일체의 정보(any information relating to
an identified or identifiable natural person)"[54]로 정의하면서, 이때 "식
별된 또는 식별가능한 자연인"을 "정보주체(data subject)"라 칭한다.
GDPR 전문(前文, Recital)[55] 제26항은 "개인정보 보호 원칙은 식별

---

53) 행정안전부, "개인정보 보호법 개정안 국회 통과, 데이터 경제 청신호 -보호체계
   일원화로 국민 불편 해소, EU 적정성 평가 통과 기대-", 개인정보보호정책과(2020.
   1. 9.); 김현숙, "과학적 연구목적을 위한 개인정보 처리에 관한 비교법적 연구 -개
   정된 개인정보 보호법과 EU의 GDPR의 비교를 중심으로-", 정보법학 제24권 제1
   호(2020), 117-118면.
54) 이하에서 GDPR 조문을 번역함에 있어서는 개인정보보호위원회 홈페이지에 2018.
   11. 22. 게시된 번역본을 주로 참고하되, 필요한 경우에는 이를 일부 수정하였다.
55) GDPR은 173개 항의 전문과 99개 조의 본문으로 구성되어 있다. 이때 전문은 본문
   을 해석하고 적용함에 있어 그 방향, 맥락 등을 보충하는 역할을 수행한다. 따라서
   GDPR을 이해하기 위해서는 본문뿐만 아니라 그와 관련된 전문들을 함께 살펴보아

된 또는 식별될 수 있는 자연인에 관한 일체의 정보에 적용된다
[…] 따라서 개인정보 보호 원칙은 익명정보(anonymous information),
즉 식별되었거나 식별가능한 자연인에 관련되지 않은 정보 또는 정
보주체가 식별가능하지 않거나 더 이상 식별가능하지 않은 방식으
로 익명처리된 개인정보에는 적용되지 않는다"고 하여, 위 정의를
재확인한다.

문언 그대로, 개인정보에 관한 GDPR의 위 정의는 ① "식별된
또는 식별가능한", ② "자연인", ③ "관련(성)", ④ "일체의 정보"의
네 가지 요소로 구성된다. 그런데 GDPR은 이 중 ①, 특히 그중 '식
별가능성'에 관하여만 명시적인 규정을 두고 있으므로(제4조 제1항,
전문 제26항), 나머지에 관하여는 제29조 작업반(Article 29 Data
Protection Working Party)[56]이 2007. 6. 20. 발표한 "개인정보의 개념
에 관한 의견(Opinion 4/2007 on the concept of personal data, 이하
'WP136 의견'이라 한다)"을 참조하는 것이 유용하다. 이하에서는 항을
바꾸어 위 네 요소의 의미를 각각 살펴본다.

야 한다.

[56] 유럽연합 개인정보보호지침 제29조에 의해 조직되었던 실무 작업반이다. 유럽연합
    회원 각국의 개인정보 감독기구가 파견한 대표들로 구성되었으며, 개인정보 보호에
    관한 독립적인 자문기구로서 가이드라인, 의견서 등을 작성하여 발표하였다. 제29
    조 작업반은 GDPR 시행 이후 새로이 설립된 유럽 개인정보보호이사회(European
    Data Protection Board, EDPB)로 대체되었으나, 제29조 작업반이 작성·발표한 가
    이드라인, 의견서 등은 GDPR을 해석함에 있어서도 여전히 유의미하게 활용된다
    (GDPR 제68조 제1항, 제94조 제2항, 전문 제139항).

나. GDPR상 개인정보의 네 가지 요소

1) "식별된 또는 식별가능한(identified or identifiable)"

GDPR은 "식별된(identified)" 자연인의 의미에 관하여 규정하고 있지 않지만, WP136 의견은 "일정한 집단 내의 특정 자연인이 그 집단의 다른 모든 구성원들로부터 구별된 때(distinguished)" 그 자연인이 "식별된" 것이라고 설명한다.[57] 가령 A대학교에 '김철수'라는 이름을 가진 사람이 단 한 명만 있다면, '김철수'라는 이름 정보로 인해 그는 A대학교의 다른 모든 구성원들로부터 구별된다. 따라서 이 경우 '김철수'라는 이름 정보는 식별된 자연인에 관한 정보로서 GDPR상의 개인정보에 해당한다.

위 예시가 시사하듯 식별된 자연인에 관한 정보로 가장 쉽게 떠올릴 수 있는 것은 이름이다. 그러나 구체적인 상황 및 맥락에 따라 이름 이외의 다른 정보도 얼마든지 식별된 자연인에 관한 정보가 될 수 있고, 이와 반대로 이름만으로는 자연인이 식별되지 않는 경우도 있을 수 있다. 가령 B동호회에 만 30세의 회원이 단 한 명만 있다면, '만 30세'라는 연령 정보로 인해 그는 B동호회의 다른 모든 구성원들로부터 구별되므로, 위 연령 정보는 식별된 자연인에 관한 정보에 해당한다. 반면 B동호회에 '김철수'라는 이름을 가진 사람이 여럿이라면, 위 이름 정보만으로는 그를 B동호회의 다른 모든 구성원들로부터 구별해낼 수 없으므로, 위 이름 정보는 식별된 자연인에 관한 정보에 해당하지 않을 수 있다.

---

57) Article 29 Data Protection Working Party, Opinion 4/2007 on the concept of personal data (2007), p. 12.

다음으로 "식별가능한(identifiable)"의 의미에 관하여 살펴보자. 앞서 살펴본 "식별된"의 의미에 비추어, 일정한 집단 내의 특정 자연인이 그 집단의 다른 모든 구성원들로부터 '구별될 수 있다면' 그 자연인이 "식별가능"하다고 일응 말할 수 있을 것이다. 그러나 이러한 설명은 불충분하다. 이미 "식별된" 경우와 달리, 어떠한 정보를 이용할 때 특정인을 "식별가능한"지 여부는 오직 확률적으로만 평가될 수 있기 때문이다. 따라서 GDPR이 요구하는 바와 같이 식별가능성이 개인정보의 개념 요소로 기능하기 위해서는 그 판단 기준이 구체화될 필요가 있고, 실무적으로도 개인정보에 해당하는지 여부가 문제되는 대부분의 사안은 다름 아닌 식별가능성에 관한 것이다.

이에 GDPR 제4조 제1항은 "식별가능한 자연인"을 "직접 또는 간접적으로(directly or indirectly), 특히 식별자들(identifiers) ─가령 이름, 식별번호,58) 위치정보, 온라인 식별자 등─ 을 참조하거나 해당인의 신체적, 심리적, 유전적, 정신적, 경제적, 문화적 또는 사회적 정체성(identity)에 특이한 하나 이상의 요인(factor)을 참조함으로써 식별될 수 있는 자"라 정의한다.

여기서 가장 먼저 주목해야 할 것은 "식별자"이다. GDPR은 식별자를 정의하지 않고, 그 대신 "이름, 식별번호, 위치정보, 온라인 식별자 등"을 식별자의 예시로 드는 데 그치나, WP136 의견은 식별자를 특정 자연인과 "특히 특별하고도 밀접한 관계(a particularly privileged and close relationship)"에 있는 정보라고 설명한다. GDPR 제4조 제1항이 예로 들고 있는 "이름, 식별번호, 위치정보"는 특정 자연인의

---

58) 우리나라의 주민등록번호, 미국의 사회보장번호(social security number, SSN) 등
  이 이에 해당할 것이다.

고유한 정보인 경우가 적지 않고,[59] 그 경우 해당인과 특별하고도 밀접한 관계에 있는 정보로서 식별자에 해당한다. 나아가 GDPR 전문 제30항은 "인터넷 프로토콜(Internet protocol, IP) 주소, 쿠키 식별자(cookie identifier), 또는 전파식별태그(radio frequency identification tag, RFID) 등"의 "온라인 식별자"도 식별자의 예로 들고 있다. 이러한 온라인 식별자들은 "특정 자연인에 대한 프로필(profile)을 생성하고 그를 식별하는 데 사용될 수 있는 자취(trace)를 남길 수" 있다는 중요한 특징이 있다(GDPR 전문 제30항).

　　한편, 특정한 자연인은 "직접 또는 간접적으로" 식별될 수 있다. 가령 어떠한 식별자가 특정 자연인에게 고유한 것이라면, 그 식별자로부터 '직접' 해당 자연인을 식별해낼 수 있을 것이다. 반면 식별자가 그 자체로는 특정 자연인에게 고유한 것이 아니라 하더라도, 여러 식별자들 및 해당인이 지닌 "신체적, 심리적, 유전적, 정신적, 경제적, 문화적 또는 사회적 정체성(identity)에 특이한 하나 이상의 요인"을 한데 모아 분석함으로써 '간접적으로' 특정 자연인을 식별해낼 수도 있다.

　　이른바 "고유 조합(unique combination)"이 이러한 "간접적" 식별의 전형적 사례에 해당한다.[60] 가령 C회사에 '김씨 성을 가진 30대로 서울에 거주하면서 클래식 음악을 즐기는 사람'이 단 한 명 있다고 하자. 이때 '성(姓)', '연령대', '거주지' 정보는 위 인물의 고유한

---

59) 가령 만약 앞서 살펴본 바와 같이 특정 집단 내에 동명이인이 여럿 있다면, 그 이름은 특정 자연인의 고유한 정보가 아니다. 그러나 이 경우에도 동명이인의 수가 그리 많지 않다면 그 이름은 여전히 그 이름을 가진 개개인과 밀접한 관계를 가진 것으로서 식별자 또는 준식별자에 해당할 수 있다.

60) WP136, p. 13.

정보는 아닐 가능성이 높다. C회사에 김씨 성을 가진 사람이나 30
대, 서울 거주자는 각각 여럿 있을 수 있기 때문이다. 따라서 성, 연
령, 거주지 정보 각각만으로는 위 인물을 식별할 수 없다. 그러나 이
상의 정보 및 '클래식 음악을 즐긴다'는 그의 심리적·문화적 정체성
요인을 한데 모아 보면 위 인물을 단일하게 특정하여 식별해 낼 수
있으므로, 위의 성, 연령, 거주지 정보는 "(간접적으로) 식별가능한"
자연인에 관한 정보라 할 수 있다. 이러한 의미에서 통상적으로 광
의의 식별자 중 특정 자연인에게 고유한 것을 "직접 식별자(direct
identifier)" 내지 "고유 식별자(unique identifier)"로, 위 사례에서와 같이
특정 자연인에게 고유한 정보는 아니나 합리적인 범위 내에서[61] 다른
정보와 결합하여 해당인을 식별할 수 있는 것을 "간접 식별자(indirect
identifier)" 내지 "준식별자(quasi-identifier)"로 나누어 부른다.[62]

한편, GDPR 전문 제26항은 "자연인이 식별가능한지를 판단함에
있어 선별(singling out) 등 그 자연인을 직접 또는 간접적으로 식별
하기 위해 컨트롤러(controller)[63] 또는 제3자가 합리적으로 사용할

---

61) 후술하는 GDPR 전문 제26항 참조.

62) ISO/IEC 20889, Privacy enhancing data de-identification terminology and
classification of techniques (2018)은 하나의 데이터 집합(data set) 내에서의 식
별가능성을 기준으로 고유 식별자와 준식별자를 구분하고, 해당 데이터 집합을 포
함하는 운영환경 내에서의 식별가능성을 기준으로 직접 식별자와 간접 식별자를
구분함으로써 네 가지 용어를 엄격히 구분한다. 그러나 본서에서는 논의의 편의를
위해 직접 식별자와 고유 식별자, 간접 식별자와 준식별자를 각각 같은 의미로 사
용하기로 한다. 실무적으로는 전자를 식별자로, 후자를 준식별자로 넓게 구분하여
부르기도 한다.

63) GDPR에서 컨트롤러(controller)란 "단독으로 또는 제3자와 공동으로 개인정보 처
리의 목적 및 방법을 결정하는 자연인 또는 법인, 공공기관, 기관, 기타 기구"를 의
미한다(제4조 제7항 전단). 이는 "컨트롤러를 대신하여 개인정보를 처리하는 자연
인이나 법인, 공공기관, 기관 또는 기타 기구"인 프로세서(processor)와는 구분되는
개념이다(제4조 제8항). 우리나라 개인정보 보호법은 이와 같은 구분이 없다. 개인

것으로 예상되는 모든 수단이 고려되어야 한다"고 규정한다. 즉, 식별가능성은 "(이러한 식별을 시도할) 컨트롤러 또는 제3자" 및 "그가 합리적으로 사용할 것으로 예상되는 모든 수단"을 상정함으로써 평가되어야 한다는 것이다. 이때 "[위] 수단이 그 자연인을 식별하는데 사용될 것이라 합리적으로 예상되는지 여부"를 어떻게 판단할지가 문제되는데, 이에 관하여 GDPR 전문 제26항은 "식별에 소요되는 비용 및 시간 등의 모든 객관적 요인을 고려하고, 처리 시점에 가용한 기술 및 기술 발전사항을 고려하여야 한다"고 규정하고 있다.

그렇다면 자연인을 직접 또는 간접적으로 식별하고자 하는 컨트롤러 또는 제3자(이하 '공격자(attacker)'라 한다)가 합리적으로 사용할 것으로 예상되는 수단에는 구체적으로 무엇이 있는가? GDPR은 "선별(singling out)"만을 그 예시로 들고 있으나, 제29조 작업반은 2014. 4. 10. 발표한 "익명처리 기법에 관한 의견(Opinion 05/2014 on Anonymisation Techniques; 이하 'WP216 의견'이라 한다)"에서 이에 더하여 "연결가능성(linkability)" 및 "추론(inference)" 또한 식별가능성을 판단함에 있어 고려해야 할 위험임을 표명한 바 있다. 선별, 연결가능성 및 추론 개념은 식별가능성 내지 개인정보의 개념에 있어 중요한 의미를 가지므로 그 의미를 간략히 살펴본다.[64]

정보 보호법은 "업무를 목적으로 개인정보파일을 운용하기 위하여 <u>스스로 또는 다른 사람을 통하여</u> 개인정보를 처리하는 공공기관, 법인, 단체 및 개인 등"을 개인정보처리자로 정의하고(제2조 제5호), 개인정보처리자가 일정한 요건하에 제3자에게 개인정보의 처리 업무를 위탁할 수 있도록 하고 있다(제26조). GDPR 상의 컨트롤러 및 프로세서의 개념이 우리나라 개인정보 보호법에서의 위탁자 및 수탁자 개념과 일치하지 않음에 유의하여야 한다.

64) 이 개념은 GDPR상의 가명정보 개념과 관련하여서도 중요한 역할을 하는데, 이에 관하여는 해당 부분에서 후술한다.

우선 선별이란 "데이터 집합(data set)에 포함된 특정 [정보주체]를 식별하는 일부 또는 모든 기록(records)을 분리해 낼 수 있는 가능성"을 의미한다.[65] 즉, 어떠한 데이터 집합에서 특정 개인에 관한 기록들만을 추려낼 수 있다면, 해당 데이터 집합에는 선별의 위험이 있는 것이다. 그런데 앞서 살펴본 바와 같이 식별가능성은 일정한 집단 내의 특정 자연인이 그 집단의 다른 모든 구성원들로부터 구별될 수 있는 가능성을 의미하므로, 선별의 위험은 그 자체로 곧 식별가능성을 내포하게 된다.

선별에까지는 이르지 못하더라도, 연결가능성 및 추론 또한 식별가능성의 징후가 될 수 있다. 연결가능성은 "같은 정보주체 내지 같은 정보주체 집단에 관한 두 기록을 서로 연결할 수 있는" 가능성을, 추론은 "특정 속성치(value of an attribute)를 다른 속성치들의 집합으로부터 유의미한 확률로(with significant probability) 도출(deduce)해 낼 수 있는" 가능성을 각각 의미한다.[66] 앞서 본 "고유 조합"의 사례가 시사하듯, 특정 정보주체 내지 정보주체 집단에 관한 정보가 누적될수록 그 식별가능성은 일반적으로 증가하게 된다. 따라서 만약 공격자가 어떠한 데이터 집합에서 A기록과 B기록이 사실은 같은 정보주체 내지 같은 정보주체 집단에 관한 것임을 발견해낼 수 있다면(연결가능성), 그는 이 두 기록을 결합함으로써 그 정보주체를 식별해내거나, 식별에까지는 이르지 못하더라도 그 범위를 좁힐 수 있을 것이다. 나아가 만약 공격자가 데이터 집합을 분석하여 해당 집

---

65) Article 29 Data Protection Working Party, Opinion 05/2014 on Anonymisation Techniques (2014), p. 11.

66) WP216, pp. 11-12.

합 내에서 C속성과 D속성을 가진 사람은 유의미한 확률로 E속성도 가진다는 사실을 발견해 낼 수 있다면(추론), 그는 이 모두를 결합하여 정보주체를 식별해 내거나 그 범위를 좁힐 수 있을 것이다. 따라서 연결가능성과 추론은 선별과 마찬가지로 자연인을 식별해 내기 위한 하나의 공격 방법이자, 식별가능성을 판단함에 있어 고려해야 할 위험에 해당한다.

2) "자연인(natural person)"

GDPR상 개인정보의 요소 중 "자연인"의 의미는 우리 법에서와 동일하다. 다만 GDPR 전문 제2항은 "개인정보의 처리에 관한 자연인 보호의 원칙 및 규칙은 그 자연인의 국적 또는 거주지에 상관없이 그 기본권과 자유, 특히 개인정보 보호에 관한 권리를 존중하여야 한다"고 규정하고, 전문 제14항은 "본 규정이 정하는 개인정보 보호는 국적이나 거주지에 상관없이 자연인에게 그 개인정보의 처리와 관련하여 적용되어야 한다"고 규정하여, 자연인은 국적 또는 거주지와 무관하게 GDPR상 정보주체가 될 수 있음을 명시하고 있다.

우리나라에서 자연인의 권리능력의 시기(始期)와 종기(終期)가 논의되는 것처럼, 태아나 사망자가 GDPR상 정보주체가 될 수 있는지가 문제될 수 있다. 사망자의 정보주체성에 관하여 GDPR 전문 제27항은 "본 규정은 사망자의 개인정보에 적용되지 않는다"고 규정함으로써 이를 원칙적으로 부인하면서도, "회원국은 사망자의 개인정보 처리에 관한 규칙을 마련할 수 있다"고 하여 회원국의 개별적 입법을 통해 이를 인정할 가능성을 열어두고 있다. 다른 한편으로

WP136 의견은 사망자의 개인정보가 동시에 살아 있는 자연인의 개
인정보에도 해당할 수 있고, 이 경우 사망자의 개인정보는 살아 있
는 자연인의 개인정보로서 간접적으로 GDPR에 따른 보호를 누릴
수 있음을 밝히고 있다. 가령 A가 X염색체 유전병으로 사망하였다
면 이러한 사망 사실에 관한 정보는 사망한 A의 개인정보인 동시에,
경우에 따라서는 A의 살아 있는 자녀의 개인정보에도 해당할 수 있
다는 것이다.67) 태아의 정보주체성에 관하여는 GDPR상 명문의 규
정이 없고, 단지 WP136 의견은 이 문제는 회원국의 법제 일반에서
의 태아의 법적 지위에 달려 있다고 서술하고 있을 뿐이다.68)

한편, GDPR 전문 제14항은 "본 규정은 법인의 명칭과 형태 및
법인의 연락처 등 법인, 특히 법인으로 설립된 사업체와 관련된 개
인정보의 처리에는 적용되지 않는다"고 규정하여 법인의 정보주체
성을 명시적으로 부인한다. 그러나 유럽사법재판소(European Court of
Justice, ECJ)는 유럽연합 개인정보보호지침이 시행되던 당시 Lindqvist
사건에서 "유럽공동체법(Community law)의 다른 규정들이 금지하지
않는 한, 회원국은 유럽연합 개인정보보호지침의 이행을 위한 국내
법을 제정함에 있어 위 지침의 범위에 포함되지 않은 영역에까지 그
범위를 확장할 수 있다"고 판시하였는바,69) 개별 회원국이 국내 입
법을 통해 법인의 정보주체성을 인정할 가능성은 열려 있다고 볼 수
있다. 이외에 WP136 의견은 법인의 명칭이 자연인의 이름을 딴 경우
나, 회사의 피용자가 회사 이메일 계정을 사용하는 경우 등 법인에 관

---

67) WP136, p. 22.
68) WP136, p. 23.
69) Judgment of the European Court of Justice C-101/2001 of 06.11.2003, § 98.

한 정보가 동시에 자연인의 개인정보에도 해당하여 간접적으로 GDPR
에 따른 보호를 누리는 경우가 있을 수 있다고 지적하고 있다.[70]

3) "관련(성)(relating to)"

GDPR상 개인정보는 식별된 또는 식별가능한 자연인과 "관련된"
정보여야 한다. 관련성은 많은 경우 일응 직관적으로 쉽게 판단할
수 있는 것처럼 보이기도 한다. 그러나 WP136 의견은 "문제되는 관
계(relation) 내지 연결(link)이 무엇이고 어떻게 이를 구별해낼 수 있
는지를 정확하게 찾아내는 것이 매우 중요"하다고 설명하면서 관련
성이 개인정보 개념의 핵심 요소임을 지적한다. 이에 WP136 의견
은 관련성의 판단 기준을 구체화하여, 관련성이 인정되려면 "내용
(content)", "목적(purpose)", "결과(result)"라는 관련성의 세 요소 중
적어도 하나 이상이 갖추어져야 한다고 설명한다.[71] 이 세 가지 요
소는 상호 독립적이어서, 가령 목적 및 결과의 요소가 결여되어 있
다 하더라도 내용의 요소를 갖추어 관련성이 인정되는 경우가 있을
수 있고, 세 요소 모두를 갖추어 관련성이 인정되는 경우도 있을 수
있다. 또한 하나의 정보가 내용 요소에 있어서는 A라는 사람과, 목
적 요소에 있어서는 B라는 사람과, 결과 요소에 있어서는 C라는 사
람과 각기 관련성이 인정되는 것도 가능하다.[72]

우선 내용 요소는 "그 정보의 컨트롤러 내지 제3자 측의 목적이
나, 그 정보가 정보주체에 미치는 영향과는 무관하게, 정보[의 내용

---

70) WP136, p. 23.
71) WP136, p. 10.
72) WP136, pp. 11-12.

이] 특정 [자연인]에 관한 것일 경우" 충족된다.[73] 이는 관련성의 일반적·사전적 의미에 부합하며, 세 요소 중 가장 직관적이다. 가령 특정 환자의 진료기록은 그 내용이 해당인에 관한 것이므로, 내용 요소를 충족하여 그 정보주체인 환자와의 관련성이 인정된다.

다음으로 목적 요소는 "개별 사안을 둘러싼 모든 사정들을 고려했을 때, 그 정보가 개인의 상태(status)나 행동(behaviour)을 평가하거나, 특정한 방법으로 취급하거나, 이에 영향을 미치려는 목적으로 활용되거나 활용될 개연성이 있는 경우" 충족된다.[74] 이러한 목적 요소는 앞서 내용 요소의 의미에서 살펴본 바와 같이 해당 정보의 "컨트롤러 내지 제3자 측"의 관점을 반영한다. 가령 A라는 사람이 운영하는 사무실에 설치된 전화기의 통화기록 정보는 통신 서비스 제공업체에 의해 요금 부담 주체를 식별하기 위한 목적으로 활용될 수 있으므로 A와 관련된 정보임과 동시에, A나 수사기관 등에 의해 전화기를 실제로 사용하는 자를 식별하기 위한 목적으로도 활용될 수 있으므로 전화기의 실제 사용자와 관련된 정보이기도 하다. 즉, 고정된 내용을 갖는 하나의 정보라 하더라도 활용 목적의 범위를 어떻게 파악하느냐에 따라 얼마든지 복수의 정보주체와 관련될 수 있는 것이다.

마지막으로 결과 요소는 "내용이나 목적 요소가 충족되지 않는다 하더라도, 개별 사안을 둘러싼 모든 사정들을 고려했을 때 그 정보의 활용이 특정 [자연인]의 권리(right) 및 이해관계(interest)에 영향을 미칠 개연성이 있는 경우" 충족된다.[75] 이때 잠재적 영향이

---

73) WP136, p. 10.
74) WP136, p. 10.

"중대(major)"해야 하는 것은 아니고, 단지 그 정보의 처리에 따른
결과로 특정 자연인이 다른 사람들과는 달리 취급될 가능성이 있으
면 충분하다.[76] 가령 택시회사가 콜 배차를 위해 자신이 보유한 택
시에 관하여 실시간으로 수집하는 위치정보는, 설령 택시회사가 이
정보를 해당 택시를 운전하는 택시기사의 평가 등에 활용할 목적이
아니라고 하더라도 그 활용에 따라 위 택시기사의 처우 등에 영향을
미칠 수 있으므로, 결과 요소를 충족하여 위 택시기사와의 관련성이
인정될 수 있다.

4) "일체의 정보(any information)"

GDPR 제4조 제1항은 식별된 또는 식별가능한 자연인과 관련된
"일체의 정보"를 개인정보라 정의하고 있다. 이는 개인정보의 개념
을 광범위하게 설정하려는 입법 의도를 명시적으로 드러낸 것으로,
GDPR상 개인정보의 네 번째 요소인 "일체의 정보"를 해석함에 있
어서도 그 범위를 넓게 파악해야 한다.[77] WP136 의견은 정보의
"성질(nature)", "내용(content)", "형식(format)"이라는 세 가지 차원
에서 이를 설명한다.

우선 정보의 성질 차원에서, WP136 의견은 수치 등으로 표현되
는 "객관적" 정보 및 특정 자연인에 관한 평가 내지 의견을 담은
"주관적" 정보 모두가 "일체의 정보"로서 개인정보에 해당할 수 있
고, 이때 그 정보가 사실에 부합해야 한다거나 증명되어야 하는 것

---

75) WP136, p. 11.
76) WP136, p. 11.
77) WP136, p. 6.

은 아니라고 본다.[78] 그러나 WP136 의견의 이러한 설명에도 불구
하고, 가령 '김철수는 신뢰할 만한 채무자이다', '김철수는 성실하고
근면한 근로자이다'와 같은 주관적 평가가 어디까지 '일체의 정보'에
해당하는지는 분명하지 않다. 일례로 유럽사법재판소는 거주 허가
(residence permit)를 신청한 외국인에 대하여 네덜란드 이민청이 작
성한 내부 문서가 개인정보에 해당하는지 여부가 문제된 사안에서,
문서에 포함된 신청인의 성명, 생년월일, 성별 등은 개인정보에 해
당하나, 신청인에 대한 법적 분석(legal analysis)은 당시 시행되고 있
던 유럽연합 개인정보보호지침의 목적과 규율체계 등에 비추어 보
았을 때 개인정보에 해당하지 않는다고 판시하였다.[79]

한편 정보의 내용 차원에서, GDPR상 개인정보에 해당하기 위해
어떠한 정보가 반드시 특정 자연인의 내밀한 사생활에 관한 것일 필
요는 없다. 지금까지 살펴본 GDPR상 개인정보의 개념에 비추어, 특정
자연인의 내밀한 사생활에 관한 정보가 그 자체로 당연히 개인정보에
해당함은 물론이다. 그러나 그의 업무 관계나 사회적·경제적 활동 전
반에 관한 정보 또한 "일체의 정보"로서의 다른 요건을 모두 충족하
면 GDPR상 개인정보에 해당할 가능성이 있다. 가령 약 처방 정보
는 통상 이를 처방받은 환자의 내밀한 사생활에 관한 개인정보로 파
악되지만, 맥락에 따라서는 이를 처방해 준 의사의 업무처리방식을
드러내는 것으로서 그 의사의 개인정보에 해당할 가능성도 있다.[80]

---

78) WP136, p. 6.

79) CJEU Joined Cases C-141/12 and C-372/12 YS v. Minister voor Immigratie,
    Integratie en Asiel, and Minister voor Immigratie, Integratie en Asiel v. M
    and S [2014] ECLI:EU:C:2014:2081.

80) WP136, p. 7.

마지막으로 GDPR상 개인정보에는 아무런 형식상의 제한이 없
다. 개인정보는 반드시 문자 형태로 표현될 필요가 없고, 영상·화상·
음성 등 모든 형식의 정보가 GDPR상 개인정보에 해당할 수 있다.
가령 ARS 이용 과정에서 녹음된 음성이나, CCTV 등에 의해 촬영된
자연인의 영상 등도 GDPR상 개인정보에 해당할 수 있다.[81]

---

81) WP136, p. 8.

제 2 장

비식별 조치의 이해

본 장에서는 개인정보 비식별 조치의 구체적 방법으로서 가명처리와 익명처리에 관하여 더 자세하게 살펴본다. 특히 이하에서는 2020년 개정 개인정보 보호법상 신설된 가명처리와 가명정보의 개념에 초점을 맞추어, 가명처리와 가명정보의 법적 정의, 가명정보의 이용과 결합 및 그 관리에 관해 다룬다. 나아가 실무상 구체적 지침을 담고 있는 가명처리에 대한 주요 국내 가이드라인의 내용을 살피고, 비교법적으로 GDPR 상의 가명처리에 관한 내용을 소개한다.

1. 비식별 조치의 발전 배경

　구체적으로 가명처리나 익명처리의 개념을 소개하기에 앞서, 이를 포괄하는 비식별 조치 개념이 역사적으로 발전해 온 맥락을 먼저 짚어 볼 필요가 있다. 현재의 비식별 조치 개념 형성의 과정에서 중요한 역할을 한 사례로는 매사추세츠 주지사 의료정보 재식별 사건, AOL 검색어 재식별 사건, 넷플릭스 영화평 정보 재식별 사건을 들 수 있다.

가. 주요한 개인정보 재식별 사례

1) 매사추세츠 주지사 의료정보 재식별 사건[1]

미국 매사추세츠(Massachusetts)주는 주정부 소속 단체보험위원회
(Group Insurance Commission, GIC)를 통해 주 공무원들을 위한 건강
보험을 제공하여 왔는데, 1990년대 중반 GIC는 주 공무원들의 병원
방문기록을 포함한 의료정보를 연구 목적을 위해 공개하였다. 공개
된 데이터에는 공무원들의 우편번호, 생일, 성별 등 정보가 포함되
어 있었다. 다만, 데이터 공개에 앞서 이름, 주소, 사회보장번호, 그
리고 기타 '분명한 식별자'로 여겨지는 정보는 삭제되었다. 주 정부
는 이처럼 식별자를 삭제하였으므로, 환자의 개인정보가 유출되는
것은 아니라고 판단하였다.

데이터 공개 후 한 연구자는 매사추세츠 주지사에 관한 정보의
재식별을 시도하였다. 미국에서는 선거인명부를 유상으로 구매할
수 있는데, 선거인명부에는 유권자들의 이름, 주소, 우편번호, 생일,
성별 정보가 포함되어 있었다. 이 연구자는 GIC가 공개한 데이터와
선거인명부 정보 및 주지사에 관해 알려져 있는 정보(성별, 우편번호,
생일)를 상호 대조함으로써 어렵지 않게 주지사에 관한 정보를 찾아
낼 수 있었다. 주지사가 거주하는 캠브리지(Cambridge)시의 거주자
중 6명이 주지사와 생일이 같았고, 이 중 3명만이 남자였으며, 오직
주지사만이 알려진 우편번호에 거주하고 있었기 때문이다. 즉, GIC
공개 데이터와 선거인명부에 공통으로 포함된 생일, 성별, 우편번호

---

1) Latanya Sweeney, "k-anonymity: A model for protecting privacy", International
Journal of Uncertainty, Fuzziness and Knowledge-Based Systems 10(5) (2002),
pp. 557-570.

의 정보를 활용하여 주지사를 식별할 수 있었고, 그로부터 주지사에 관한 의료정보를 확인하는 것도 가능하게 되었다. 이는 개인정보를 비식별화하여 제공할 경우, 해당 데이터 집합과 결합될 수 있는 보조정보(auxiliary information)의 존부를 고려해야 함을 일깨워준 중요한 사례이다.

2) AOL 검색어 재식별 사건[2]

아메리카 온라인(America Online, AOL)은 2006년 AOL 웹사이트의 이용자 약 65만 명의 검색어 및 검색 결과 클릭에 관한 정보 약 2천만 건을 연구 목적으로 공개하였다. AOL은 연구자들이 위 데이터를 분석하여 검색 품질과 맞춤형 광고의 정확도를 개선시킬 수 있을 것으로 기대하였다. AOL은 개인정보를 보호하기 위하여 이용자 아이디(ID)를 아라비아 숫자로 된 고유의 일련번호로 대체하고, IP 주소를 범주화(suppression)하는 등의 조치를 수행하였다.

그러나 AOL 검색어 데이터에서는 개인이 식별되는 결과가 초래되었다. 예컨대 4417749번 이용자는 '성이 Arnold인 사람들', 'GA Lilburn의 조경사', 'Georgia Gwinnet county의 그림자 호수 구역에서 팔린 집' 등을 검색하였는데, 뉴욕타임즈(New York Times) 기자들은 이러한 검색어로부터 단서를 얻어 해당 지역을 탐문하였다. 그 결과 해당 이용자가 조지아(Georgia, GA)주 릴번(Lilburn)시에 거주하는 62세의 Thelma Arnold라는 여성임을 확인할 수 있었다. 이는 데이터 집합을 비식별화함에 있어 식별자에 집중하여 비식별 조치를

---

2) Michael Barbaro/Tom Zeller Jr., "A Face is Exposed for AOL Searcher No. 4417749", The New York Times (2006. 8. 9.).

취하는 것만으로는 부족할 수 있고, 준식별자 또는 속성정보에도 주
의할 필요가 있음을 일깨워준 사례라 할 수 있다.

3) 넷플릭스 영화평 정보 재식별 사건[3]

넷플릭스(Netflix)는 2006년 약 50만 명의 이용자들의 영화평점
기록 약 1억 건을 공개하였다. 이는 넷플릭스의 영화추천 알고리즘의
성능을 10% 개선하면 100만 달러의 상금을 지급하기로 한 'Netflix
Prize' 경진대회를 위한 것이었다. 이 데이터에는 평가 대상 영화와
평점(별 1개부터 5개까지), 평점을 매긴 날짜가 포함되어 있었다. GIC
및 AOL의 사례와 마찬가지로 넷플릭스는 이용자명 등 개인식별정
보를 삭제하고, 그 대신 이용자마다 고유의 일련번호를 부여하였다.
이를 통해 예컨대 이용자 1337번은 2003. 3. 3. 영화 '가타카'에 4점
을 부여하였고, 2003. 11. 5. 영화 '마이너리티 리포트'에 5점을 부여
하였다는 수준의 정보만이 공개되었다.

넷플릭스의 위 영화평점 데이터가 공개된 후 얼마 지나지 않아,
해당 데이터로부터 재식별이 가능하다는 점이 밝혀졌다. 이러한 재
식별 공격은 이용자가 인터넷 영화 데이터베이스(Internet Movie
Database, IMDb)라는 또 다른 사이트에 등록한 영화평을 이용한 것
이었다. 즉, IMDb에 등록한 영화평들 그리고 유사한 시기에 넷플릭
스에 올라온 평점을 상호 연결함으로써 일부 이용자에 대한 재식별
이 가능함이 확인되었다. 나아가 이러한 영화에 대한 선호로부터 이
용자의 종교, 정치적 성향, 성적 지향 등이 추론될 수 있는 경우도

---

3) Arvind Narayanan/Vitaly Shmatikov, "Robust de-anonymization of large sparse
   datasets", 2008 IEEE Symposium on Security and Privacy (2008), pp. 111-112.

있었고, 그 결과 미국의 한 여성 동성애자는 2009. 12.경 넷플릭스 사를 상대로 프라이버시 침해를 근거로 한 소송을 제기하기도 하였다(이 소송은 합의를 통해 종결되었다). 당초 넷플릭스 사는 2009. 8.경 후속 경진대회를 준비하겠다고 발표하였으나, 결국 후속 대회는 취소되었다. 이는 위 GIC 사례와 유사하게, 주어진 데이터 집합에 대한 식별가능성 제거와 별개로, 결합 가능한 보조정보의 존부를 고려해야 함을 다시 확인해 준 사례이다.

나. 개인정보의 재식별과 비식별 조치의 발전

이러한 1990년대 및 2000년대에 걸친 일련의 사건들의 공통점은 연구 목적을 위해 데이터를 공중이나 연구자에게 공개하였고, 그 공개에 앞서 공개 대상이 되는 데이터 집합에 포함된 식별자를 삭제하거나 이를 임의의 숫자로 대체하는 조치를 취하였다는 점이다.

그러나 이러한 사건들을 통해 단순히 식별자만을 삭제하거나 대체하는 방식으로는 개인이 재식별될 위험이 여전히 남아 있을 수 있다는 점이 드러나게 되었다. 그 결과 단순히 식별자를 제거하거나 데이터를 가명처리하였다고 하여 개인정보에 대한 비식별 조치가 충분히 이루어졌다고 단정하기는 어렵다는 인식이 늘어났다. 가명처리와 관련하여, 유럽연합 개인정보보호지침 제29조 작업반은 2014년 "가명처리된 데이터가 익명처리된 데이터와 동등하다고 생각하는 것은 오류"이고, "가명정보는 재식별이 가능하므로, 개인정보 보호의 법적 체계 내에 여전히 남아 있게 된다"고 지적하기도 하였다.[4] 특히 제29조 작업반은 앞서 본 AOL 검색어 재식별 사건을 구체적

---

4) WP216, p. 10.

인 사례로 소개하면서 "가명처리된 검색엔진 검색어는 매우 높은 식별력을 보유하고 있고, 특히 IP 주소나 다른 이용자 설정 정보와 함께 결합되어 있을 경우에 더욱 그렇다"고 설명하였다.[5]

하지만 데이터로부터 식별자를 삭제하거나 대체하는 조치는 정보주체의 프라이버시 보호를 위해 여전히 유용한 수단이 된다. 통제된 환경 내에서 가명처리된 데이터를 활용하는 경우와 식별가능한 개인정보를 그대로 활용하는 경우를 비교하면, 프라이버시 측면에서 전자가 일반적으로 훨씬 더 안전하다. 예를 들어 기업 내의 IT 개발부서가 개인정보를 처리하는 프로그램을 개발하는 경우를 상정해 보면, 개발부서가 반드시 원본 정보를 그대로 보유하고 있을 필요는 없고, 실제와 유사한 데이터만 있으면 이를 토대로 프로그램을 충분히 개발할 수 있는 경우가 적지 않다. 이러한 경우에는 원본 데이터베이스를 가명처리하여 개인을 곧바로 식별할 수는 없게 한 뒤, 개발부서에 원본 대신 가명처리된 데이터베이스에 대한 접근권만을 부여하는 방안을 활용할 수 있다. 이러한 조치를 취한다면, 예컨대 개발부서 직원이 임의로 유명인의 개인정보를 검색해 보는 시도를 막고, 혹시 개발부서에서 개인정보가 유출되더라도 그 위험의 범위를 줄일 수 있는 등 개인정보를 좀 더 안전하게 보호하는 것이 가능해질 수 있다. 따라서 이러한 측면에서는 가명처리가 유용하다.

또한 앞서 본 재식별 사례들이 데이터를 공개함으로써 사회적으로 유용한 연구를 촉진시키기 위한 것이었음에도 주목할 필요가 있다. GIC 데이터를 이용하는 의학 연구, AOL 검색어 데이터를 이용하는 검색엔진 개선, 넷플릭스 데이터를 이용하는 추천 시스템 개발

---

5) WP216, p. 11.

등은 모두 그 정도에 있어 차이가 있을지언정 사회의 발전에 기여할 수 있다. 따라서 이러한 유형의 데이터 활용을 무조건 금지하는 것이 사회적으로 바람직하다고 평가하기도 어렵다. 그보다, 재식별 위험을 줄이기 위한 적절한 안전장치를 마련하는 것을 전제로, 이러한 데이터의 활용이나 공개를 허용할 필요도 있는 것이다.

　몇몇 재식별 사건들을 겪으면서, 개인에 대한 프라이버시 침해 위험을 없애거나 현저히 낮추면서도 개인정보를 활용할 수 있게 하는 기술적 방법을 체계화하기 위한 연구가 본격화 되었다. 이러한 연구 흐름은 프라이버시 침해 위험을 정량화하는 여러 '프라이버시 보호 모델'의 발전으로 이어졌다. 이를 통해, 비식별 조치가 이루어진 결과물이 다시 식별가능성이 있는 정보로 복원될 위험을 측정하고, 적절한 비식별 조치가 취해졌는지에 대해 평가할 수 있는 방법론과 평가지표가 개발되었다. 이러한 프라이버시 보호 모델로는 '$k-$익명성($k-$anonymity)', '$l-$다양성($l-$diversity)', '$t-$근접성($t-$closeness)' 등이 있고, 최근에는 '차분 프라이버시(differential privacy)' 개념 등이 주목받고 있다. 프라이버시 보호 모델에 대하여는 제3장에서, 차분 프라이버시에 대하여는 제5장에서 각 후술한다.

　요컨대, 비식별 조치 개념은 2000년대 연구 목적으로 공개된 데이터의 재식별 위험성이 드러나면서 발전하게 된 것이다. 단순히 식별자만을 삭제하거나 일련번호로 대체하는 것만으로는 개인의 프라이버시를 충분히 보호할 수 없다는 것이 일련의 사건들을 통해 분명해 졌고, 이로부터 체계적 연구가 촉발되었다. 이에 가명처리된 정보도 여전히 개인정보 보호 법제의 틀 내에서 규율되어야 하고 공중에 제한 없이 공개되어서는 안 된다는 인식이 나타나기도 하였다.

다른 한편으로는 정보주체의 프라이버시를 보다 안전하게 보호하면서도, 사회적으로 유용한 연구를 촉진할 수 있도록 허용하는 다양한 프라이버시 증진 기술의 발전이 이루어지게 되었다. 이러한 흐름 속에서, 우리나라에서는 2020년에 개인정보 보호법과 신용정보법을 개정하여 가명정보 처리에 관한 특례를 도입하기에 이르렀다.

2. 가명처리와 가명정보의 개념

가. 개인정보 보호법상의 가명처리와 가명정보의 개념

개인정보 보호법상 '가명처리'란 "개인정보의 일부를 삭제하거나 일부 또는 전부를 대체하는 등의 방법으로 원래의 상태로 복원하기 위한 추가 정보의 사용·결합 없이는 특정 개인을 알아볼 수 없도록 처리하는 것"을 말한다(개인정보 보호법 제2조 제1호의2). 이는 ① 가명처리의 방법과 ② 가명처리의 수준을 정의한 것으로 나누어 이해될 수 있다. 방법과 관련하여, 가명처리란 "개인정보의 일부를 삭제하거나 일부 또는 전부를 대체하는 등의 방법"을 적용하는 것이다. 가명처리의 수준과 관련해서는, 가명처리 방법을 적용한 결과 "원래의 상태로 복원하기 위한 추가 정보의 사용·결합 없이는 특정 개인을 알아볼 수 없"는 수준에 이르러야 가명처리가 이루어진 것으로 볼 수 있다. 이러한 개념을 이해하기 위해서는 가명처리의 구체적 방법론을 이해해야 하므로, 이하 1)절에서 우선 이를 살펴보기로 한다.

그에 앞서, 위와 같은 법적 개념 정의는 종래의 가명처리 기법에 대해 사용되어 온 기술적인 용례와는 차이가 있는 것으로 이해될 수도 있어서, 그에 대해 명확히 할 필요가 있다. 개인정보 보호법의 개정으로 가명처리 개념이 도입되기 이전, 개인정보 비식별 조치 가이드라인(2016)은 앞서 본 바와 같이 가명처리를 비식별 조치의 방법 중 하나로서 "개인 식별이 가능한 데이터를 직접적으로 식별할 수 없는 다른 값으로 대체하는 기법"인 것으로 소개하고 있었다. 예컨대 앞서 소개한 넷플릭스 영화평 데이터에서 이용자 아이디를 일련번호로 대체한 것은 이러한 가명처리 기법을 적용한 것이다. 이처럼 가명처리란 그 법적 정의와는 무관하게, 하나 또는 그 이상의 식별자를 다른 유일한 값으로 대체하는 기술적 방법인 것으로 이해하는 경우가 적지 않다.[6] 하지만 기술적으로 이러한 가명처리 기법을 적용하였다고 하여, 곧바로 해당 정보가 개정 개인정보 보호법이 요구하는 "원래의 상태로 복원하기 위한 추가 정보의 사용·결합 없이는 특정 개인을 알아볼 수 없"는 수준에 이르렀다고 평가하기는 어렵다. 따라서 가명처리 기법을 적용한 결과물이 개정법상 가명정보에 해당하여 특례 규정을 적용받는지 여부는 이하 2)절에서 후술하는 바와 같이 규범적으로 판단되어야 함에 유의할 필요가 있다.

1) 가명처리의 방법 – "개인정보의 삭제 또는 대체"

가명처리의 방법은 "개인정보의 일부를 삭제하거나 일부 또는 전부를 대체하는" 것이다.[7] 위 문언을 해석함에 있어 개인정보 보호법상 가명처리에 해당하기 위해 개인정보를 얼만큼 삭제 또는 대

---

6) Khaled El Emam/Luk Arbuckle, "Anonymizing Health Data: Case Studies and Methods to Get You Started", O'Reilly Media (2014).
7) 이론상으로 개인정보를 전부 삭제하면 더 이상 개인정보가 아니게 되므로, 개인정보의 전부를 삭제하는 방법은 규정되어 있지 않다.

체하여야 하는지가 문제된다. 이에 대하여는 개인식별정보와 개인식별가능정보를 구분하여 살펴보는 것이 유용하다.

가) 개인식별정보의 삭제 또는 대체

가명처리의 기본적 방법은 이름, 이메일 주소, 휴대전화번호 등 특정 정보주체를 식별할 수 있는 정보, 즉 개인식별정보를 삭제하거나 대체하는 것이다. 가령, 자연인 김갑동의 이메일 주소 "kkd@email. com"이 그에 대한 개인식별정보에 해당한다고 하자. 만약 가명처리를 통해 데이터를 활용하고자 하는 목적상 위와 같은 이메일 주소를 활용할 필요가 없다면 그저 해당 정보를 삭제하면 충분하다.

하지만 상황에 따라 개인식별정보를 곧바로 삭제할 수 없는 경우도 있다. 시계열 분석을 위해 특정 집단 소속 개인들의 정보를 매년 수집하여 데이터베이스화하는 경우를 생각해 보자. 해당 데이터를 가명처리하여 연구자에게 제공한 후 이듬해에 데이터를 업데이트하려면, 기존 데이터와 새 데이터 중 동일인에 관한 데이터를 구분하여 서로 연결할 수 있는 방법이 필요하다. 앞서 본 바와 같이 그 자체로 개인을 식별할 수 있게 하는 정보를 '식별자'라고 하는데, 만약 이메일 주소 등 개인식별정보가 위 데이터베이스에서 유일한 식별자라면 이를 삭제할 경우 동일인에 관한 데이터를 서로 연결할 수 없어 더 이상 데이터베이스를 업데이트할 수 없게 될 우려가 크다.

개인식별정보를 곧바로 삭제할 수 없는 또 다른 상황은 가명처리된 정보를 다른 정보와 연결하거나 결합하는 경우이다. 예를 들어 특정 대학교 학생들의 의료정보와 성적정보를 결합하여 이들의 건강과 학업성취도 간 상관관계를 분석하고자 한다면, 위 두 데이터베이스에서 동일인에 관한 데이터들을 서로 연결할 수 있는 방법이 필요하다. 따라서 위의 경우와 마찬가지로, 예컨대 학번이나 이메일 주소가 두 데이터베이스에서 공통되는 유일한 식별자라면 이를 곧바로 삭제할 수 없다.

이처럼 개인식별정보를 곧바로 삭제할 수 없는 경우에는, 이를 원본 그대로 유지하는 것이 아니라 그 동일성(identity)을 유지하면서도 다른 정보로 대체하는 방법을 시도할 수 있다. 예를 들자면, 개인식별정보인 이메일 주소를 통해 두 데이터베이스를 결합하고자 한다면, 이메일 주소를 그대로 데이터베이스에 남겨두는 대신 이를 암호화한 값이나 그 이외의 다른 값으로 대체하는 것이다. 이 경우 개인식별정보를 대체한 것이 곧 가명이 된다. 이처럼 개인식별정보를 다른 값으로 대체하는 다양한 기술적 방법이 존재하는데, 해시함수(hash function)를 이용하는 방법이 흔히 이용되고 그 이외에도 카운터(counter), 난수생성기(random number generator), 쌍방향 암호화(encryption) 등을 이용하기도 한다. 이러한 방법에 대해 간략히 알아보기로 한다.8)

(1) 카운터

카운터란 순차적으로 증가하는 일련번호를 생성하는 것을 뜻한다. 즉, 카운터를 활용하는 가명처리 방법은 데이터 내의 개인식별정보를 카운터가 생성하는 순차적인 숫자로 대체하는 것이다. 가령 데이터의 첫 개인식별정보는 1번으로 대체하고, 다음 개인식별정보

---

8) 이하는 European Union Agency for Cybersecurity, "Pseudonymisation techniques and best practices" (2019)의 내용을 참조하여 정리한 것이다.

는 2번으로 대체하는 것이다. 이는 개인식별정보를 다른 값으로 대체하는 가장 간단한 방법에 해당한다. 이때 개인식별정보 간의 충돌이 발생하지 않도록 카운터가 생성한 값이 반복되지 않도록 유의할 필요가 있다.

카운터 기법의 장점은 단순하다는 것이다. 따라서 작은 데이터 집합에는 적합하지만, 복잡한 데이터 집합에는 적합하지 못할 수 있다. 만약 데이터 내 개인식별정보의 순서가 무작위로 포함되어 있다면, 이를 카운터가 생성한 값으로 대체하는 것은 사실상 임의의 숫자를 부여하는 것과 마찬가지이므로, 카운터가 생성한 값은 원래 개인식별정보와 연결하기 어렵다. 다만 카운터는 순차적으로 숫자를 생성하므로, 카운터 값을 통해 데이터 순서에 관한 정보를 확인할 수 있다는 문제가 있다. 예컨대 온라인 서비스 회원정보 데이터베이스의 기록을 가명처리하고자 하는 경우, 만약 해당 정보가 회원 가입 일시 순서대로 저장되어 있다면, 만약 카운터를 이용하여 일련번호로 대체할 경우 가명처리된 결과물에는 회원 가입 순서에 대한 정보가 남아있게 된다.

한편, 추후 원본을 복원해야 할 필요가 있다면, 원래 개인식별정보와 카운터 값을 대응시키는 표(매핑 테이블, mapping table)를 유지할 필요가 있다. 따라서 복잡한 대규모 데이터 집합의 경우 구현상 어려움이나 확장성 문제가 발생할 수 있다.

(2) 난수 생성기

난수 생성기는 예측할 수 없는 임의의 값을 생성하여 이 값을 가명으로 이용하는 방법이다. 즉, 난수 생성기를 이용하는 가명처리

방법은 개인식별정보를 난수 생성기가 생성한 임의의 값으로 대체
하는 것이다. 난수로 숫자를 이용할 수도 있지만, 숫자 대신 문자열
을 사용하는 것도 가능하다. 앞서 소개한 AOL 검색어 데이터나 넷
플릭스 영화평 데이터는 이용자 ID가 임의의 값으로 대체되어 있으
므로 난수 생성기를 이용한 가명처리가 이루어진 것으로 평가할 수
있을 것이다.

　한편, 난수 생성기는 임의의 값을 생성하므로, 서로 다른 개인식
별정보에 대해 동일한 난수값이 생성될 가능성이 있다. 따라서 이러
한 충돌을 막기 위한 방법을 마련할 필요가 있다. 난수 생성기를 사
용하는 경우에도 카운터의 경우와 마찬가지로 추후 원본 데이터를
복원해야 할 필요가 있다면 원래 개인식별정보와 생성된 난수값을
대응하는 매핑 테이블을 유지할 필요가 있다. 난수 생성기는 가명을
만들기 위해 임의의 값을 사용하므로 이러한 매핑 테이블이 유출되
지 않는 한 원래 개인식별정보에 대한 정보를 추출하기 어렵게 된
다. 다만, 카운터와 마찬가지로 데이터 집합의 규모가 커질 경우 확
장성 문제가 있을 수 있다.

(3) 해시함수

　가명처리에 있어 실무상 가장 널리 활용되는 기법은 해시함수
(hash function)를 이용하는 것이다. 해시함수를 이용하면 원본값을
다른 값으로 변형시킬 수 있는데, 이때 변형된 값으로부터 원본값을
복원하는 것은 사실상 불가능하다. 이에 이를 일방향 암호화 또는
단방향 암호화(one-way encryption)라고 표현하기도 한다.

　수학적으로 해시함수란 임의의 길이로 된 값을 입력받아 정해진

길이의 값을 출력하는 함수로서 다음과 같은 특징을 갖는다. 즉, 해시함수를 이용하면 ① 출력값(해시값, hash value)으로부터 원래의 입력값을 계산해 내는 것이 사실상 불가능하고, ② 입력값이 서로 다른 데도 출력값이 같은 경우를 찾아내는 것이 사실상 불가능하다는 것이다. 예컨대 널리 활용되는 SHA−256 해시함수에 "kkd@email.com"을 입력하면 "6BADD5288B35C98BBDDACD67A66BA58 2D2D347789066193335492ACD03F5F93B"라는 16진수 숫자가 출력되는데, 이때 해시함수의 첫 번째 특징으로 인해 후자로부터 전자를 역으로 계산해내는 것은 거의 불가능하다. 따라서 개인식별정보를 그 해시값으로 대체하는 것을 통해서 식별가능성을 현저하게 감소시킬 수 있다. 또한 이 경우 해시함수의 두 번째 특징으로 인해 개인식별정보의 동일성이 해시값에 있어서도 여전히 유지되므로, 앞서 본 두 가지 사례에서 데이터베이스를 지속적으로 업데이트하거나 복수의 데이터베이스를 결합함에 있어 동일인에 관한 데이터들을 서로 연결하기 용이하다.

다만 해시함수를 이용하여 개인식별정보를 대체하는 경우에, 만약 추후 원래의 개인식별정보를 복원하고자 한다면 (i) 원본값, 즉 이용된 '개인식별정보'와 (ii) 해시함수로부터 출력된 해시값, 즉 '가명'을 대응시키는 매핑 테이블을 유지해야만 한다. 따라서 만약 가명처리 하고자 하는 데이터의 용량이 방대하다면, 이러한 매핑 테이블의 크기도 커지게 되어 유지 및 관리 부담이 가중될 수 있다.

표 2-1. 매핑 테이블의 예시

개인식별정보	가명(해시값)
kkd@email.com	6BADD5288B35C98BBDDACD67A66B⋯
kes@email.com	8536B67F7557341B8EC99F595129B43⋯
⋯	⋯

　한편, 단순히 해시함수만을 사용할 경우 무차별 대입 공격(brute force attack)이나 사전(dictionary) 탐색 등의 방법론을 통한 재식별 시도에 취약할 수 있다. 무차별 대입 공격이란 가명으로부터 원래 값을 찾아내고자 하는 공격자가 가명과 일치하는 출력값이 발견될 때까지 가능한 모든 입력값에 해시함수를 적용해 보는 것이다. 가령 우리나라 휴대전화번호에 대해 해시함수 기법을 적용하여 가명을 생성한 경우를 고려해보자. 가명으로부터 원래 값을 찾아내고자 하는 공격자는 가능한 모든 휴대전화번호마다 일일이 해시값을 생성하여 대조하여 봄으로써 원래 값이 무엇이었는지 찾아낼 수 있다. 더욱이 국내 휴대전화번호 값은 1억 개(010-0000-0000부터 010-9999-9999까지)만 존재하므로, 충분한 저장 공간을 갖춘 공격자라면 미리 모든 휴대전화번호에 대한 해시값을 계산하여 그 결과를 사전(dictionary)에 저장해 둘 수 있다. 이러한 사전 탐색 기법을 통해 공격자는 빠르게 원본값을 찾아낼 수 있게 된다.

　위와 같은 취약점을 극복하기 위해 해시값을 생성할 때 별도의 비밀키를 사용하는 것이 필요할 수 있다. 즉, 본래의 개인식별정보에 일종의 비밀키를 덧붙인 다음, 이렇게 덧붙임을 통해 새로이 생성된 정보의 해시값을 가명으로 사용하는 것이다. 이 경우 공격자가 비밀키를 알지 못한다면 본래의 개인식별정보를 찾아내는 것이 매우 어렵게 된다. 이와 같이 해시값을 생성할 때 추가하는 비밀키값을 '솔트(salt)'라 부르기도 한다.

(4) 쌍방향 암호화

한편, 가명처리를 위한 또 다른 방법인 쌍방향 암호화는 우리가 일반적으로 '암호화'라고 할 때 떠올리는 기법을 의미한다. 즉, '암호화 키(encryption key)'를 이용하여 원본값을 암호화하고, '복호화 키(decryption key)'를 이용하여 암호화된 값을 원본값으로 복원해 내는 것이다. 이때 암호화 키와 복호화 키는 같을 수도 있고(대칭키 암호화, symmetric key encryption), 다를 수도 있다(비대칭키 암호화, asymmetric key encryption). 일방향 암호화 기법과는 달리, 쌍방향 암호화 기법을 이용하여 개인식별정보를 그 암호화된 값으로 대체함으로써 가명처리를 수행할 경우에는 매핑 테이블을 유지할 필요가 없다. 복호화 키만 있으면 암호화된 값으로부터 원본값을 복원해 낼 수 있기 때문이다. 다만, 이 경우 복호화 키를 안전하게 보관해야 한다는 부담이 있다.

(5) 가명처리 비밀의 개념

이제까지 설명한 어떠한 기법을 사용하든지 간에 개인식별정보에 대해 가명처리를 수행한 후 원래 정보로 복원하기 위한 추가적인 정보가 존재하게 된다. 카운터, 난수발생기, 해시함수를 이용한 기법에서의 '매핑 테이블'이나 쌍방향 암호화에서의 '복호화 키'가 그 예이다. 이처럼 원래 정보로 복원하기 위한 추가적인 정보를 통상 '가명처리 비밀(pseudonymisation secret)'[9]이라 한다. 가명처리 비밀에는 가명처리에 있어 어떤 기법이 사용되었는지에 관한 정보도 포함될 수 있다. 만약 재식별을 시도하는 공격자가, 가명처리 과정에서 어떠한 기법이 사용되었는지 알고 있다면 원본값을 어렵지 않게 찾아낼 가능성이 있기 때문이다. 이처럼 가명처리 비밀이 유출되면 가명정보로부터 원래 값을 복원해 낼 수 있으므로, 가명처리 비밀을 안전하게 보관하는 것은 매우 중요하다.

나) 개인식별가능정보의 삭제 또는 대체

한편 데이터 집합에 포함된 정보 중에는 그 자체만으로는 개인을 식별해내기 어렵지만, 다른 정보(공개된 정보 또는 공격자의 배경지식 등)와 조합함으로써 개인을 식별해 낼 수 있는 것도 있다. 가령 앞서 매사추세츠 주지사 의료정보 재식별 사건에서는 GIC 의료정보에 포함된 우편번호, 생일 및 성별 정보를 통해서 주지사의 의료정보를 재식별할 수 있었다. 이처럼 그 자체로서는 개인을 식별할 수 없다고 하더라도 다른 정보와 결합하여 개인을 식별할 수 있는 정보를 개인식별가능정보라 함은 앞서 본 바와 같다.

나아가 개인식별가능정보에는 '특이정보'가 포함된다. 특이정보란 "관측된 데이터의 범위에서 많이 벗어난 아주 작은 값이나 아주 큰 값"을 의미한다.[10] 구체적인 예를 들자면 ① 국내 최고령, 최장신, 고액체납금액, 고액급여수급자 등 전체적인 패턴에서 벗어나 극단값이 발생할 수 있는 정보 또는 ② 희귀 성씨, 희귀 혈액형, 희귀

---

9) '가명처리 비밀' 대신 '가명처리 키(pseudonymization key)'라는 용어가 이용되기도 한다.
10) 가명정보 처리 가이드라인(2022), 82면.

눈동자 색깔, 희귀 병명, 희귀 직업 등 정보 자체로 특이한 값을 가지고 있는 정보가 이에 해당한다. 이러한 특이정보를 파악하기 위해서는 데이터를 면밀히 관찰하여, 주된 분포 범위 바깥에 위치하거나 그 출현 빈도가 매우 적은 데이터를 찾아내야 한다.

가명정보 처리 가이드라인(2022)은 가명처리를 수행할 때에는 이러한 개인식별가능정보를 통해 개인이 식별될 위험을 고려해야 한다고 설명한다. 예를 들어, 위 가이드라인은 어떤 호텔이 고객의 투숙 정보를 데이터 분석회사에 제공하는 경우, 회원번호와 이름을 가명처리하고 나이, 성별, 등급, 예약방법, 객실정보, 체크인, 체크아웃, 서비스 이용금액 정보를 제공하는 것을 '잘못된 제3자 제공 사례'로 든다. 데이터 분석회사의 분석 담당자가 "특정일에 최고급 객실을 이용한 내용을 분석과정에서 인지할 수 있으며, 기존 업무(온라인 SNS정보 수집)를 수행하며 공개된 정보(예: 개인이 SNS에 올리는 정보, 여행후기 등)를 통해 특정 개인을 식별할 가능성이 있"기 때문이다.[11]

실무상으로는 데이터 집합에 포함된 정보를 어디까지 개인식별가능정보로 파악해야 하는지가 종종 문제된다. 데이터의 구체적 내용과 그 활용 맥락에 따라 개인식별가능정보 해당 여부가 얼마든지 달라질 수 있기 때문이다. 예컨대 직업 정보는 개인식별가능정보로 인정될 수도, 그렇지 않을 수도 있다. 단순히 공무원, 회사원, 자영업 등으로 직업이 구분되었다면, 대부분의 경우에 다른 정보와 결합하더라도 개인을 식별하기 쉽지 않을 것이다. 하지만 국회의원, 운동선수 등과 같이 종사자가 많지 않은 직업이 포함된 경우라면 특이

---

[11] 가명정보 처리 가이드라인(2022), 22-23면.

정보로 보아 이를 삭제하거나 대체할 필요가 있을 수 있다. 물론 이는 상대적인 것이고, 맥락에 따라 다른 고려가 필요할 수 있다. 예를 들어, 국회 근무자 전체를 대상으로 데이터 집합이 만들어졌다면, 국회의원인지 여부가 특이정보라 보기 어려울 것이다. 또한 여러 정보를 조합함으로써 개인이 식별될 가능성도 고려해야 한다. 가령 데이터 집합에 각각의 직업마다 대략 300명 정도가 포함되어 있다 하더라도 특정 지역 내 특정 직업 종사자가 1-2인에 불과한 경우라면, 지역과 직업 정보를 조합하여 해당 개인을 식별하는 것이 가능할 수도 있을 것이다.

개인식별가능정보를 가명처리하는 과정에는 이를 단순히 삭제하는 것 이외에도 다양한 방법이 활용될 수 있다. 가장 일반적인 방법은 데이터의 정밀도를 낮추어서 재식별 위험을 낮추는 것이다. 이를 보통 '일반화' 또는 '범주화'라 한다.12) 예컨대 소득금액을 가명처리함에 있어 '3,325만 원'과 같은 구체적 수치를 '3,000-4,000만 원'과 같은 범주로 대체 표기할 수 있다. 다른 한편, 숫자가 아닌 문자 형태의 정보는 의미론적 상위 개념으로 범주화할 수 있다. 가령 분유, 기저귀, 젖병 등은 '육아용품'이라는 상위 개념으로 대체 표기할 수 있다.

다만 데이터를 일반화하더라도 특이정보에 대해서는 여전히 재식별 위험이 남아있을 수 있다. 예컨대 나이 정보값을 5년이나 10년 단위로 일반화하더라도, 100세 이상인 사람은 극소수여서 비교적 쉽게 재식별될 우려가 있다. 이 경우에는 '100-105세' 또는 '100-

---

12) 이재훈, "데이터 3법 개정에 따른 바이오·의료정보 활용방향과 시사점", BioINpro Vol. 71(2020), 생명공학정책연구센터, 6면.

110세'라는 세부적 범주를 사용하지 않고, 그 대신 '90세 이상' 또는 '80세 이상'이라는 단일 범주로 일반화하는 방안을 활용할 수 있다.[13] 한편 특이정보를 포함하고 있는 데이터 집합을 가명처리함에 있어서는, 해당 특이정보만을 삭제·대체할 수도 있고, 그 정보주체에 관한 일체의 정보를 모두 삭제·대체할 수도 있다. 예컨대 데이터 집합에서 특정 지역 내 특정 직업 종사자가 극소수일 경우, 해당 개인들의 지역 정보나 직업 정보만을 삭제·대체하는 것도 가능하고, 이와 달리 해당 개인들에 관한 정보 전체를 삭제·대체하는 것도 가능하다. 이는 가명처리에 따른 데이터의 유용성과 재식별 위험을 함께 고려하여 결정해야 하는 문제이다.

2) 가명처리의 수준 – "추가 정보"의 해석

개인정보 보호법상 가명정보에 해당하려면, 가명처리 결과 그 정보가 "원래의 상태로 복원하기 위한 추가 정보의 사용·결합 없이는 특정 개인을 알아볼 수 없"는 수준에 이르러야만 한다. 그런데 위 법은 '추가 정보'의 개념을 별도로 정의하지 않고 있어, 이를 어떻게 해석할 것인지 살펴볼 필요가 있다.

앞서 제1장에서 본 바와 같이 개인정보보호위원회의 해설서는 위 추가 정보란 가명정보를 복원할 수 있는 정보라 하고, 가명처리 과정 중 생성·사용된 것에 한한다고 설명한다.[14] 이러한 관점에서 추가 정보는 크게 두 가지로 구분해 볼 수 있다. 우선 원본 정보 그 자체는 '추가 정보'에 포함된다고 볼 수 있다. 가명정보를 제공받은

---

13) 미국 HIPAA의 Safe Harbor 기준에도 유사한 예시가 있다.
14) 개인정보 보호 법령 및 지침·고시 해설(2020), 14면.

사람이 상황에 따라 원본 정보에도 접근할 수도 있다면 가명정보를 원래의 상태로 복원할 수 있음은 당연하기 때문이다. 두 번째는 앞서 본 가명처리 비밀이다. 즉, 카운터, 난수발생기, 해시함수를 이용한 기법에서의 매핑 테이블 또는 쌍방향 암호화 기법에서의 복호화 키 등이 '추가 정보'에 해당한다. 이러한 정보가 있다면 가명정보로부터 원본 정보를 복원해 낼 수 있기 때문이다.

가명정보의 정의상, 가명정보를 이용하는 자가 이러한 추가 정보에 대해 접근하는 것은 제한되어야만 한다. 이에 개인정보 보호법은 추가 정보를 별도로 분리, 보관하도록 하고, 접근 권한을 나누도록 하여, 가명처리 비밀이 제3자에게 노출되지 않도록 할 것을 요구하고 있다(개인정보 보호법 제28조의2 제2항, 제28조의4 제1항, 시행령 제29조의5 제1항 제2호).

이때 추가 정보 이외에 공개 정보, 입수 가능한 외부 지식이나 재식별 공격자의 배경 지식 등도 고려하여 가명정보 해당 여부를 판단해야 하는지가 문제될 수 있다. 가령 매사추세츠 주지사 의료정보 재식별 사건에서는 주지사에 관하여 공개된 정보(성별, 우편번호, 생일) 및 유권자 명부와 같은 보조정보를 이용하여 주지사의 의료기록이 재식별되었다. 이러한 공개 정보, 외부지식, 배경 지식 등이 있는 경우에도 개인을 식별할 수 없어야 비로소 가명정보에 해당한다고 보아야 하는가?

이 질문에 대한 판단에 있어서는 개인정보 보호법 제2조 제1호 나목의 식별가능성, 특히 결합용이성 요건이 기술적·이론적 가능성을 의미하는 것이 아니라 규범적인 개념이라는 점이 중요해진다. 즉, 시간, 비용, 기술 등을 합리적으로 고려하여 판단해야 하는 것이다. 시간, 비용, 기술을 무한히 동원하여 가용한 모든 정보를 사용·결합할 수 있다면, 가명처리된 정보는 적지 않은 경우에 재식별의 가능성이 널리 열리게 된다. 극단적으로, 개인정보처리자가 전 세계의 모든 제3자가 보유하고 있는 정보를 모두 파악하여 그에 대응하는 가명처리를 수행하고 식별가능성을 제거해야 한다면, 그러한 과업을 수행하는 것은 사실상 불가능하다. 따라서 가명처리에 대해 재식별가능성이 전혀 없어야 할 것, 즉 0의 확률을 달성할 것을 요구하는 것은 적절하지 못하다. 만약 세상에 있는 모든 다른 정보와의 결합가능성을 고려해야 한다면, 해당 데이터 이용 환경에서는 개인식별정보나 개인식별가능정보에 해당하지 않는 것까지도 전부 삭제하거나 대체해야 할 수 있기 때문이다. 개정 개인정보 보호법이 개인식별가능정보의 결합용이성 개념을 규범적 관점에서 정의한 이유역시 바로 이러한 문제의식에서 기인한 것이라 해석할 수 있다.

한편, 가명정보의 재식별가능성과 개인식별정보의 식별가능성 판단 기준을 동일하게 바라본다고 해도 가명정보와 익명정보의 개념 구분이 어렵게 되는 문제는 여전히 남아 있게 된다. 가명정보는 처리 목적, 방식 등이 제한된 개인정보의 특수한 한 형태인 데 반해, 익명정보는 개인정보 보호법이 보호하고자 하는 개인정보에 해당하지 않기에 어떠한 목적, 방식으로도 처리될 수 있는 것이 원칙이다. 그런데 가명정보에 대해 "시간·비용·기술 등을 합리적으로 고려할 때 다른 정보를 사용하여도 더 이상 개인을 알아볼 수 없는 정보"라는 기준을 요구하는 것은, 사실상 익명정보와 같은 기준으로 가명정보 해당 여부를 판단하는 것으로 실무적으로 해석될 가능성이 있고, 그 경우 가명정보와 익명정보를 구분하는 개인정보 보호법의 규율

체계와 배치될 우려가 있다.

결국 가명처리의 기준으로서 재식별가능성은 가명처리의 목적, 가명처리 대상 정보, 가명정보를 이용하는 자의 환경 및 재식별 시 발생할 수 있는 위험성을 종합적으로 고려하여 구체적 사안별로 규범적으로 판단될 수밖에 없다. 특히 가명정보를 제3자에게 제공하는 경우라면, 그 제3자가 어떠한 다른 정보를 보유하고 있는지, 충분한 개인정보 보호조치를 취하고 있는지 등을 고려하여야 한다. 같은 취지에서 가명정보 처리 가이드라인(2022)은 가명정보의 위험성 검토 시 '데이터 자체의 식별 위험성 요소(식별정보, 식별가능정보, 특이정보, 특이치 등)'와 '처리 환경의 식별 위험성 요소(내부·외부 제공, 외부 접근 가능 환경, 다른 정보 결합 유무 등)'를 구분해서 진행해야 한다고 설명하고 있다.[15]

이상의 논의와는 별개로, 재식별을 거쳐 '원래의 상태로 복원'된다는 것이 구체적으로 무엇을 의미하는지에 관해서도 불분명한 요소가 있음에 유의하여야 한다. '복원'은 원칙적으로 가명정보를 가명처리 전의 정보로 되돌리는 것을 말하는데, 이것이 원본 정보 전체가 복원되는 경우만을 의미하는지, 아니면 일부 의미 있는 부분이 복원되는 경우까지 포함하는지 명확하지 않다. 원본 정보 전체가 복원되지 않더라도, 일부 정보주체의 신원이 복원될 수 있다면 가명처리가 적정하지 못한 것으로 평가될 가능성이 있다. 공격자가 원본 정보 전체를 겨냥하는 대신, 특정 정보주체의 신원이나 그 속성 정보만을 노리는 경우도 충분히 존재할 수 있기 때문에, 이에 관한 판단은 중요하다. 나아가 원래 상태로의 복원이 확률적인 복원을 포함

---

15) 가명정보 처리 가이드라인(2022), 16면.

하는지도 중요한 질문이다. 예를 들어, 재식별 시도가 이루어진 결과, 어떤 개인이 특정 민감 속성을 가질 확률이 80%라고 추론된다면, 경우에 따라 그와 같은 정보만으로도 상당한 프라이버시 침해가 발생할 수 있다. 이러한 확률적인 복원 내지 재식별가능성까지 고려해야 하는지, 만약 이를 고려한다면 어느 수준까지 고려해야 하는지는 적어도 현재의 법문언상 분명하지 않다. 다만, 개인정보 보호법의 개정으로 가명처리 및 가명정보 제도가 도입된 배경에 개인정보의 활용가능성을 확대하고자 하는 정책적 의도가 놓여 있었다는 점을 해석에 있어 고려할 필요는 있을 것이다.

나. 가명처리에 대한 정보주체의 동의 요부

개인정보처리자가 보유하고 있는 개인정보를 가명처리하고자 할 경우, 이러한 가명처리를 한다는 점을 정보주체에게 알리고 그에 대한 동의를 얻어야 하는가? 개정 개인정보 보호법은 "개인정보처리자는 통계작성, 과학적 연구, 공익적 기록보존 등을 위하여 정보주체의 동의 없이 가명정보를 처리할 수 있다"고 규정하고 있다(개인정보 보호법 제28조의2 제1항). 이 조항과 관련하여, 정보주체에게 가명처리를 할 예정임을 사전에 알리고 동의를 구해야 하는 것인지, 또는 그러한 동의 없이 가명처리가 허용되는 것인지에 관해서는 해석의 여지가 있다.

우선 개인정보 보호법상 개인정보의 처리란 "개인정보의 수집, 생성, 연계, 연동, 기록, 저장, 보유, 가공, 편집, 검색, 출력, 정정(訂正), 복구, 이용, 제공, 공개, 파기(破棄), 그 밖에 이와 유사한 행위"를 의미한다(개인정보 보호법 제2조 제2호). 여기서 "유사한 행위"에는 개인정보의 전송, 전달, 이전, 열람, 조회, 수정, 보완, 삭제, 공유, 보전, 파쇄 등이 포함될 수 있다고 한다.16) 그렇다면 가명처리 행위는 그 자체로 개인정보 보호법상 '개인정보의 처리'에 해당한다고 볼 여지가 있다.

그런데 개인정보처리자는 개인정보를 처리함에 있어 법률에 별도의 규정이 있는 등의 특별한 사정이 없는 한 정보주체의 동의를 받아야 한다(개인정보 보호법 제15조 제1항 제1호, 제17조 제1항 제1호 등). 따라서 가명처리가 개인정보 보호법상 '개인정보의 처리'에 해당한다고 본다면, 개인정보처리자가 가명처리를 한다는 것을 정보주체에 알리고 그에 대한 동의를 얻어야 한다고 해석될 여지도 있다. 결국 법률 규정으로는, 동의원칙을 제시하는 개인정보 보호법 제15조 제1항 제1호의 규정과 가명정보의 처리에 있어 동의예외를 제시하는 같은 법 제28조의2 제1항의 규정을 어떻게 해석할지의 문제가 된다.

다만, 개인정보보호위원회가 2021. 1. 6.자로 입법예고한 개인정보 보호법 일부개정법률안은 "개인정보처리자는 통계작성, 과학적 연구, 공익적 기록보존 등을 위하여 정보주체의 동의 없이 가명정보를 처리할 수 있다"고 규정한 현행 제28조의2 제1항에서 "가명정보"를 "개인정보를 가명처리하거나 가명정보"로 수정함으로써, 개인정보처리자가 통계작성, 과학적 연구, 공익적 기록보존 등을 위하여 가명처리를 수행하는 경우에는 정보주체의 동의를 얻을 필요가 없음을 명확하게 하고 있다.

---

16) 개인정보 보호 법령 및 지침·고시 해설(2020), 15면.

3. 가명정보의 이용과 결합

가. 가명처리 및 가명정보 활용의 유인과 목적

1) 개요

개인정보처리자는 원칙적으로 정보주체의 동의를 받을 때 정보주체에게 알린 개인정보의 수집 목적의 범위에서 개인정보를 이용할 수 있다(개인정보 보호법 제15조 제1항 제1호, 제2항 제1호). 또한 처리 목적에 필요한 범위에서 적합하게 개인정보를 처리하여야 하며, 그 목적 외의 용도로 활용하여서는 아니 된다(개인정보 보호법 제3조 제2항). 이는 개인정보의 제3자 제공에 관하여서도 같다(개인정보 보호법 제17조 제1항 제1호, 제2항 제2호).

그런데 개인정보처리자에게 당초 수집 목적의 범위를 초과하여 개인정보를 이용하거나 제3자에게 제공할 유인이 있을 수 있다. 예를 들어 업무 처리 과정에서 수집한 고객 정보, 거래 내역, 민원 처리 내역 등 개인정보가 포함된 각종 자료를 기업 내부에서 시장 조사, 신상품 및 서비스 개발, 마케팅 전략 수립, 업무 프로세스 개선, 위험관리 등 다양한 용도로 분석 및 활용하고자 할 수 있다.[17] 이때 개인정보처리자가 택할 수 있는 방안 중 하나가 바로 가명처리를 통해 가명정보의 특례 규정을 활용하는 것이다.[18] 또한 개인정보처리

---

17) 개인정보 비식별 조치 가이드라인(2016), 24-25면.
18) 그 밖에도, 개인정보처리자는 ① 정보주체에게 새로운 개인정보의 수집·이용 목적을 알리고 다시 동의를 받아 개인정보를 이용할 수 있다. ② 또한, 개인정보를 시간·비용·기술 등을 합리적으로 고려할 때 다른 정보를 사용하여도 더 이상 개인을 알아볼 수 없도록 익명처리하여 개인정보 보호법을 적용받지 아니할 수 있다(개인정보 보호법 제58조의2). 익명처리된 정보는 더 이상 개인정보가 아니므로, 개인

자는 당초 수집 목적 내에서 개인정보를 이용 내지 제공한다 하더라
도, 개인정보를 더욱 안전하게 보호하기 위하여 가명처리 및 가명정
보를 활용할 수 있다.

다만, 개인정보 보호법 및 신용정보법에서는 가명정보의 특례
규정이 적용되기 위해서는 처리 목적이 '통계작성', '(과학적) 연구',
'공익적 기록보존' 등으로 제한되어야 한다고 명시적으로 정하고 있
다.[19] 보다 구체적으로, 개인정보 보호법 제28조의2는 개인정보처
리자는 통계작성, 과학적 연구, 공익적 기록보존 등을 위하여 정보

정보처리자는 당초 수집 목적의 범위를 초과하여 해당 정보를 이용할 수 있다. (3)
한편, 개인정보 보호법은 제15조 제3항, 제17조 제4항에서 당초 수집 목적과 합리
적으로 관련된 범위에서 정보주체에게 불이익이 발생하는지 여부, 암호화 등 안전
성 확보에 필요한 조치를 하였는지 여부 등을 고려하여 정보주체의 동의 없이 개인
정보를 이용 또는 제공할 수 있다고 정하고 있다. 이때 개인정보처리자는 당초 수
집 목적과 관련성이 있는지 여부, 개인정보를 수집한 정황 또는 처리 관행에 비추
어 볼 때 개인정보의 추가적인 이용 또는 제공에 대한 예측가능성이 있는지 여부,
정보주체의 이익을 부당하게 침해하는지 여부, 가명처리 또는 암호화 등 안전성 확
보에 필요한 조치를 하였는지 여부를 고려하여야 하며, 위의 고려사항에 대한 판단
기준을 개인정보 처리방침에 미리 공개하여야 한다. (4) 그 밖에도, '개인정보 이동
권' 또는 '전송요구권(right to data portability)'에 따라 개인정보를 제3자에게 전
송하는 경우가 있을 수 있다. 이를 그 자체로 개인정보의 이용 또는 제3자 제공으
로 보기는 어렵겠지만, 경우에 따라서는 사실상 같은 결과를 발생시킬 수 있다. 신
용정보법의 경우 제33조의2에서 개인신용정보의 전송요구권을 정하고 있고, 2021.
1. 6.자로 입법예고된 개인정보 보호법 일부개정법률안의 경우 제35조의2에서 개인
정보의 전송요구권을 규정하고 있다.
19) 개인정보 보호법상 가명정보는 가명처리를 수행한 당시의 처리 목적과 상황(활용
형태, 처리 장소, 방법)에 따라 이용하는 것이 원칙이지만, '통계작성, 과학적 연구,
공익적 기록보존 등'의 목적 내에서는 자유롭게 이용할 수 있다. 다만 제공 계약 시
재제공 제한이 있거나 반출 시 이용 범위의 제한이 있었던 경우에는 재제공 또는
목적 외 이용이 불가할 수 있다. 가명정보 처리 가이드라인(2022), 10면. 한편 과학
적 연구 등 법에서 허용하는 목적의 범위 내에서 가명정보를 제공하면서 대가를 받
는 것은 허용되지만, 가명정보 제공 대상이나 가명처리 목적이 특정되지 않은 상황
에서 가명처리를 하거나 가명정보를 제공하고 대가를 받는 것은 판매가 목적인 경
우로 볼 수 있어 허용되지 않는다. 개인정보 보호 법령 및 지침 · 고시 해설(2020),
224면.

주체의 동의 없이 가명정보를 처리할 수 있다고 정하고 있고, 신용
정보법은 제32조 제6항 제9호의2는 통계작성, 연구, 공익적 기록보
존 등을 위하여 가명정보를 제공하는 경우 동조 제1항부터 제5항까
지를 적용하지 아니한다고 정하고 있다. 이는 위 법률을 제정하는
데 있어 주로 참조가 되었던 GDPR에서도 마찬가지이다.[20] 그렇다
면 무엇을 '(과학적) 연구', '통계작성' 및 '공익적 기록보존'의 목적에
부합되는 것이라고 판단할 수 있는가?

2) '과학적 연구' 또는 '연구'

가) 의의

'연구'는 어떤 일이나 사물에 대하여서 깊이 있게 조사하고 생각
하여 진리, 즉 언제 어디서나 누구든지 승인할 수 있는 보편적인 법
칙이나 사실을 따져 보는 일을 말한다.[21] '과학적 연구'는 소위 '과
학적 방법'에 의한 연구로, 비과학적 연구와 구분된다. 과학적 연구
가 권장되는 것은 과학이 객관적 방법론을 활용하여 검증이 용이하
기 때문이다. 그러나 '과학적 방법'을 일의적으로 정의하는 것은 거
의 불가능하며, 단지 몇 가지의 특징만을 제시할 수 있을 뿐이다. 일
반적으로 현상의 관찰, 가설 수립, 유효성 검증 및 재현이 이에 해당
한다.

개인정보 보호법은 '과학적 연구'를 "기술의 개발과 실증, 기초연

---

20) GDPR은 제89조 등에서 "공익적 기록보존의 목적(archiving purposes in the public
　　interest), 과학적 또는 역사적 연구 목적(scientific or historical research
　　purposes), 또는 통계적 목적(statistical purposes)"이라는 표현을 사용하고 있다.
21) 국립국어원, "연구", 표준국어대사전, https://stdict.korean.go.kr/main/main.do (2021.
　　11. 14. 방문).

구, 응용연구 및 민간 투자 연구 등 과학적 방법을 적용하는 연구"
로 정의한다(동법 제2조 제8호). 개인정보 보호 법령 및 지침·고시
해설(2020)에 의하면, 과학적 연구는 과학적 방법을 적용하는 연구
를 말하며 자연과학, 사회과학, 의료 등 다양한 분야에서 이루어질
수 있다고 한다. 여기서 과학적 방법이란 체계적이고 객관적인 방법
으로 검증 가능한 질문에 대해 연구하는 것을 말한다고 한다. 또한,
과학적 연구는 기술의 개발과 실증, 기초 연구, 응용 연구뿐만 아니
라 새로운 기술·제품·서비스 개발 등 산업적 목적을 위해서도 수
행이 가능하며 민간 투자 연구도 가능하다고 한다.[22]

　　예를 들어 COVID−19 위험 경고를 위해 생활패턴과 COVID−
19 감염률의 상관성에 대한 가설을 세우고 건강관리용 모바일앱을
통해 수집한 생활습관, 위치정보, 감염증상, 성별, 나이, 감염원 등을
가명처리한 뒤 감염자의 데이터와 비교·분석하여 가설을 검증하는
경우나, 연령 및 성별에 따른 체중관리 운동 시뮬레이션 프로그램
또는 운동관리 애플리케이션을 개발하기 위하여 웨어러블 기기를
이용하여 수집한 맥박, 운동량, 평균 수면시간 등에 관한 정보와 이
미 보유한 성별, 연령, 체중을 가명처리하여 활용하는 경우, 개인정
보 보호법상 '과학적 연구'에 해당할 수 있다.[23]

　　신용정보법의 경우, '연구'를 명시적으로 정의하고 있지는 않다.
다만, 금융분야 가명·익명처리 안내서(2022)에 의하면, '연구'는 기
술 개발, 실증, 기초연구, 응용연구, 민간투자연구 등 과학적 방법을
적용하는 연구를 의미하는데, 자연과학적 연구뿐만 아니라 과학적

---

22) 개인정보 보호 법령 및 지침·고시 해설(2020), 221-222면.
23) 가명정보 처리 가이드라인(2022), 12면; 개인정보 보호 법령 및 지침·고시 해설
　　(2020), 221-222면.

방법을 적용하는 역사적 연구, 공중보건 분야에서 공익을 위해 시행되는 연구 등은 물론, 새로운 기술·제품·서비스의 개발, 시장조사 등 산업적 목적의 연구도 포함한다고 한다. 예를 들어 보험사기 자동 탐지시스템 개발을 위하여 과거 10년간의 보험사기 사례에 대한 보험금 청구금액, 청구시점과 방법, 유사청구 반복 여부 등을 분석하여 보험사기의 징후를 발견하기 위한 연구를 하는 경우, 신용정보법상 '연구'에 해당할 수 있다.[24]

개인정보 보호법상 '과학적 연구'와 신용정보법상 '연구'의 의미는 실무상 그 차이를 발견하기 어렵다. 특히, 가명정보의 처리에 관한 특례를 정한 취지는 '데이터의 이용 활성화'라는 점, 현실적으로 과학적 연구가 아닌 연구, 즉 '비과학적 연구'라는 것을 상정하기 어렵다는 점 등을 고려하면 더욱 그렇다.

나) 산업적 연구

신용정보법은 제32조 제6항 제9호의2에서 '연구'에는 산업적 연구가 포함된다고 정하고 있다. 같은 취지에서 금융분야 가명·익명처리 안내서(2022)는 '연구'에 대학, 연구소 등 연구기관뿐 아니라 기업 등이 수행하는 산업적 연구가 포함된다고 설명한다.[25] 따라서 신용정보회사등은 신용정보주체로부터 미리 개별적으로 동의를 받을 필요 없이 기업 등이 수행하는 산업적 연구를 위하여 가명정보를 제공할 수 있다.

반면, 개인정보 보호법의 경우 '과학적 연구'에 산업적 연구가 포

---

24) 금융분야 가명·익명처리 안내서(2022), 15면.
25) 금융분야 가명·익명처리 안내서(2022), 15면.

함된다는 내용을 명시하고 있지 않다. 다만, 현행 개인정보 보호법의 개정 과정에서 그에 관한 논의가 부분적으로 진행된 바 있다. 즉, 국회 행정안전위원장 발의 개인정보 보호법 일부개정법률안의 원문을 보면, 통계작성에는 시장조사 등 상업적 목적의 통계작성이 포함되며, 연구에는 산업적 연구를 포함한다는 것을 명시적으로 규정할 필요가 있다는 '소수의견'이 제시되어 있고, 국회 행정안전위원회 회의록상 행정안전부차관의 "응용연구, 기초연구라는 표현에 다 하는 것으로, 산업적 연구도 가능한 것으로 해석할 수 있는 여지가 충분하다"라는 설명을 확인할 수 있다.[26] 또한 개인정보 보호 법령 및 지침·고시 해설(2020)에 의하면, 신용정보법상 '연구'와 개인정보 보호법상 '과학적 연구'는 모두 산업적 연구를 포함하는 것으로 해석할 수 있다고 한다.[27] 나아가 가명정보 처리 가이드라인(2022)에 의하면, 과학적 연구에는 새로운 기술·제품·서비스 개발 및 실증을 위한 산업적 연구가 포함된다고 한다. 그러면서 제품의 성능 개선을 위해 개인별 특성에 대한 설문조사를 토대로 개인별 특성과 성능 요인의 연관성을 과학적으로 연구하는 경우 개인정보 보호법상 '과학적 연구'에 해당한다고 설명한다.[28]

다) 연구 활동의 성격

과학적 연구 또는 연구로 받아들여지기 위하여 연구 활동은 어떤 성격을 갖추어야 하는가? 연구의 의미를 축소 해석하는 관점을

---

26) 국회 행정안전위원장, "개인정보 보호법 일부개정법률안", 2024495(2020. 1. 9.), 5면; 제371회 국회(정기회) 행정안전위원회회의록(법안심사소위원회) 제4호.
27) 개인정보 보호 법령 및 지침·고시 해설(2020), 29-30면.
28) 가명정보 처리 가이드라인(2022), 12면.

취한다면, 오로지 학술적 활동, 즉 학술연구만을 연구로 보게 될 것
이다. 그러나 실제 이루어지고 있는 연구 활동에 비추어 보면 연구
활동의 범위를 이처럼 소극적 해석에 국한하기는 어렵다.

　우선, 국가연구개발혁신법, 국가연구개발사업 등의 성과평가 및
성과관리에 관한 법률, 그 하위 규정 및 지침은 연구개발 단계를
OECD의 표준 지침서인 프라스카티 매뉴얼(Frascati Manual)에 따라
기초연구, 응용연구, 개발연구로 구별하고 있다. 여기서 ① 기초연
구는 "어떤 특정한 응용이나 사용을 계획하지 않고 현상들이나 관찰
가능한 사실들의 근본 원리에 대한 새로운 지식을 얻기 위해 행해진
실험적 또는 이론적 작업"을 의미하고, ② 응용연구는 "새로운 지식
을 확보하기 위해 수행된 독창적인 탐구"를 뜻하는 동시에 주로 구
체적이고 실질적인 목적이나 목표를 지향하며, ③ 개발연구는 "새로
운 제품 또는 공정의 생산이나 기존 제품과 프로세스의 개선을 위해
연구와 실제적 경험으로부터 얻어진 지식을 이용하거나 추가 지식
을 생산하는 체계적인 작업"을 의미한다.[29] 즉, 어떤 특정한 응용이
나 사용을 계획하지 않은 실험적 또는 이론적 작업은 물론, 실용적
인 목적의 연구, 새로운 제품, 장치 및 서비스의 생산과 개선을 위한
연구까지도 모두 아울러 '연구'로 보는 것이다.

　나아가 사회, 문화적인 측면에 있어 연구 활동은 극적으로 변화
하고 있다. 디지털화(digitization)에 따라, 데이터의 이용 및 보관 비
용은 지속적으로 감소하고 있는 반면, 수집할 수 있는 데이터의 범
위 및 이를 처리하는 컴퓨터의 연산 능력은 지속적으로 증가하고 있

---

29) 한국과학기술기획평가원, 프라스카티 매뉴얼 2015: 연구개발 자료수집과 보고에
　　관한 지침(2016), 50-53면.

다. 연구자들이 공동 연구를 수행하는 것은 이미 일상화된 상황이
고, 큰 규모의 데이터나 노하우를 서로 공유하는 것도 흔하다. 대학
등 학술연구기관 소속 연구자와 기업 소속 연구자가 협업을 하는 경
우도 많고, 특히 데이터를 이용하는 영역에서는 이러한 협업이 당연
시되고 있다. 기업들은 학술연구에 필요한 재원을 지원하기도 하지
만 데이터나 전산자원을 제공하기도 하면서, 학술연구기관 소속 연
구자와 협업 네트워크를 구축하고 있다. 결국 오늘날의 연구는 과거
에 비해 다면적, 다각적이며, 서로 다른 유형의 기관 소속 연구자가
협업을 하는 경우가 많다.30)

이는 연구 목적의 측면에서 보더라도, 공익적 목적 중심의 연구
와 상업적 목적 중심의 연구를 구별하는 것이 매우 어려워지고 있음
을 의미하기도 한다. 기업은 연구비의 주요한 재원을 제공하고 있
고, 그 결과 연구 성과가 공개되지 않는 연구가 증가하기도 한다. 우
리나라의 경우, 2019년 국내 총 연구개발비 89조 471억 원 중 공공
연구기관이 연구수행주체로 사용한 금액은 10조 1,688억 원(11.4%),
대학이 사용한 금액은 7조 3,716억 원(8.3%)에 불과하였다. 반면, 기
업이 연구수행주체로 사용한 금액은 71조 5,067억 원(80.3%)에 달하
였다.31) 이와 관련하여 기업 자금으로 정부, 공공 자금이 도외시하
는 도전적인 과제를 지원하는 경우도 있으며, 일부 부유한 자가 과
학적 연구의 대상을 독점적으로 선별하고 있다는 우려는 사실이 아
니라는 점이 지적되기도 한다.32) 또한, 대학 소속 연구자가 연구년

30) European Data Protection Supervisor, "A Preliminary Opinion on Data Protection and Scientific Research" (2020), p. 6.
31) 한국과학기술기획평가원, 2019년도 연구개발활동조사보고서(2021), 4면 이하.
32) Editorial, "Private funding for science", Nature Methods 13(7) (2016), p. 537.

중 기업에서 연구 활동을 하는 것도 흔히 볼 수 있게 되었다. 이러한 방향의 변화는 연구 생태계가 매우 복합적으로 구성되고 있으며, 점점 더 복잡해지고 있음을 보여준다. 따라서 연구의 성격을 논의하는 데 있어 이러한 연구 활동의 환경 변화를 감안할 필요가 있다. 가명정보 처리 가이드라인(2022)이 과학적 연구가 "자연과학, 사회과학 등 다양한 분야에서 이루어질 수 있고, 기초연구, 응용연구뿐만 아니라 새로운 기술·제품·서비스 개발 및 실증을 위한 산업적 연구도 해당"한다고 보고, "공적 자금으로 수행하는 연구뿐만 아니라 민간으로부터 투자를 받아 수행하는 과학적 연구"도 포함된다고 본 것은 이러한 맥락에서 이해할 수 있을 것이다.[33]

라) 가명정보의 활용과 연구 윤리

EU 집행위원회의 독립 감독기관으로, EDPB(European Data Protection Board)의 구성원인 EDPS(European Data Protection Supervisor)는 2020년 1월 GDPR상의 '과학적 연구'의 해석에 대한 예비 의견(preliminary opinion)을 발표한 바 있다. 위 예비 의견에서 EDPS는 '과학적 연구'에 대한 판단에 있어 연구 방법과 함께 연구 윤리를 고려하여야 한다고 하였다.[34] 연구에는 개별 영역별로 고유한 윤리적 기준이 존재하는 것이 보통이다. 예컨대, 생명윤리법은 인간대상연구 등에 있어 연구자가 준수하여야 할 윤리적 기준을 규범화한 것이다. 연구자가 가명정보를 활용하여 연구를 수행할 때 많은 경우 '가명처리'만으로는 그와 같은 기준의 준수가 담보된다고 볼 수 없다.

---

33) 가명정보 처리 가이드라인(2022), 12면.
34) European Data Protection Supervisor, 앞의 글, p. 12.

따라서 '과학적 연구'를 위해 가명정보를 활용할 경우에, 해당 영역에서의 연구 행위에 대해 요구되는 윤리적인 원칙이나 기준 등을 무시하여서는 안 된다는 것이다. 어찌보면 당연한 것이지만, EDPS의 견해는 가명처리의 과정에서 연구 윤리가 자동적으로 충족되거나 연구 윤리의 충족이 면제되는 것으로 해석될 가능성을 경계하는 시각이라 볼 수 있다.

또한 EDPS는 책임성 있는 연구는 개인정보를 존중하는 방식으로 수행될 수 있다고 설명한다. 다만, 정보주체의 권익을 보호한다는 측면에서 윤리심의위원회(ethical review board)를 설치하고 적극적인 역할을 수행할 수 있도록 도와주는 것이 필요할 수 있다고 한다. 또한 연구 행위와 관련된 행동강령(code of conduct)과 인증사항(accredited certification)을 두어 이를 이행하도록 하는 방안 등을 제안하고 있다. 개인정보처리자가 수집, 보관하는 개인정보의 양이 전반적으로 증가하는 한편, '과학적 연구'의 범위를 특정하기 쉽지 않은 오늘날의 환경에 있어 이와 같은 추가적인 절차나 장치의 마련이 더욱 필요할 수 있다는 것이 EDPS의 입장이다.

국내에서도 '과학적 연구'의 범위를 두고 여러 논의가 이루어져 왔다. 예컨대, 앞서 본 바와 같이 산업적 연구가 과학적 연구에 포함되는지 등이 대표적이다. 이와 관련하여 EDPS의 의견은 많은 시사점을 준다. 과학적 연구를 수행하려는 경우에 가명정보의 활용에 관한 개인정보 보호의 원칙들을 준수하여야 한다는 것은 잘 알려져 있다. 그러나 연구에 관한 윤리적 기준을 준수하는지도 반드시 고려하여야 한다.

3) '통계작성'

가) 의의 및 사례

개인정보 보호 법령 및 지침·고시 해설(2020)에 의하면, 개인정보 보호법상 '통계작성'에 있어 '통계'는 특정 집단이나 대상 등에 관하여 작성하는 수량적인 정보를 의미한다고 한다. 다만 통계는 집합적인 데이터로 이름이나 연락처 등 특정 개인에 관한 정보가 포함되어 있지 않아, 통계의 대상이 된 정보주체에 대해서는 1:1 맞춤형 타겟 마케팅이 불가능하다고 한다.[35]

개인정보 보호법상 '통계작성'에 해당할 수 있는 상황의 예시를 들자면 다음과 같다.[36] 회사가 도로구조 개선 및 휴게공간 추가설치 등 고객서비스 개선을 위하여 월별 시간대별 차량 평균속도, 상습 정체구간, 사고구간 및 원인 등에 대한 통계를 작성하는 경우나, 백화점, 마트 등 유통경로별 상품판매 전략을 수립하기 위하여 판매 상품을 구입한 회원의 연령, 성별, 선호색상, 구입처, 기능 및 가격 등에 관한 통계를 작성하는 경우, 또는 지방자치단체가 연령에 따른 편의시설 확대를 위해 문화센터, 도서관, 체육시설 등 각종 편의시설의 위치, 방문자수, 체류시간, 연령, 성별 등 이용 통계를 생성·분석하여 적합한 지역에 신규 편의시설을 선정하고자 하는 경우 등이다.

그런데, 개인정보 보호법은 제58조 제1항 제1호에서 공공기관이 처리하는 개인정보 중 통계법에 따라 수집되는 개인정보에 관하여는 개인정보 보호법 중 개인정보의 처리(제3장), 안전한 관리(제4장)

---

35) 개인정보 보호 법령 및 지침·고시 해설(2020), 221면.
36) 가명정보 처리 가이드라인(2022), 11면; 개인정보 보호 법령 및 지침·고시 해설(2020), 221면.

등에 관한 내용을 적용하지 아니한다고 규정하고 있다. 이는 개인정
보를 적절히 보호하면서도 다른 헌법적 가치들과 균형을 도모하기
위하여 개인정보 보호법의 적용을 일부 제외할 필요가 있고, 특히
통계법에 따라 작성된 통계가 각종 의사결정을 하는 데 기본적인 데
이터로 활용되는 공공재로서의 역할을 수행하며 경제·사회 발전의
기초가 되므로 시의적절하고 정확한 통계의 작성은 매우 중요하기
때문이라고 한다.[37] 그런데 통계법에서의 '통계'는 "통계작성기관이
정부정책의 수립·평가 또는 경제·사회현상의 연구·분석 등에 활
용할 목적으로 산업·물가·인구·주택·문화·환경 등 특정의 집단
이나 대상 등에 관하여 직접 또는 다른 기관이나 법인 또는 단체 등
에 위임·위탁하여 작성하는 수량적 정보"를 말한다(동법 제3조 제1호).
즉, 가명정보의 처리 목적으로서의 '통계'와 개인정보 보호법 적용의
일부 제외 대상으로서의 '통계'의 의미 간에는 주체, 목적, 대상, 방
법론 등에 있어 규범적 차이가 있다는 점에 유의할 필요가 있다.

　　한편 금융분야 가명·익명처리 안내서(2022)에 의하면, 신용정보
법상 '통계작성'은 "집단적 현상이나 수집된 자료의 내용에 관한 수
량적인 정보를 작성하는 행위"를 의미한다고 한다. 다만, 특정 개인
을 식별할 수 있는 형태의 통계작성은 허용되지 않는다고 한다. 예
를 들어, 금융기관 소액대출 심사의 신용 보조지표로 활용하기 위하
여 고객·지역별 신용카드 결제 데이터, 아파트 관리비, 부동산 시세
등에 대한 통계를 작성하는 경우, 또는 지방자치단체의 쓰레기 수거
량을 예측하기 위하여 신용카드 결제건수·이용금액, 가맹점 업종·
지역, 고객 거주·직장 지역, 거주 지역별 온·오프라인 구매물품,

---

37) 개인정보 보호 법령 및 지침·고시 해설(2020), 523-524면.

배달 음식 매출액·건수 등에 관한 통계를 작성하는 경우, 신용정보법상 '통계작성'에 해당할 수 있다.[38]

통계작성의 해석에 대한 한 가지 흥미로운 입장은, 머신러닝(machine learning)의 적용이 그 자체로 통계작성에 해당할 수 있다는 해석론이다.[39] 머신러닝에서의 학습은 통계와 깊게 연관되어 있기 때문이다.[40] 단순화해서 보면, 머신러닝은 수집된 데이터를 통해 수학적 모델을 학습시키는 단계와 이렇게 학습된 모델을 사용자의 데이터에 적용하는 단계로 구분해 볼 수 있는데, 이러한 '학습'이 '통계작성'에 해당될 수 있다는 견해가 있다. 즉, 머신러닝 시스템 중 상당수는 모델을 학습시키는 데 있어 학습 데이터를 이용하여 집합적인 정보(모델 매개변수)를 생성하는 단계와 그 후 특정 정보주체의 정보를 이용하여 맞춤화된 결과를 도출하는 단계로 구분할 수 있는데, 그 중 전자에 해당하는 모델을 학습시키는 단계는 일종의 통계작성으로 볼 수 있다는 것이다.[41] 다만 통계란 집합적인 데이터로 특정 개인에 관한 정보가 포함되어 있지 않은 경우를 일컫는 것이 일반적이므로, 특정 정보주체의 선호도를 평가, 예측하여 맞춤화된 서비스를 제공하는 단계에 대해서는 이러한 해석론을 따르더라도 통계작성에 해당한다고 보기는 어려울 수 있다.

---

38) 금융분야 가명·익명처리 안내서(2022), 15면.
39) 전승재, "인공지능 학습은 개인정보 처리인가 혹은 통계처리인가", 세계일보, (2021. 11. 22.)
40) 다만, 머신러닝은 일반적으로 예측(prediction)을 목적으로 하는 반면, 통계는 확률변수 간 관계를 분석 및 추론(inference)하는 것을 목적으로 하는 점에서 차이가 있다고 한다. Asia Biega/Michèle Finck, "Reviving Purpose Limitation and Data Minimisation in Personalisation, Profiling and Decision-Making Systems", Max Planck Institute for Innovation and Competition Research Paper Series (2021), pp. 17-19.
41) Asia Biega/Michèle Finck, 앞의 논문, pp. 17-19.

나) 상업적 목적의 통계작성

신용정보법은 제32조 제6항 제9호의2에서 '통계작성'에는 시장조사 등 상업적 목적의 통계작성이 포함된다고 정하고 있다. 반면 개인정보 보호법의 경우 상업적 목적의 통계작성이 포함된다는 내용을 명시하고 있지 않다. 다만 개인정보 보호 법령 및 지침·고시 해설(2020)과 가명정보 처리 가이드라인(2022)은 시장조사와 같은 상업적 목적의 통계작성도 개인정보 보호법 제28조의2의 통계작성에 해당할 수 있다고 한다.[42]

4) '공익적 기록보존'

개인정보 보호법 및 신용정보법은 모두 '공익적 기록보존'을 가명정보의 처리나 제3자 제공이 허용되는 목적 중 하나로 규정하고 있다. 개인정보 보호 법령 및 지침·고시 해설(2020)과 가명정보 처리 가이드라인(2021)은 '공익적 기록보존'이란 "공공의 이익을 위하여 지속적으로 열람할 가치가 있는 기록을 보존하는 것을 의미"한다고 설명한다. 이때 공공기관이 처리하는 경우에만 공익적 목적이 인정되는 것은 아니며, 민간기업, 단체 등이 일반적인 공익을 위하여 기록을 보존하는 경우도 공익적 기록보존 목적이 인정된다고 한다.[43] 해설서는 연구소가 현대사 연구 과정에서 수집한 정보 중에서 사료가치가 있는 생존 인물에 관한 정보를 기록·보관하고자 하는 경우를 예로 들고 있다. 한편, 제1장에서 설명한 바와 같이 사망한

---

42) 개인정보 보호 법령 및 지침·고시 해설(2020), 221면; 가명정보 처리 가이드라인
(2022), 11면.
43) 개인정보 보호 법령 및 지침·고시 해설(2020), 221면

사람에 대한 정보는 원칙적으로 개인정보에 해당하지 않으므로 이러한 가명정보의 처리에 관한 특례를 적용할 필요가 없는 경우가 일반적일 것이다. 다만, 가명처리를 수행하여 특정 개인을 알아볼 수 없도록 함으로써 공익적 기록보존 목적 자체에 부합하지 못하게 될 수도 있다. 이와 같은 경우에는 가명처리에 의할 것이 아니라 개인정보 보호법상의 다른 개인정보 처리 근거에 의하여 처리할 필요가 있을 것이다.

나. 가명정보의 결합

가명정보의 또 다른 주요한 활용 가능성 중 하나는 다른 정보와의 결합이다. 여기서 말하는 '결합'에는 단일한 개인정보처리자가 가진 복수 정보의 결합과 복수의 개인정보처리자가 가진 복수 정보의 결합이 있다.[44] 정보의 결합이 대두되는 주된 이유는 빅데이터 분석이 가져다주는 편의성이 급격히 커지면서 여러 출처로부터 얻어진 데이터를 상호 결합하여 유용한 분석을 수행할 수 있는 경우가 많아졌기 때문이다.[45] 예컨대 여러 의료기관의 데이터를 결합하면 환자가 경험하는 진료의 연속선상에서 의료 서비스의 전체 그림을 파악할 수 있게 된다. 보건의료 데이터와 다른 데이터를 결합할 수도 있다. 예컨대 이민자 정보와 보건의료 정보를 결합하면 이민자의 이민 후의 건강 상태 변화를 분석할 수도 있다. 또 다른 예로, 어떤 연구

---

44) 단일한 개인정보처리자라고 하더라도 예컨대 특정한 조직에 속한 일부 개인의 일탈적 행위로 인해 개인정보가 유출될 수 있어, 가명처리를 할 유인이 있을 수 있다. 다만 개인정보 보호법 제28조의3에 따른 결합 관련 특례조항은 '서로 다른 개인정보처리자' 사이의 결합을 전제로 하므로, 후자의 유형에만 적용된다. 가명정보 처리 가이드라인(2022), 38면.
45) Khaled El Emam/Luk Arbuckle, 앞의 책, p. 165.

기관이 불법스팸 실태연구를 하는 경우를 생각해 볼 수 있다. 해당
연구기관은 스팸 전화번호, 스팸 수신 일시, 스팸 신고 일시, 스팸
신고 유형, 스팸 유형 등 '불법스팸 신고정보'를 보유하고 있다고 하
자. 그런데, 해당 연구기관이 맞춤형 스팸 예방 인식 제고, 교육 및
정책 수립 등에 반영하기 위하여 성별, 연령대별 분석을 수행하고자
할 경우, 고객 연령대, 성별 등 '통신사 가입정보'를 보유하고 있는
이동통신사와 가명정보 간 결합을 진행하여 분석하는 것이 필요할
수 있다.[46] 복수의 데이터 집합을 상호 결합하려면 이들을 연결시킬
수 있는 공통된 식별자가 필요하다. 식별자는 단일한 항목일 수도
있고 여러 항목들을 합친 것일 수도 있다(예: 이름+생년월일). 원칙
적으로 가명정보를 결합하는 방법 자체는 간단하다. 앞서 설명한 바
와 같이 기본적으로는 결합 대상인 데이터에 공통된 식별자에 해시
함수를 적용하거나 암호화하는 등 원본 개인식별정보가 드러나지
않도록 가명처리한 다음, 가명으로 변형된 식별자를 서로 대조하여
일치하는 항목을 찾고, 이를 토대로 해당 데이터들을 결합하면 족하
다. 이때 각 데이터의 식별자에 대해 동일한 가명처리 기법이 적용
되지 않았다면 식별자가 같은지 확인하기 위한 추가적 조치가 필요
할 것이다.

　그런데 데이터를 결합하려면 누군가는 해당 데이터들을 모두 확
보하고 상호 비교해야 한다. 가령 A가 보유한 데이터 집합에는 1,000
건의 기록이, B가 보유한 데이터 집합에는 2,000건의 기록이 각 포
함되어 있고, 이 중 두 데이터 집합에 중복되는 기록이 300건이라고

---

46) 개인정보보호위원회, "불법스팸 실태 분석을 위한 가명정보 결합 시범사례 결과 발
　　표"(2021. 6. 24.), 1-2면.

하자. A의 데이터 집합과 B의 데이터 집합을 결합하면 이 300건에 대해 보다 많은 정보를 지닌 결합 데이터가 생성된다. 이때 쉽게 떠올릴 수 있는 결합 방법은 A가 B에게 자신의 데이터 1,000건을 보내든지, 아니면 B가 A에게 자신의 데이터 2,000건을 보내는 것이다. 또는 제3의 기관에 A와 B가 모두 자신의 데이터를 보내어 확인하는 과정이 필요할 수 있다. 어떤 식이든 두 데이터 집합을 전부 비교해 보기 전까지는 어떤 기록이 양쪽 데이터 집합에 모두 속해 있는 것인지 확인할 수 없으므로, 결합 대상 데이터 집합 전체를 보낼 수밖에 없다.

한편 A와 B는 모두 동일한 방식으로 식별자를 가명처리해야 하므로, 적용된 가명처리 기법을 알고 있다. 반대로 말하면 상대방이 보낸 가명처리된 식별자를 어떻게 하면 원래 정보로 복원할 수 있는지도 잘 알고 있는 셈이다. 따라서 A가 B에게 1,000건의 데이터를 보내면, B가 결합 대상이 되지 않는 나머지 700건의 정보를 재식별해 낼 가능성이 있다. 반대로 B가 A에게 2,000건의 데이터를 보내면, A가 결합 대상이 되지 않는 나머지 1,700건의 정보를 알게 될 가능성이 있다.

결국 데이터를 안전하게 결합하기 위해서는 양자가 모두 신뢰할 수 있는 제3자를 활용할 필요가 있다. 즉, A와 B 모두가 신뢰할 수 있는 제3자인 C가 있다면 A와 B 모두 C에게 데이터를 전달하도록 하면 된다. 이 경우 C가 두 데이터 집합을 비교하여 결합한 뒤 결합된 결과물 300건만을 결합신청자인 A와 B에게 전달하게 된다.

그런데 누가 이러한 신뢰할 수 있는 제3자의 역할을 할 것인가? 개인정보 보호법과 신용정보법은 정부가 지정하는 '전문기관'이 결합을 수행하도록 정하였다(개인정보 보호법 제28조의3 제1항, 신용정보법 제26조의4). 가명정보의 결합을 정부가 지정한 기관에서만 수행할 수 있도록 한 것은 외국 입법례를 찾기 어려운 독특한 입법이다. 현재 여러 정부 부처들은 민간기업을 포함하여 여러 기관을 결합전문기관으로 지정하였다.[47]

데이터 결합과 관련하여 유의할 것은, 데이터를 결합한 결과 정보주체가 식별될 위험성이 증가한다는 점이다. 데이터 집합 내에서 준식별자의 수가 증가할수록, 이들을 다양하게 조합함으로써 개인을 식별해 내는 데 성공할 가능성이 증가하게 되는 것이 일반적이다. 이에 개인정보 보호법은 개인정보처리자가 결합된 정보를 결합전문기관 외부로 반출하고자 하는 경우, 결합전문기관에 설치된 별도의 공간에서 위 정보를 가명처리 또는 익명처리한 뒤, 결합전문기관의 장의 승인을 받도록 하였다(동법 제28조의3 제2항, 동법 시행령 제29조의3 제3항). 이러한 가명정보의 결합 및 반출 절차가 지나치게 복잡하다는 비판도 제기되지만,[48] 앞으로 실무상 어떻게 운용될 것인지 지켜볼 필요도 있다. 한편, 가명정보의 결합과 관련된 구체적 절차에 관하여는 본서의 가명정보 처리 가이드라인(2022)상의 가명정보 결합 및 반출 절차 부분[본 장 5. 나. 2)]에서 상술한다.

---

47) 2020년에 개인정보 보호법이 개정된 후 초기에 지정된 가명정보 결합전문기관으로는, 개인정보보호위원회가 지정한 통계청, 삼성SDS, 과학기술정보통신부가 지정한 한국지능정보사회진흥원, SK 주식회사, 더존비즈온, 국토교통부가 지정한 한국도로공사, 보건복지부가 지정한 건강보험심사평가원, 국민건강보험공단, 한국보건산업진흥원이 있다. 한편 신용정보법에 따라 금융위원회는 신용정보원과 금융보안원을 데이터전문기관으로 지정했다. 전문기관의 지정은 계속 늘어나고 있다.
48) 관계부처 합동, "가명정보 활용성과 및 확산 방안 – 안전한 가명정보 활성화를 위한 규제혁신 및 맞춤형 지원–"(2021), 9면.

4. 가명정보의 관리

개인정보 보호법의 개정 이후, 가명정보를 적극적으로 활용하고
자 하는 개인정보처리자 및 이러한 활용을 촉진하고자 하는 정책당
국은 개인정보 보호법의 개정취지를 달성함과 동시에 정보주체의
프라이버시 침해 위험을 최소화해야 하는 과제를 마주하게 되었다.
가명정보에 대하여 적절한 보호조치를 취하여 내·외부로부터의 공
격에 적절히 대응할 수 있어야만 서로 상충하는 두 목표 사이에서
최적의 선택을 할 수 있는 것이므로, 가명정보의 구체적인 보호 방
법을 논할 필요가 있다. 개정 개인정보 보호법이 기존에 제29조[49]
에서 개인정보처리자의 안전조치의무를 규정하고 있던 것에 더하여
제28조의4[50]에서 가명정보에 대한 안전조치의무를 추가로 규정한
것도 같은 맥락에서 이해될 수 있다.

이때 정교한 암호화 기법을 적용하는 것과 같은 기술적 보호조
치를 취하는 것만으로는 가명정보 보호가 충분하지 못할 수 있다는
점에 유의할 필요가 있다. 기술적 보호조치를 강조한 나머지 오히려

---

49) 개인정보 보호법 제29조(안전조치의무) 개인정보처리자는 개인정보가 분실·도난·
유출·위조·변조 또는 훼손되지 아니하도록 내부 관리계획 수립, 접속기록 보관
등 대통령령으로 정하는 바에 따라 안전성 확보에 필요한 기술적·관리적 및 물리
적 조치를 하여야 한다.
50) 개인정보 보호법 제28조의4(가명정보에 대한 안전조치의무 등) ① 개인정보처리자
는 가명정보를 처리하는 경우에는 원래의 상태로 복원하기 위한 추가 정보를 별도
로 분리하여 보관·관리하는 등 해당 정보가 분실·도난·유출·위조·변조 또는
훼손되지 않도록 대통령령으로 정하는 바에 따라 안전성 확보에 필요한 기술적·관
리적 및 물리적 조치를 하여야 한다.
② 개인정보처리자는 가명정보를 처리하고자 하는 경우에는 가명정보의 처리 목
적, 제3자 제공 시 제공받는 자 등 가명정보의 처리 내용을 관리하기 위하여 대통
령령으로 정하는 사항에 대한 관련 기록을 작성하여 보관하여야 한다.

가명정보의 보호를 위한 또 다른 축인 관리적 보호조치가 갖는 중요
성을 간과하지 않도록 해야 한다. 아무리 정교한 암호화 알고리즘을
사용하여 가명처리를 수행하더라도, 결국 매핑 테이블, 복호화 키와
같은 가명처리 비밀을 생성·관리하는 것은 조직 내의 사람이 담당
하게 된다. 만약 관리적 보호조치가 취약하여 그 가명처리 비밀이
접근권한의 범위를 넘어 노출된다면 그러한 가명처리는 유명무실한
것이 될 수밖에 없다. 따라서 가명정보의 충분한 보호를 위해서는
적절한 관리적 보호조치도 필요한데, 이러한 조치에는 가명처리 등
가명정보 처리의 전 과정에 있어 개인정보 보호책임자를 지정하고
(개인정보 보호법 제31조), 업무를 분장하며, 주기적으로 모니터링을
실시하는 등의 조치가 포함되고, 조직 내에 이를 위한 절차를 미리
마련할 필요도 있다. 개인정보 보호법 제29조는 가명정보를 처리하
는 개인정보처리자가 취해야 할 관리적 보호조치의 세부 내용을 대
통령령에 위임하고 있고, 동법 시행령 제29조의5는 이를 어느 정도
구체화하고 있다. 다만 실무적으로는 이를 더욱 구체화하고 현실성
있는 것으로 만들 필요가 있으므로, 이하에서는 ① 경영학, 회계학
등에서 다각도로 연구되어 온 내부통제(internal control) 및 외부감사
(external audit) 관련 제도의 응용 내지 변용 가능성을 제시하는 한
편, 또 다른 대안으로 ② 신뢰할 수 있는 제3자(trusted third party,
TTP)를 활용하는 방안을 소개하고자 한다.[51]

가명정보에 대한 관리적 보호조치의 구체적 내용을 살펴보기에

---

51) 이하에서 설명된 관리적 보호조치는 법적으로 요구되거나 권장되는 사항들에 관한
   설명이 아니라, 가명처리의 과정을 좀 더 체계화하고 그 과정에서 개인정보 보호
   또한 충실하게 이루어질 수 있도록 하는 관점에서 개별 기관이나 조직이 고려할
   수 있는 방안을 제시하는 것이다.

앞서, 가명정보를 처리하는 모든 개인정보처리자가 이후 살펴볼 관리적 보호조치를 모두 동일한 수준으로 이행해야 하는 것은 아님에 유의할 필요가 있다. ① 가명정보를 처리하는 개인정보처리자의 유형 내지 규모, ② 개인정보처리자가 실제로 처리하는 가명정보의 개별적인 특성(특히 유출 등 사고 발생시 정보주체의 프라이버시에 초래될 수 있는 침해의 중대성) 등에 따라 해당 개인정보처리자가 가명정보에 대하여 취해야 할 보호조치의 구체적 내용은 달라질 수 있고, 개인정보처리자 또한 개별 가명정보 처리 사안마다 위 요소들을 종합적으로 고려하여 의사결정을 할 필요가 있다.

가. 내부통제와 외부감사

1) 내부통제

내부통제는 회계감사의 맥락에서 "재무보고의 신뢰성, 경영의 효과성 및 효율성, 그리고 관련 법규의 준수에 관련된 기업의 목적 달성에 관한 합리적 확신을 제공할 목적으로 지배기구, 경영진 및 기타의 인원에 의해 설계, 실행, 유지되고 있는 절차"를 의미하는 것으로 정의된다.[52] 조직 규모가 크고 운영 과정이 복잡해질수록, 관련 법규를 준수하면서 운영의 효과성 및 효율성을 달성하기 위해서 적절한 내부통제 시스템을 마련하는 것은 필수적이다.

개인정보 보호법에 따라 가명정보를 처리하고자 하는 개인정보처리자 또한 마찬가지이다. 개인도 개인정보처리자가 될 수 있지만, 가명처리에 소요되는 자원 규모 등에 비추어 보았을 때 현실적으로

---

52) 회계감사기준(2018년 개정) 감사기준서 315 문단 4(c); International Standard on Auditing(ISA) 315(Revised 2019) 문단 12(m).

가명정보의 처리 및 그에 대한 통제가 문제되는 것은 주로 개인정보 처리자가 공공기관, 법인 또는 단체인 경우일 것이므로, 적절한 내부통제 시스템을 구축하고 운용할 필요가 있다. 개인정보 보호법에 따라 개인정보처리자는 개인정보 보호책임자를 지정하여야 하는데, 개인정보 보호책임자의 업무 중 하나로 "개인정보 유출 및 오용·남용 방지를 위한 내부통제시스템의 구축"이 포함되어 있는 것도 같은 맥락에서 이해될 수 있다(개인정보 보호법 제31조 제1항, 제2항 제4호).

다만 가명정보 관련 내부통제 시스템을 구축하여 운용함에 있어서는 단순히 개인정보의 일반적 특성들을 고려하는 것으로는 충분하지 않고, 가명처리 및 가명정보의 기본 개념, 개인정보처리자가 실제로 처리하는 가명정보의 특성과 그에 따른 재식별 내지 프라이버시 침해 위험 등을 정확히 파악하여 반영해야 한다. 내부통제의 구성요소로는 통상 ① 통제환경(control environment), ② 조직의 위험평가절차(risk assessment process), ③ 정보시스템 및 커뮤니케이션 (information system and communication), ④ 통제활동(control activities), ⑤ 통제의 모니터링(monitoring)의 다섯 가지를 꼽을 수 있는데,53) 이하에서는 가명정보 관련 내부통제의 구체적 내용을 위 각 구성요소별로 나누어 살펴보기로 한다.

---

53) 회계감사기준 감사기준서 315 문단 14-24; ISA 315 문단 12(m); Committee of Sponsoring Organizations of the Treadway Commission(COSO), Internal Control - Integrated Framework, Executive Summary (2013) 등 참조.

그림 2-1. COSO 내부통제 모델

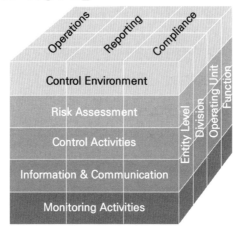

출처: COSO, Executive Summary, p. 6.

  우선 ① 통제환경은 "내부통제와 그 중요성에 관한 지배기구 및
경영진의 태도와 의식 및 행동"[54]을 비롯하여 내부통제의 전반적인
환경을 의미한다. 이는 내부통제의 기초가 되는 것으로서, 현실적으
로 가장 중요한 요소 중 하나이다. 경영진이 가명처리 및 그와 관련
된 통제장치를 단지 실무진 사이의 기술적인 문제로 치부할 경우,
효과적인 내부통제는 사실상 불가능하게 되기 때문이다. 특히 ⓐ 가
명정보의 유용성을 높이는 것과 개인정보 보호의 수준을 높이는 것
사이에는 일정한 상충관계가 존재하는 경우가 적지 않을 것인데, 그
상충관계의 내용을 구체화하고 이로부터 개별 조직이 추구하는 유
용성이 어떤 것인지 새로이 검토하는 등의 지속적인 노력이 필요하
다는 점과, ⓑ 한 차례 가명처리를 수행하였다고 해서 그것만으로
가명정보의 보호가 달성될 수 있는 것이 아니고, 가명정보 처리의

---

54) 회계감사기준 감사기준서 315 문단 A76; ISA 315 부록 3 문단 4-6.

전 과정에 있어 내부통제 시스템을 구축하여 지속적으로 운용하는 등 각종 관리적 보호조치를 취해야 한다는 점을 명확히 하는 것이 중요하다.

② 조직의 위험평가절차는, ⓐ 관련 위험을 식별하고, ⓑ 해당 위험의 발생가능성을 평가하며, ⓒ 그에 대처하기 위한 행동을 결정하기 위한 조직 내부의 절차를 의미한다.[55] 이는 가명정보의 맥락에서 특히 중요한데, 개인정보처리자는 자신이 보유한 가명정보에 대한 다양한 재식별 공격 시나리오들을 선제적으로 상정하여 그에 따른 위험을 파악 및 평가하고 그에 대한 대응책을 결정하기 위한 내부 절차를 수립하여야 한다. 이 과정에서 가명정보의 재식별 위험을 보다 정확하게 평가하기 위하여 모의 재식별 공격을 수행하는 등으로 가명정보의 보안성을 주기적으로 시험하고, 취약점이 발견된 경우 추가적인 보안 조치를 취할 수 있는 전문가, 즉 화이트 해커(white hacker)들로 구성된 팀을 별도로 꾸려 운영하는 것이 효과적일 수 있다.

③ 정보시스템 및 커뮤니케이션은 조직 내부에서 관련 정보가 생성되고 유통되어 일부는 파기되고 다른 일부는 내부적으로 기록되며 그 중에서도 선별된 일부는 외부에 공개되는 등 정보 관리의 전반적인 체계를 의미한다. 특히 ⓐ 조직에서 유의미한 활동(가령 유통을 주 사업으로 영위하는 기업의 경우 재고자산의 매입거래 등)이 개시, 기록, 처리, 보고되는 절차, ⓑ 관련 기록과 증빙서류의 보관 방법, ⓒ 경영진과 지배기구 간 커뮤니케이션 및 ⓓ 규제기관 등 외부와의 커뮤니케이션 등이 그 주요 내용이다.[56] 이는 가명정보에 있어서

---

55) 회계감사기준 감사기준서 315 문단 15; ISA 315 문단 22.

도 마찬가지로 중요한데, 가명정보를 처리하는 개인정보처리자는 특히 그 처리 목적, 가명처리한 개인정보의 항목, 가명정보의 이용 내역 등 가명정보의 처리 내용을 관리하기 위하여 대통령령으로 정하는 사항에 대한 관련 기록을 작성하여 보관하여야 한다(개인정보 보호법 제28조의4 제2항, 동법 시행령 제29조의5 제2항). 이를 위하여, 개개 개인정보취급자에 대한 로그 시스템 및 사후 검증 절차 등을 상세하게 마련해 두는 것이 현실적으로 중요할 수 있다.

④ 통제활동은 "경영진의 지시가 확실하게 이행되도록 도와주는 정책과 절차"로서 승인(authorization), 성과검토(performance review), 정보처리(data processing), 물리적 통제(physical control), 업무분장(segregation of duties) 등을 포함한다.57) 통제활동은 조직의 활동에 가장 직접적인 영향을 미치는 것으로서 내부통제의 핵심 구성요소에 해당한다. 따라서 가명정보의 맥락에서 각 통제활동이 어떻게 설계·수행되어야 하는지를 좀 더 구체적으로 생각해 볼 필요가 있다.

우선 승인이란 조직에서 일정한 활동이 이루어지는 경우 "적절한 책임을 가진 자가 해당 활동에 대해서 사전 또는 사후적 인·허가를 하는 절차"를 말하는데,58) 가명정보에 있어서도 마찬가지로 적절한 승인절차를 설계하여 운영할 필요가 있다. 가명정보의 맥락에서 승인의 대상이 되는 것으로는 가명처리의 대상, 구체적인 가명처리 알고리즘, 가명정보의 처리 방법 등 다양한 사항들을 상정할 수 있다. 그런데 개별 사안에서 그 승인 여부를 결정함에 있어서는

---

56) 회계감사기준 감사기준서 315 문단 18-19; ISA 315 부록 3 문단 15-19.
57) 회계감사기준 감사기준서 315 문단 A96; ISA 315 부록 3 문단 20-21.
58) 이창우/송혁준/전규안/권오상, 회계감사 Study Guide (제6판), 경문사(2019), 제8장 8면.

법적 지식뿐만 아니라 가명처리 기법 및 관련 기술들에 대한 심도 있는 이해가 필요하므로 개인정보 보호책임자 개인이 전적으로 이를 결정하도록 하는 것은 적절하지 않을 수 있다. 이러한 경우 의료 분야에서 '인간대상연구' 등에 관하여 연구의 윤리적·과학적 타당성 등을 심의하기 위해 각 기관별로 독립적으로 설치하는 기관생명윤리위원회 또는 임상시험심사위원회(institutional review board, IRB)[59] 등을 참조하여, 개인정보처리자 내부적으로 데이터심의위원회(data review board, DRB)를 설치하는 것을 고려할 수 있다. 데이터심의위원회를 설치하는 경우 그 기본적인 역할은 가명정보 처리의 전 과정에서 발생할 수 있는 문제들을 사전·사후적으로 파악하고 이를 적절히 승인하거나 불허하는 것일 테지만, 개별적 필요에 따라 위 위원회로 하여금 가명정보에 관하여 조직이 전반적으로 공유해야 할 정책적 방향이나 기준을 정하는 역할을 수행하도록 할 수도 있다. 또한, 가명처리의 과정에 요구되는 통제환경을 설계·구축하는 역할을 수행할 수도 있다.

　　다음으로 가명정보의 맥락에서 중요한 통제활동으로는 물리적 통제를 꼽을 수 있는데, 이는 통상 "자산과 기록의 접근에 대한 안전설비와 같은 적절한 안전장치 등 자산의 물리적 보안"이나 "컴퓨터 프로그램과 데이터 파일에 대한 접근의 승인"을 포함한다.[60] 물리적 통제는 통제활동 중에서도 가장 직접적인 통제 내지 제약으로서, 적절히 이루어질 경우 큰 효과를 발휘할 수 있다. 따라서 가명정보를 처리하는 개인정보처리자는 ⓐ 가명처리 비밀을 출력하여 물

---

59) 생명윤리법 제10조, 의약품 등의 안전에 관한 규칙 [별표 4] 의약품 임상시험 관리기준 제2호 오목 참조.
60) 회계감사기준 감사기준서 315 문단 9; ISA 315 부록 3 문단 20.

리적 형태로 보관하는 경우에는 이를 잠금장치가 있는 안전한 장소
에 보관함과 동시에 해당 장소에 대한 출입통제 절차를 수립·운영
하여야 할 것이고, ⓑ 가명처리 비밀을 USB 등 보조저장매체에 저
장하여 전자적 형태로 보관하는 경우에는 이를 위와 같이 안전한 장
소에 보관함과 동시에 해당 매체의 복제나 반출·입 통제를 위한 보
안대책을 마련하여야 할 것이다(개인정보의 안전성 확보조치 기준 제11
조 참조). 군(軍)이나 정보기관 등에서 여러 등급을 나누어 비밀취급
인가(security clearance)를 부여하는 것을 참조하여, 가명정보에 있어
단계별로 접근권한을 달리 부여하는 것도 가능하다. 실제로 개인정
보 보호법 제28조의4 제1항, 동법 시행령 제29조의5 제1항 제2호
및 제3호는 원칙적으로 가명정보와 추가정보가 분리 보관되고 그에
대한 접근 권한이 분리될 것을 각 요구한다. 나아가 정보주체의 프
라이버시 침해 우려가 특히 높은 정보를 가명처리하여 보유하고 있
는 경우에는 특별한 사정이 없는 한 해당 가명정보가 반출되어 다른
저장매체에 저장될 수 없도록 허가받은 단말기(terminal)를 통해서만
이를 열람할 수 있도록 하는 것도 고려할 수 있다. 또는 가상환경
(virtual environment)에서만 데이터에 대한 처리가 가능하도록 시스
템을 구축할 수도 있다.

한편, 업무분장 또한 가명정보의 맥락에서 중요한 통제활동에
해당하는데, 업무분장은 통상 "거래의 승인, 거래의 기록, 자산의 보
호에 대한 책임을 서로 다른 자에게 배정하는 것"이라고 정의된다.
이는 "누구든지 일상적인 직무수행 중 오류나 부정을 범하고 동시에
이를 은폐시킬 수 있는 위치에 있을 수 있는 기회를 감소시키기 위
한 것"이다.[61] 따라서 가명정보를 처리하는 개인정보처리자는 가능

한 한 ⓐ 가명정보의 개별 처리 목적을 설정하고 그에 따른 처리 여부를 승인하는 자, ⓑ 구체적으로 가명처리를 수행하는 자, ⓒ 가명처리를 비롯하여 가명정보의 처리 과정을 기록하는 자, ⓓ 가명처리에 따라 생성된 가명정보를 실제로 활용·처리하는 자를 각기 달리 정하여야 한다. 후술하는 '신뢰할 수 있는 제3자의 활용' 또한 기본적으로는 이러한 업무분장의 사고에서 비롯된 것이다.

마지막으로 ⑤ 통제의 모니터링은 "지속적으로 내부통제의 성과에 대한 효과성을 평가하는 절차"로, "적시에 통제의 효과성을 평가하고 필요한 개선조치를 취하는 것을 포함"한다.[62] 따라서 가명정보를 처리하는 개인정보처리자는 처리의 전 과정에 걸쳐 가명정보가 효과적으로 보호되고 있는지 여부를 지속적으로 평가해야 한다. 특히 관련 기술이 지속적으로 발전함에 따라 한때는 안전하다고 여겨졌던 가명정보가 추가 정보 없이도 재식별될 수 있는 정보로서 더 이상 가명정보에 해당하지 않게 될 위험이 상존하므로, 개인정보처리자는 이러한 위험을 항상 인식하고 선제적으로 대응하여야 한다. 이 과정에서 앞서 본 바와 같이 최신 보안 및 공격 기술에 익숙한 화이트 해커들로 하여금 주기적으로 모의 재식별 공격을 수행하는 등의 방식으로 가명정보의 보안성을 주기적으로 확인하는 과정이 필요할 수 있다.

2) 외부감사

내부통제를 아무리 효과적으로 설계·실행·유지한다 하더라도,

---

61) 위 각주 참조.
62) 회계감사기준 감사기준서 315 문단 A106; ISA 315 부록 3 문단 10-14.

개인정보 보호의 영역은 그 특성상 일정한 한계를 가질 수밖에 없다. 내부통제의 한계로는 통상 ① 의사결정에 있어 인적인 판단이 잘못될 수 있는 가능성 및 인적 오류, ② 2명 이상의 공모 가능성, ③ 경영진이 부적합하게 내부통제를 무시할 가능성 등이 지적되는데,[63] 이러한 한계를 보완하기 위해 필요한 것이 다름 아닌 독립된 외부인에 의한 외부감사이다.

가명정보의 맥락에서 외부감사란 '가명정보의 생성, 저장, 보유, 가공, 편집 등 처리의 전 절차에 걸쳐 충분한 보호조치가 이루어지는 등 개인정보 보호법의 관련 규정들이 준수되었는지 여부를 개인정보처리자 외부의 독립된 감사인이 검증하는 절차'를 의미한다고 볼 수 있다. 다만 개인정보 보호법은 가명처리와 관련하여 외부감사에 관한 별도의 규정을 두고 있지는 않다.

만약 가명정보를 처리하는 개인정보처리자에 대한 외부감사제도를 도입한다면, 가명정보에 대한 감사기준을 제정하고 감사인의 요건이나 자격기준을 정하는 한편 이해충돌을 방지할 수 있는 각종 장치들을 마련해야 할 것이다. 또한 외부감사를 두는 것은 내부통제 시스템을 구축·운용하는 것에 비해 더욱 높은 비용을 수반할 가능성이 있으므로, 제도를 더욱 세심하게 설계해야 할 것이다.[64] 즉,

---

63) 회계감사기준 감사기준서 315 문단 A53-54; ISA 315 문단 부록 3 문단 22-23.
64) 가명정보의 맥락에서 외부감사제도를 설계함에 있어 회계감사의 영역에서 이미 작동하고 있는 외부감사제도를 참조할 수 있다. 외부감사법 제4조 및 동법 시행령 제5조는 재무제표를 작성하여 회사로부터 독립된 외부의 감사인에 의한 회계감사를 받아야 하는 회사의 범위를 한정하고 있고, 동법 제9조 내지 제12조 및 동법 시행령 제10조 내지 제18조는 감사인의 자격, 선임 및 보고절차, 계속감사가 가능한 범위 등을 회사의 규모 및 상장여부에 따라 달리 정하고 있는데, 가명정보의 맥락에서도 조직의 규모나 데이터의 종류, 규모, 민감성 등을 반영한 차등적 규율방식을 생각해 볼 수 있다.

① 가명정보를 처리하는 개인정보처리자의 유형 내지 규모 및 ② 개인정보처리자가 실제로 처리하는 가명정보의 개별적인 특성 등 다양한 요소들을 고려하여 규율의 체계 및 내용을 달리 정할 수 있을 것이다.

이와 달리, 개인정보 보호법에 이미 마련되어 있는 개인정보 보호 인증제도를 응용 또는 확대하는 것을 또 다른 대안으로 고려해 볼 수도 있다(개인정보 보호법 제32조의2). 이 방식은 외부감사제도에 비해 제약이 상대적으로 적은 수단으로서 가명정보를 처리하는 개인정보처리자가 자발적으로 적절한 보호조치를 취하도록 유도하는 유용한 수단으로 활용될 수 있을 것이다.

나. 신뢰할 수 있는 제3자(trusted third party)의 활용

1) 신뢰할 수 있는 제3자의 의미

개인정보처리자는 가명정보를 처리하는 경우에는 원래의 상태로 복원하기 위한 추가 정보를 별도로 분리하여 보관·관리하는 등 안전성 확보에 필요한 기술적·관리적 및 물리적 조치를 하여야 한다(개인정보 보호법 제28조의4). 즉, 앞서 본 바와 같이 추가정보는 가명정보와 분리하여 별도로 보관하고 가명정보와 불법적으로 결합되어 재식별에 악용되지 않도록 접근 권한을 최소화하고 접근통제를 강화하는 등 필요한 조치를 취하여야 한다(개인정보 보호법 시행령 제29조의5 제1항 등 참조). 또한 가명정보를 처리하는 개인정보처리자는 가명정보 또는 추가정보에 접근할 수 있는 담당자를 가명정보 처리업무 목적달성에 필요한 최소한의 인원으로 엄격하게 통제하여야 하며, 접근권한도 업무에 따라 차등부여하여야 한다.[65]

신뢰할 수 있는 제3자(trusted third party, TTP)는 추가 정보의 분
리 보관, 접근 권한의 분리 등 가명정보의 기술적·관리적 보호조치
를 이행하는 데 활용될 수 있는 개념이다.[66] TTP는 개인정보처리자
와 물리적, 조직적 측면에서 독립된 자를 말하며,[67] 이는 조직 내부
의 개인 또는 특정 부서일 수도 있고, 조직 외부의 개인 또는 별도
조직일 수도 있다. 독립성이 중요한 개념이기는 하나, 다만 어느 정
도의 수준에 이르러야 물리적 및 조직적 독립성이 확보되었다고 할
수 있는지를 일률적으로 판단하기는 어렵다. 예를 들어 조직 내부의
한 부서라고 하더라도, 실제 조직 운영에 있어서 기능상의 독립성이
충분히 보장된다면 조직적 독립성이 갖추어졌다고 볼 여지가 있
다.[68] 다른 한편, 조직 체계상으로는 독립성이 있다고 하더라도, 현
실적으로는 TTP가 지시를 거부하기 어려운 상황에 놓여있다면 독립
성을 인정하기 어려울 수 있다.

이와 관련하여, 데이터 관리의 독립성 확립에 대한 원칙으로 2인
원칙(four eyes principle, two-man rule)을 참고할 수 있다. 이 원칙
은 어떤 조직 안에서의 특정인의 행동은 독립적인 지위에 있는 다른

---

65) 가명정보 처리 가이드라인(2022), 63면.
66) International Standard Organization, "Information technology -Security techniques- Guidelines for the use and management of Trusted Third Party services"(ISO/IEC TR 14516) (2002), p. 1.
67) Rolf Schwartmann/Steffen Weiß (Ed.), "Requirements for the use of pseudonymisation solutions in compliance with data protection regulations" (A working paper of the Data Protection Focus Group of the Platform Security, Protection and Trust for Society and Business at the Digital Summit) (2018). 데이터 처리를 하는 주체는 GDPR에서는 주로 data controller 를 가리킨다.
68) TTP의 개념 요소로 외형상의 특성을 강조하여, trusted third party와 trusted second party로 세분화하는 설명도 있다. https://www.health-ri.nl/anonymisation- and- pseudonymisation 참조. (2021. 11. 14. 방문).

사람에 의해 통제되고 확인되어야 한다는 것을 의미한다.[69] 이 원칙
을 TTP에 적용하면, 복호화 키와 같은 가명처리 비밀, 가명정보 및
해당 원본 정보에 대한 직·간접적 접근권한을 동일한 사람이 가질
수 없도록 가명처리 시스템이 설계되고 운영되어야 한다는 것을 중
요한 기본 원칙으로 도출해 낼 수 있다. 만약 이 모든 권한을 특정
인이 독점한다면 가명정보가 가명처리 되기 이전의 원본 정보로 어
렵지 않게 복원되어 재식별이 손쉽게 이루어질 수 있을 것이기 때문
이다.[70]

　　TTP의 핵심적인 역할은 ① 가명처리 비밀 등 추가 정보에 대한
접근권한과 ② 가명처리된 데이터에 대한 접근권한 사이의 분리이
다.[71] TTP의 독립성이 확보되기 위해서는 이 두 가지 역할이 직접
또는 간접으로 단일한 주체에게 귀속되지 않도록 설계해야 한다. 가
명처리 비밀에 대한 접근 권한의 부여 또한 절대적인 최소한(absolute
minimum)의 인원들로 제한되어야 한다.[72] 이를 통해, 가명정보를
실제로 보유하고 처리하는 부서나 조직에는 가명처리 비밀에 대한
접근 권한이 전혀 부여되지 않고 재식별의 가능성도 존재하지 않도
록 통제되어야 한다.

　　TTP의 실제 운용 방식은 제반 사정에 따라 다양할 수 있다. 예
를 들어, TTP에게 식별자나 준식별자에 대한 접근권한은 부여하지
만, 그 이외에 개인식별가능성이 크지 않은 속성정보에 대해서는 접

---

69) https://www.openriskmanual.org/wiki/Four_Eyes_Principle#cite_note-1 참조. (2021.
　　11. 14. 방문).
70) 물론 조직의 규모나 체계상 2인 이상의 인원을 통해 독립적 통제가 이루어질 수 있
　　는 시스템을 구축하는 것이 쉽지 않은 경우도 있을 수 있다.
71) Rolf Schwartmann/Steffen Weiß (Ed.), 앞의 글, p. 30.
72) Rolf Schwartmann/Steffen Weiß (Ed.), 앞의 글, p. 24.

근권한을 부여하지 않는 방식으로 운용할 수도 있다. 이와 달리, TTP가 속성정보를 포함한 데이터베이스에 접근할 수는 있지만, 해당 데이터베이스를 부분적으로 또는 전체적으로 암호화함으로써 TTP가 지득할 수 있는 정보의 범위를 줄이는 방식도 있을 수 있다.

2) TTP의 적용 사례: 어니스트 브로커(honest broker), 한국 인터넷진흥원

의료 영역에서 데이터 통합관리의 맥락에서 이용되는 어니스트 브로커(honest broker)는 TTP의 일종으로 볼 수 있다. 일반적으로 어니스트 브로커는 병원 등 조직 내에서 서로 다른 데이터베이스 시스템 사이의 중개 역할 그리고 개인정보의 이동과 정보를 관리하는 역할을 하는 개인이나 하부조직을 가리킨다.[73]

해외에서 어니스트 브로커 개념이 의료 맥락에서 본격적으로 논의된 것은 미국이 보건의료정보를 규율하는 연방법인 HIPAA(Health and Insurance Portability and Accountability Act)를 도입하면서부터이다.[74] HIPAA에는 비식별화된 데이터의 경우에 일정한 조건을 충족하면 연구목적 등을 위해 활용할 수 있는 방법이 제시되어 있다. HIPAA의 적용 대상이 되는 정보를 활용하려는 미국의 의료기관들은 프라이버시 침해의 위험성을 최소화하는 동시에 데이터에 대한

---

73) Boyd AD et al., "An 'honest broker' mechanism to maintain privacy for patient care and academic medical research", Int J Med Inform. 76(5-6) (2007), p. 408.

74) R. Dhir et al., "A multidisciplinary approach to honest broker services for tissue banks and clinical data: a pragmatic and practical model", Cancer: Interdisciplinary International Journal of the American Cancer Society, 113(7) (2008), p. 1710.

활용가능성을 확보하기 위한 방법으로, 환자 개인의 사전적인 동의가 없어도 해당 정보를 활용할 수 있도록 하는 HIPAA의 비식별화 방법을 적용하고자 했다. 이에 미국의 의료기관은 데이터를 전문적으로 수집·처리·관리·제공하는 조직을 도입하고 비식별 조치를 취하여 해당 데이터를 활용하고자 시도하였는데,[75] 이 과정에서 어니스트 브로커의 개념이 등장하였다.

실무적으로 어니스트 브로커는 흔히 가명처리 등 비식별 조치를 수행하거나 가명처리 비밀을 보관하는 업무를 담당하고, 가명처리 등 비식별 조치 데이터를 해당 데이터를 활용하려는 연구팀에 제공하는 역할을 한다.[76] 이러한 점에서, 어니스트 브로커는 정보를 제공하는 자와 정보를 이용하는 자 사이를 이어주는 중요한 역할을 담당한다.

예를 들어 어떤 연구자가 특정 유형의 데이터가 필요하다고 요청하면, 어니스트 브로커는 정보의 제공자도 아니고 이용자도 아닌 제3자의 관점에서, 비식별 조치 및 정보 보안을 위한 조치를 수행한 뒤 해당 데이터를 제공하는 역할을 한다. 어니스트 브로커의 독립성이 중요하기 때문에 어니스트 브로커는 데이터를 활용하려는 연구팀에 소속되어서는 아니 되고, 해당 연구팀의 지휘나 명령을 받는 위치에 있어서도 아니 된다.[77] 그러므로 어니스트 브로커는 데이터 수탁자(trustee)의 지위에 있으면서, 환자의 식별정보가 수집되고 저

---

75) University of Pittsburgh Medical Center(UPMC), "Honest Broker Certification Process Related to the De-identification of Health Information for Research and Other Duties/Requirements of an Honest Broker", Policy and Procedure Manual (2007).

76) US UPMC Policy and Procedure Manual, Policy: HS-EC1807 (2007).

77) https://www.irb.pitt.edu/honest-broker-guidance 참조. (2021. 11. 14. 방문).

장되는 치료 영역과 가명처리 등 비식별 조치 데이터를 활용하려는 연구 영역 사이에서 '명확한 장막(well defined barrier)'으로서의 역할을 해야 한다.[78]

한편, 개인정보 보호법상 '결합전문기관'은 현행 규정상 TTP의 개념에 부합한다고 보기 어려운 측면이 있다는 점에 유의할 필요가 있다. 개인정보보호위원회의 '가명정보의 결합 및 반출 등에 관한 고시'는 '결합전문기관'과 '결합키관리기관'을 구분하면서, 결합전문기관이 단독으로 가명정보의 결합을 수행하는 것이 아니라, 별도의 '결합키관리기관'이 서로 다른 결합신청자들의 결합키를 연계한 정보(이를 "결합키연계정보")를 생성하여 결합전문기관에 제공하도록 하고 있다. 나아가 위 고시 제2조 제5호는 결합키관리기관은 가명정보의 안전한 결합을 지원하는 업무를 하는 한국인터넷진흥원을 말한다고 정하고 있다. 이처럼 개인정보의 결합에 있어서는 한국인터넷진흥원이 TTP로서의 역할을 수행하도록 하고 있고, 그런 점에서 결합전문기관은 TTP에 해당하지 않는 셈이다.[79] 이는 결합전문기관이 결합키와 결합대상정보를 전부 보유하는 것을 경계하는 구조인 것으로 해석해 볼 수 있다.

---

78) R. Dhir et al., 앞의 논문, p. 1708.
79) 정보인권연구소, 데이터연계결합 지원제도 도입방안 연구, 개인정보보호위원회(2017), 37-42면.

5. 가명처리에 대한 주요 가이드라인

가. 가명처리 관련 가이드라인의 배경과 효력

1) 배경

2020년에 개인정보 보호법이 개정되고 가명처리의 개념이 법에 명시적으로 도입된 후, 몇몇 영역에서는 관련된 가이드라인이 발표된 바 있다. 이하에서는 개인정보보호위원회, 금융위원회, 보건복지부, 교육부 등이 발표한 여러 가이드라인에 관하여 살펴본다. 해당 가이드라인을 구체적으로 검토하기에 앞서 개인정보 비식별 조치 가이드라인(2016)의 취지와 그와 관련된 논란을 이해하는 것이 도움이 된다.

구 개인정보 보호법(2020. 2. 4. 법률 제16930호로 개정되기 전의 것)은 개인정보의 비식별 조치와 관련하여 "통계작성 및 학술연구 등의 목적을 위하여 필요한 경우로서 특정 개인을 알아볼 수 없는 형태로 개인정보를 제공하는 경우"에는 개인정보를 목적 외의 용도로 이용하거나 제3자에게 제공할 수 있다고 정하고 있었다(제18조 제2항 제4호). 이 조항은 여러모로 논란이 되었다. 그 이유 중 하나는 비식별 조치의 결과물이 이 조항에서 규정하는 '특정 개인을 알아볼 수 없는 형태'에 해당한다고 볼 수 있는 기준이 불분명하다는 것이었다.[80] 따라서 개인정보처리자가 개인정보를 수집할 당시 정보주체로부터 동의를 얻은 범위를 초과하여 이를 이용할 필요가 있는 경우라 하더라도, 선뜻 이 조항을 근거로 개인정보를 비식별화하여 이용

---

[80] 이동진, 앞의 논문, 263-264면.

하기는 극히 어려운 상황이었다. 이에, 정부에서는 2016. 6. 30. 국무조정실, 행정자치부, 방송통신위원회, 금융위원회, 미래창조과학부, 보건복지부 등 부처 합동으로 앞서 살펴본 '개인정보 비식별 조치 가이드라인(2016)'을 마련하여 배포한 것이다.[81]

이 가이드라인의 핵심적인 내용을 요약하자면, 개인정보처리자가 개인정보에 대해 '비식별 조치'를 적절히 수행한 경우, 더 이상 개인정보에 해당하지 않는 것으로 보겠다는 것이다. 그 결과 비식별 조치가 적절히 적용된 대상에는 개인정보 보호법이 더 이상 적용되지 않는 결과에 이르게 된다. 그러나 해당 정부기관들이 이러한 가이드라인을 제정할 법적 근거가 없다는 비판이 제기되기도 하였고, 해당 가이드라인에 포함된 내용의 적정성에 대해서도 문제제기가 이루어졌다. 한편, 이 가이드라인을 근거로 개인정보에 대해 비식별 조치를 수행하여 이를 이용한 기업들은 2017. 11. 시민단체로부터 개인정보 보호법을 위반하였다는 혐의로 고발되기도 하였다. 이들 기업들은 결국 2019. 7. 혐의없음으로 불기소처분을 받았으나,[82] 이와 같은 상황 아래에서는 개인정보를 비식별화하여 활용하는 것은 활성화되기 어려웠다.

2020년 데이터 3법의 개정은 개인정보 비식별화와 관련된 법적 불확실성을 적지 않게 해소해 준 계기가 되었다. 앞서 살펴본 것처럼 개정된 개인정보 보호법은 "당초 수집 목적과 합리적으로 관련된 범위에서 정보주체에게 불이익이 발생하는지 여부, 암호화 등 안전성 확보에 필요한 조치를 하였는지 여부 등을 고려"하여 정보주체의

---

81) 개인정보 비식별 조치 가이드라인(2016), 2면.
82) 지디넷코리아, "검찰, 비식별 개인정보 활용 기업에 무혐의 처분", https://zdnet.co.kr/view/?no=20190717213635 (2021. 11. 14. 방문).

동의 없이 개인정보를 추가적으로 처리할 수 있다는 조항을 추가하
였다(제15조 제3항, 제17조 제4항). 그리고 가명정보의 처리, 결합 등
을 규정하는 가명정보 처리에 관한 특례를 추가하였다(제28조의2 내
지 제28조의7). 이는 신용정보법 또한 마찬가지이다(제17조의2, 제40조
의2, 제40조의3). 그러므로 개정 데이터 3법이 허용하는 범위 내에서
는 정보주체의 동의를 얻지 않더라도 가명정보 처리에 관한 특례를
준수하여 가명처리를 통해 개인정보를 이용할 수 있는 길이 생기게
되었다.

    그러나 개정 법조항만으로 가명처리를 어떻게 수행할 수 있는
지, 가명정보를 어떻게 이용해야 할지를 파악하기는 매우 어렵다.
예를 들어, 개인정보 보호법은 "통계작성, 과학적 연구, 공익적 기록
보존 등을 위하여" 가명정보를 처리할 수 있다고 정하고 있다(제28
조의2 제1항). 다만, 처리하면서 제3자에게 제공하는 경우에는 "특정
개인을 알아보기 위하여 사용될 수 있는 정보"를 포함하여서는 안
된다고 한다(제28조의2 제2항). 또한, 가명정보를 처리하는 경우에는
"원래의 상태로 복원하기 위한 추가 정보"를 "별도로 분리하여 보
관·관리"하는 등 "분실·도난·유출·위조·변조 또는 훼손"되지 않
도록 "안전성 확보에 필요한 기술적·관리적 및 물리적 조치"를 하
여야 한다고 정하고 있다(제28조의4 제1항). 한편, 가명정보는 "개인
정보의 일부를 삭제하거나 일부 또는 전부를 대체하는 등의 방법"으
로 처리함으로써 "원래의 상태로 복원하기 위한 추가 정보의 사용·
결합 없이는 특정 개인을 알아볼 수 없는 정보"를 말한다. 그런데
앞서 본 것처럼, 이 요소들은 각각 규범적, 기술적 측면에서의 복잡
한 고려를 거친 후 비로소 그 의미를 확정할 수 있다.

이러한 현실적 어려움을 극복하기 위하여 개인정보보호위원회, 금융위원회, 보건복지부, 교육부 등 관련 부처에서는 '가이드라인' 형식의 설명서를 마련하여 배포하였다. 이들 설명서에는 보통 가명정보를 처리하고자 하는 서비스 개발자들이 참조할 수 있는 설명과 구체적 사례가 포함되어 있다. 개인정보보호위원회의 가명정보 처리 가이드라인이 가장 대표적이고, 분야별로 금융위원회의 금융분야 가명·익명처리 안내서, 보건복지부의 보건의료 데이터 활용 가이드라인, 교육부의 교육 분야 가명·익명정보 처리 가이드라인 등이 있다. 분야별로 가이드라인이 있는 경우에는 해당 가이드라인이 적용되고, 그 외에는 가명정보 처리 가이드라인이 적용된다.[83] 이는 개인정보 보호법이 개인정보 보호에 관한 일반법이라는 점을 고려하면 당연한 것이다(개인정보 보호법 제6조). 편의를 위하여, 아래에서는 가명정보 처리 가이드라인의 주요 내용을 먼저 설명하고, 이를 기준으로 다른 분야별 가이드라인의 특이점을 살펴보도록 한다.

2) 가이드라인의 효력

가이드라인이 무엇인지 한마디로 설명하기는 어렵다. 법적인 일반론으로는 행정지도, 즉 "행정기관이 그 소관 사무의 범위에서 일정한 행정 목적을 실현하기 위하여 특정인에게 일정한 행위를 하거나 하지 아니하도록 지도, 권고, 조언 등을 하는 행정작용"의 하나라고 볼 수 있다(행정절차법 제2조 제3호). 가이드라인의 가장 특징적인 점은 법적 구속력이 인정될 수 없다는 것이다. 최근에 개정, 공표된 가명정보 처리 가이드라인(2022)은 개인정보처리자가 법 규정을 준

---

83) 가명정보 처리 가이드라인(2022), 6면.

수하였다면, 가이드라인을 준수하지 아니하였다는 이유만으로 처벌 받지 아니한다는 점을 명시적으로 밝히고 있다. 그리하여 개인정보 처리자는 데이터 관련 분야 및 특수성 등을 고려하여 상황에 따라 유동적으로 가명정보를 처리할 수 있다는 것이다.[84]

　가명정보의 처리 행위가 위법한지 아닌지는 종국적으로 법령의 해석, 적용 권한이 전속된 법원의 판단을 따른다. 구체적 분쟁에 있어, 법원은 관련 부처에서 제시한 해석 기준으로 볼 수 있는 가이드라인에 기속되지 아니한다. 다만, 누군가가 가명정보를 처리한 행위 이 태양이 가이드라인에 실린 일반적인 사례들과 완전히 괴리되어 있는 경우에는 다소 부적합하다고 여겨질 수 있고, 실무상으로도 이와 같은 가이드라인은 법령의 해석 기준 또는 유력한 참고 자료로 활용되고 있어, 사실상의 구속력이 인정될 수는 있다. 그러므로 일응 가이드라인을 준수하되, 실제 구속력이 있는 법 규정에 비춰 검토해야 할 필요성이 있다.

　그럼에도 불구하고 이들 부처에서 '가이드라인' 형식으로 설명서를 배포하는 이유 중 하나는, 가명처리에 관한 여러 요소들이 법 규정에 담아 내기에는 상당히 전문적, 기술적일 뿐만 아니라, 관련 기술이 계속 진화하고 있기 때문이다. 불과 20여 년 전만 하더라도 성명, 연령 등 주요 식별자를 삭제, 대체하는 조치만으로도 충분한 비식별 처리가 이루어졌다고 인정될 수 있었고,[85] 개인정보 간 결합 가능성이 위험 요인으로 인식된 지 그리 오래되지 않았음을 고려할 때,[86] 구체적, 세부적 사항은 가이드라인과 같이 수정이 용이한 형

---

84) 가명정보 처리 가이드라인(2022), 5면.
85) Latanya Sweeney, 앞의 논문, pp. 2-3.
86) Arvind Narayanan/Vitaly Shmatikov, 앞의 논문, pp. 5-8.

식을 따를 필요성이 있다.

또한 정부부처가 '가이드라인' 형식의 설명서를 배포하는 또다른 이유는, 구속력이 없는 형식을 따름으로써 데이터 관련 분야 및 특수성 등을 반영할 수 있기 때문이다. 예를 들어, 개인정보처리자가 차분 프라이버시, 연합 학습, 재현 데이터 등 진보된 프라이버시 보호 기술(privacy-enhancing technologies)을 활용함으로써 개인정보를 더욱 두텁게 보호하면서 이를 이용하고자 하는데, 법 규정상으로는 마스킹(masking)과 같은 고전적 기법만 허용된다면, 정보주체가 더 나은 보호를 받을 수 없을 뿐 아니라, 개인정보처리자가 더 나은 개인정보 보호기술을 고안하고 적용할 유인이 사라질 것이다. 반면, '가이드라인'은 구속력이 없으므로 "상황에 따라 유동적으로" 처리할 수 있는 자율성을 부여함으로써 법 규정의 경직성을 극복하고 있다.

나. 가명정보 처리 가이드라인

가명정보 처리 가이드라인(이하 본 장 5. 나.에서 '가이드라인'이라 한다)은 가명처리, 가명정보 결합 및 반출, 가명정보의 안전한 관리 등 세 장으로 구성되어 있다. 이는 각 개인정보 보호법 제28조의2(가명정보의 처리 등), 제28조의3(가명정보의 결합 제한), 제28조의4(가명정보에 대한 안전조치의무 등) 등에 대응된다.

1) 가명처리

우선, 가이드라인은 가명처리를 다섯 단계로 설명하고 있다.[87] 이는 ① 목적 설정 등 사전준비, ② 위험성 검토, ③ 가명처리,

---

87) 가명정보 처리 가이드라인(2022), 10면.

④ 적정성 검토, ⑤ 안전한 관리로 구성된다.

그림 2-2. 개인정보의 가명처리 단계별 절차도

1단계	2단계	3단계	4단계	5단계
목적 설정 등 사전준비	위험성 검토	가명처리	적정성 검토	안전한 관리

출처: 가명정보 처리 가이드라인(2022), 10면.

첫 번째 '목적 설정 등 사전준비'는, 가명정보를 처리하고자 하는 목적을 명확히 설정하고, 그 목적을 달성하는 데 필요한 개인정보의 범위, 즉 가명처리의 대상을 선정하는 단계이다.[88] 이때, 새로운 서비스를 개발하는 것이 앞서 제2장 3. 가.에서 본 바와 같이 특례 규정에서 정한 "통계작성, 과학적 연구, 공익적 기록보존 등"의 목적에 해당하는지를 검토하여야 한다. 가이드라인은 통계작성을 "특정 집단이나 대상 등에 관하여 작성하는 수량적인 정보"를 작성하는 것으로 규정한다. 과학적 연구는 "체계적이고 객관적인 방법으로 검증 가능한 질문에 대해 연구"하는 방법을 적용하는 연구로서, 자연과학, 사회과학 등 다양한 분야에서 이루어질 수 있고, 기초연구, 응용연구뿐만 아니라 새로운 기술·제품·서비스 개발 및 실증을 위한 산업적 연구, 민간으로부터 투자를 받아 수행하는 연구도 포함되는 것으로 규정한다. 한편 가명처리 여부를 결정하고 계약서 등 필요한 서류를 작성하는 것도 이 단계에서 이루어진다.[89]

두 번째 '위험성 검토' 및 세 번째 '가명처리'는, 추가 정보의 사

---

88) 가명정보 처리 가이드라인(2022), 11-14면.
89) 가명정보 처리 가이드라인(2022), 14면.

용·결합 없이는 특정 개인을 알아볼 수 없도록 개인정보를 가명처리하는 단계이다.[90] 이를 위해 개인정보파일(개인정보 보호법 제2조 제4호)에서 가명처리 대상 항목들을 선정한 후, 식별가능성을 기준으로 위험성을 검토한다. 위험성은 데이터 자체의 위험성과 처리 환경의 위험성으로 구분되는데, ① 데이터 자체의 위험성은 신원정보, 특이정보 등 식별가능성이 높은 속성값에 기인하고, ② 처리 환경의 위험성은 가명정보를 처리하는 행위의 내용, 즉 처리가 내부 이용인지, 외부 제공인지, 또는 결합인지 등에 따른 결합 및 식별가능성에 기인한다. 예를 들어, 외부 제공 시 가명정보 수령자의 개인정보 보호 수준 및 신뢰도, 결합가능성이 있는 개인정보 보유 상황 등을 고려할 수 있다.[91] 이를 바탕으로, "식별 위험성 검토 결과보고서"를 작성한 후, 개인정보의 항목별로 "항목별 가명처리계획"을 작성하여 이에 상응하는 적절한 기법을 적용함으로써 개인정보를 가명정보로 가공한다.[92]

나아가 가이드라인은 부록에서 구체적인 가명처리 기술 및 예시를 제시하고 있다.[93] 가명처리는 ① "개인정보의 일부를 삭제하거나" ② "일부 또는 전부를 대체하는" ③ "등의" 방법이라고 정의된다(개인정보 보호법 제2조 제1호의2). 이에 따라, 가명처리 기술 및 예시는 개인정보 삭제, 개인정보 일부 또는 전부 대체, 기타 기술 등 세 가지로 분류되어 있다. 가이드라인은 삭제기술, 통계도구, 일반화(범주화) 기술, 암호화, 무작위화 기술 등 기술별로 세부 기술들을 설

90) 가명정보 처리 가이드라인(2022), 15-34면.
91) 가명정보 처리 가이드라인(2022), 18-19면.
92) 가명정보 처리 가이드라인(2022), 28-31면.
93) 가명정보 처리 가이드라인(2022), 67-87면.

명하고 있고, 표본추출, 해부화, 재현데이터 동형비밀분산, 차분 프라이버시 등 기타 기술 또한 설명하고 있다. 다만, 이 분류는 이해를 돕기 위하여 ISO/IEC 20889,[94] ENISA[95] 보고서 등 자료를 참고하여 작성했으며 표준이 아니고, 모든 예시는 각 기법의 적용에 대한 예시일 뿐 전체 데이터에 대한 가명처리 예시가 아니라고 설명하고 있다.[96] 결국 무엇이 적절한 기법인지는 상황에 따라 가명처리를 수행하는 주체가 각자 판단할 필요가 있다.

네 번째 '적정성 검토' 그리고 다섯 번째 '안전한 관리' 단계는 가명처리가 저절히 이루어졌는지 검토하고, 사후적 관리를 수행하는 단계이다.[97] 즉, 원래의 상태로 복원하기 위한 추가 정보의 사용·결합 없이는 특정 개인을 알아볼 수 없는지를 확인하라는 취지다. 이는 개인정보처리자가 자체적으로도 수행하는 것도 가능하고, 외부 전문가를 통하여도 가능하다. 또한, 법 규정에 따른 기술적, 관리적, 물리적 안전조치 등 사후적 관리 의무를 이행하여야 하는데, 이에 대하여는 "안전성 확보 조치" 부분에서 별도로 설명하고 있다.

---

94) ISO/IEC 20889는 국제표준화기구 ISO/IEC(International Standards Organization/ International Electrotechnical Commission)에서 제정한 데이터 비식별 처리 기법에 관한 표준이다.
95) 유럽연합 정보 보안 기관인 ENISA(European Union Agency for Cybersecurity)는 GDPR 시행에 맞춰 가명처리에 대한 보고서를 발간하였다. European Union Agency for Cybersecurity, "Recommendations on Shaping Technology according to GDPR Provisions", An Overview on Data Pseudonymisation (2018); European Union Agency for Cybersecurity, "Pseudonymisation and Best Practices" (2019).
96) 가명정보 처리 가이드라인(2022), 67, 70면.
97) 가명정보 처리 가이드라인(2022), 35-38면.

2) 가명정보 결합 및 반출

일단 개인정보를 가명정보로 가공한 후에는 원칙적으로 어떠한 방식으로든 처리할 수 있다. 법 규정상 "수집, 생성, 연계, 연동, 기록, 저장, 보유, 가공, 편집, 검색, 출력, 정정(訂正), 복구, 이용, 제공, 공개, 파기(破棄), 그밖에 이와 유사한 행위"가 전부 가명정보의 "처리"에 해당하므로, 처리의 개념은 매우 넓다(개인정보 보호법 제2조 제2호). 그러나 법률에는 두 가지의 예외가 규정되어 있다. 첫째, 앞서 본 것처럼 가명정보를 제3자에게 제공하는 경우에는 "특정 개인을 알아보기 위하여 사용될 수 있는 정보"를 제외하여야 한다(제28조의2 제2항). 둘째, 서로 다른 개인정보처리자 간의 가명정보의 결합은 전문기관을 통하여 수행하여야 한다(제28조의3 제1항). 반면, 자

그림 2-3. 가명정보의 결합 및 반출 절차

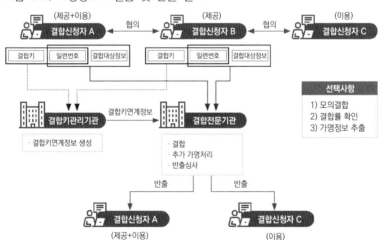

출처: 가명정보 처리 가이드라인(2022), 42면.

신이 보유하고 있는 가명정보를 결합하는, 이른바 가명정보의 '내부 결합'은 전문기관을 통하지 않고 스스로 하는 것이 허용된다.[98]

이와 관련하여, 개인정보 보호법 제28조의3, 시행령 제29조의2 내지 제29조의4에 근거하여 '가명정보의 결합 및 반출 등에 관한 고시'가 규정되어 있다. 이는 법적 구속력이 있는 내용을 정하고 있는 것으므로, 결합 신청 전 참조할 필요가 있다. 특히, 위 고시는 가명정보의 결합 및 반출 등에 관한 주요 용어들을 정의하고 있어서 현실적인 중요성이 있다. 이에는 결합신청자(가명정보의 결합을 신청하는 개인정보처리자), 결합키(결합 대상인 가명정보의 일부로서 해당 정보만으로는 특정 개인을 알아볼 수 없으나 다른 정보주체와 구별할 수 있도록 조치한 정보), 결합키연계정보(동일 정보주체에 관한 가명정보를 결합할 수 있도록 서로 다른 결합신청자의 결합키를 연계한 정보), 결합전문기관(서로 다른 개인정보처리자 간의 가명정보 결합을 수행하기 위해 보호위원회등이 지정하는 전문기관), 결합키관리기관(결합키연계정보를 생성하여 결합전문기관에 제공하는 등 가명정보의 안전한 결합을 지원하는 업무를 하는 한국인터넷진흥원) 등의 개념이 있다(가명정보의 결합 및 반출 등에 관한 고시 제2조).

서로 다른 개인정보처리자 간의 가명정보의 결합은 ① 결합 신청, ② 결합 및 추가 처리, ③ 반출 및 활용, ④ 안전한 관리 등 네 단계를 거쳐 진행된다.[99] 첫 번째 결합 신청 단계에서는, 결합신청자들이 가명정보를 결합하고자 하는 목적을 달성하는 데 필요한 가명정보의 범위, 결합키를 생성할 때 활용할 항목 등 가명정보를 결

---

98) 가명정보 처리 가이드라인(2022), 38면.
99) 가명정보 처리 가이드라인(2022), 43면.

합하는 데 필요한 요소들을 협의하고, 결합전문기관에 결합 신청서를 제출한다(가명정보의 결합 및 반출 등에 관한 고시 제8조 제1항).100) 결합 신청서는 가명정보의 결합 및 반출 등에 관한 고시 [별지 3]의 양식을 활용한다. 개인정보보호위원회는 2022. 4. 21. 기준 9개 기관(통계청, 삼성SDS, KCA, 한국지역정보개발원, 롯데정보통신, 한국정보인증, 신세계 아이앤씨, 한국사회보장정보원, 국세청)을 결합전문기관으로 지정하고 있다. 다만, 결합신청자가 신용정보회사등(신용정보법 제15조 제1항)에 해당할 경우, 금융위원회가 지정하는 데이터전문기관을 통하여 가명정보(정보집합물)를 결합해야 한다(신용정보법 제17조의2).101) 금융위원회는 2022. 4. 21. 기준 4개 기관(금융보안원, 신용정보원, 국세청, 금융결제원)을 데이터전문기관으로 지정하고 있다.102)

두 번째 결합 및 추가 처리 단계에서는, ① 결합키를 생성하고, ② 모의결합, 결합률 확인, 가명정보 추출 등 선택적 절차를 진행한 후, ③ 개인정보를 가명정보로 가공하여 ④ 결합이 이루어지게 되고, ⑤ 결합정보의 식별위험성을 확인하여 보안이 필요한 경우 해당 부분에 대한 추가 가명처리를 수행한다.103) 우선, 결합신청자는 결합키관리기관과 협의하여 결합키 및 일련번호를 생성하여 결합키관리기관에 전송하여야 한다(가명정보의 결합 및 반출 등에 관한 고시 제8조 제3항, 제9조 제1항). 이때, 동일한 결합키 생성 항목, 인코딩 방식, 알고리즘을 사용하여야 결합신청자 간 동일한 결합키 생성이 가능할 것이다. 또한, 앞서 제1장 2. 가. 1) 가) (3)에서 살펴본 솔트(salt)

---

100) 가명정보 처리 가이드라인(2022), 46면.
101) 가명정보 처리 가이드라인(2022), 46면.
102) 금융위원회, "데이터전문기관 지정방안 마련을 위한 전문가 전담팀 회의 개최 및 데이터전문기관 지정 사전 수요조사 실시" (2021. 9. 9.), 2면.
103) 가명정보 처리 가이드라인(2022), 48-55면.

가 이용된 경우 결합신청자는 결합키관리기관으로부터 솔트값을 전송받아야 한다. 만일, 가명정보를 반복적으로 결합할 계획이라면, 추후 반출되는 정보와의 연계·분석을 위하여 결합키에 사용된 결합키 생성 항목, 인코딩 방식, 알고리즘(솔트값 제외)을 보관하여야 한다.[104]

다음으로, 결합신청자는 모의결합, 결합률 확인, 가명정보 추출 등의 절차를 진행할 수 있다.[105] 모의결합은 가명정보 간 결합이 유용한지 사전에 확인할 수 있도록 일부 정보만 우선 결합해 보는 것이고(가명정보의 결합 및 반출 등에 관한 고시 제9조의3), 결합률 확인은 가명처리 전 결합 대상 정보 간 결합률을 사전에 확인하여 결합 여부를 결정할 수 있도록 하는 것이며(가명정보의 결합 및 반출 등에 관한 고시 제9조의2 제1항), 가명정보 추출은 불필요한 정보를 제외하고 실제 결합 대상이 되는 정보만 추출하는 것이다(가명정보의 결합 및 반출 등에 관한 고시 제9조의2 제2항, 제3항).[106] 이상의 절차들은 필수적인 것은 아니고, 선택사항에 해당한다.

이어서, 결합전문기관은 결합신청자가 보낸 가명정보 및 일련번호와 결합키관리기관이 보낸 결합키연계정보에 기초하여 가명정보를 결합한다.[107] 이를 위해 결합신청자는 개인정보를 가명정보로 가공하여 일련번호와 함께 결합전문기관에 전송하여야 하고(가명정보의 결합 및 반출 등에 관한 고시 제9조 제2항), 결합키관리기관은 앞서 결합신청자로부터 받은 결합키와 일련번호를 사용하여 생성한 결합키연계정보를 전송하여야 한다(가명정보의 결합 및 반출 등에 관한 고

---

104) 가명정보 처리 가이드라인(2022), 49면.
105) 가명정보 처리 가이드라인(2022), 49-51면.
106) 개인정보보호위원회, "가명정보 결합, 보다 안전하고 편리해진다" (2021. 10. 22.), 2-4면.
107) 가명정보 처리 가이드라인(2022), 54-55면.

시 제9조 제3항). 이때 반복결합의 경우 반복결합여결정보를 포함한
결합키연계정보가 전송된다.[108]

그림 2-4. 가명정보의 결합

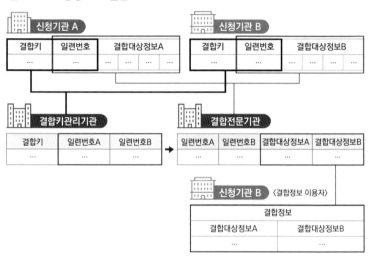

출처: 가명정보 처리 가이드라인(2021), 41면.

　　세 번째 반출 및 활용 단계에서는, 결합신청자가 결합된 정보를
결합전문기관 내 안전성 확보에 필요한 기술적·관리적·물리적 조
치가 된 공간에서 분석하거나(가명정보의 결합 및 반출 등에 관한 고시
제10조 제2항), 가명정보 또는 익명정보로 처리한 후, 결합전문기관
내 반출심사위원회의 반출심사를 거쳐 결합을 수행한 기관 외부로
결합된 정보를 반출하여 이용한다(가명정보의 결합 및 반출 등에 관한
고시 제10조 제1항, 제3항).[109] 반출심사는 개인정보 보호에 관하여

108) 가명정보 처리 가이드라인(2022), 54면.
109) 가명정보 처리 가이드라인(2022), 56-57면.

학식과 경험이 풍부한 사람으로서 3명의 위원으로 구성된 반출심사위원회가 결합 목적과 반출 정보의 관련성, 특정 개인을 알아볼 가능성, 반출 정보에 대한 안전조치 계획 등을 고려하여 수행한다(가명정보의 결합 및 반출 등에 관한 고시 제11조 제2항, 제3항). 그리고 반출된 정보를 원칙적으로 목적범위 내에서 이용할 수 있다. 이때 "시계열 분석을 위한 반복결합 절차"가 있다는 점 정도가 주목할 만하다.[110] 시계열 분석 등 목적을 위해 가명정보의 지속적·주기적 결합·분석이 필요한 경우가 있을 수 있어, 가이드라인은 동일 결합신청자 간 가명정보의 반복적 결합 절차를 설명하고 있다. 이를 반복결합이라 하는데, 결합키관리기관이 결합연계정보 외 반복결합연결정보를 생성하고, 결합된 정보를 반출할 때 반복결합연결정보를 포함하여 반출한다는 점에서 1회 결합과 차이가 있다. 이후, 결합신청자는 처음 결합키 생성에 사용된 결합키 생성 항목, 인코딩 방식, 알고리즘(솔트값 제외)을 적용하여 생성한 결합키를 결합전문기관에 전송한다. 결합전문기관은 다시 반복결합연결정보를 생성하여 결합신청자에게 전달하고, 결합신청자는 이를 결합된 정보와 내부에서 연계하여 활용할 수 있다. 그러므로 결합신청자는 가명정보 간 결합을 결합전문기관에 반복 신청하지 않아도 된다는 장점이 있다.

　네 번째 안전한 관리 단계는, 안전성 확보에 필요한 기술적·관리적·물리적 조치를 수행하는 것이다.[111] 이는 앞서 본 안전한 관리와 같은 내용이다.

---

110) 가명정보 처리 가이드라인(2022), 90-91면.
111) 가명정보 처리 가이드라인(2022), 58면.

3) 가명정보의 안전한 관리

가명정보의 처리는 정보주체의 동의 없이 수집 목적의 범위를 초과하여 개인정보를 이용하는 것이므로, 안전성 확보에 필요한 기술적·관리적 및 물리적 조치를 충실히 하여야 한다(개인정보 보호법 제28조의4 제1항). 법 규정은 "원래의 상태로 복원하기 위한 추가 정보를 별도로 분리하여 보관·관리"하도록 정하고 있는데, 이는 구체적으로 가명정보와 추가 정보의 분리 보관(또는 파기) 및 접근 권한의 분리를 말한다(개인정보 보호법 시행령 제29조의5 제1항 제2호, 제3호). 그 밖에 개인정보와 동일한 내용의 안전성 확보 조치를 하여야 한다(개인정보 보호법 시행령 제29조의5 제1항 제1호). 개인정보의 안전성 확보 조치는 개인정보처리자가 누구인지에 따라 개인정보 보호법 시행령 제30조, 제48조의2에 나뉘어 각 규정되어 있다. 개인정보 보호법 시행령 제30조는 "개인정보의 안전한 처리를 위한 내부 관리계획의 수립·시행" 등 안전성 확보 조치에 관한 세부 기준을 고시하도록 위임하고 있고, '개인정보의 안전성 확보조치 기준'은 이러한 위임에 따라 개인정보의 안전성 확보에 필요한 기술적·관리적 및 물리적 안전 조치에 관한 최소한의 기준을 정하고 있다. 정보통신서비스 제공자등은 개인정보 보호법 시행령 제48조의2에 따라 안전성 확보 조치를 하여야 하는데, 세부 기준은 '개인정보의 기술적·관리적 보호조치 기준'에 고시되어 있다. 내용은 대동소이한데, 구속력이 있는 내용을 정하고 있으므로, 유념할 필요성이 있다.

가이드라인은 관리적 보호 조치, 기술적 보호 조치, 물리적 보호 조치를 각각 설명하고 있다.[112] 관리적 보호 조치는 가명정보의 안

---

112) 가명정보 처리 가이드라인(2022), 59-66면.

전한 처리를 위한 내부 관리계획을 수립·시행하고(개인정보 보호법 시행령 제29조의5 제1항 제1호), 가명정보 처리 업무를 위탁하는 경우 위탁 업무 수행 목적 외 가명정보의 처리 금지에 관한 사항 등 내용이 포함된 문서를 작성하며(개인정보 보호법 제26조 제1항), 가명정보의 처리 방침을 정하는 것(개인정보 보호법 제30조 제1항)을 포함한다. 기술적 보호 조치는 가명정보와 추가 정보의 분리 보관(또는 파기) 및 접근 권한의 분리(개인정보 보호법 시행령 제29조의5 제1항 제2호, 제3호), 가명정보의 처리 내용을 관리하기 위한 관련 기록의 작성·보관(개인정보 보호법 제28조의4 제2항)을 포함하고, 물리적 보호 조치는 개인정보의 안전한 보관을 위한 보관시설의 마련 또는 잠금장치의 설치를 포함한다.

특히 가이드라인은 가명정보 처리 내부 관리계획에 포함될 사항 및 작성 예시, 외부 위탁 시 가명정보 처리업무 위탁 계약서에 포함되어야 할 사항 및 특수 조건 반영 사례, 가명정보 활용 관련 개인정보 처리방침에 포함될 사항 및 반영 사례 등을 싣고 있으므로,[113] 관리적 보호 조치를 이행하는 데 도움이 될 수 있다.

다. 금융분야 가명·익명처리 안내서

금융위원회와 금융감독원은 신용정보법 개정에 맞춰 가명정보·익명정보의 안전한 결합·가공·활용이 활성화될 수 있도록 2020. 8. 6. 금융분야 가명·익명처리 안내서를 마련하였고, 이를 개정하여 2022년 1월에 가명·익명처리 안내서(이하 '안내서'라 한다)를 새로이 배포하였다.[114] 다만, 가명정보 처리 가이드라인과 같이, 안내서는

---

113) 가명정보 처리 가이드라인(2022), 60-62면.
114) 금융분야 가명·익명처리 안내서(2022), 6-7면.

참고할 수 있는 사항을 안내하는 것을 목적으로 할 뿐이므로, 안내서에서는 언급하지 아니한 내용이거나 안내서와는 다른 내용이라도 법 규정을 준수하는 한 신용정보회사등(신용정보법상 신용정보회사, 본인신용정보관리회사, 채권추심회사, 신용정보집중기관 및 신용정보제공·이용자)은 이를 자율적으로 활용할 수 있다.115)

안내서는 개인정보보호위원회의 가명정보 처리 가이드라인과 유사한 내용을 규정하면서도 서로 보완하는 측면도 있어 이를 비교하여 살펴보는 것은 가명처리를 이해하는 데 도움이 된다. 안내서는 가명처리, 익명처리 및 적정성 평가, 정보집합물 결합 등 세 장으로 구성되어 있다. 앞서 본 바와 같이 신용정보법은 개인정보 보호법과 달리 익명처리(더 이상 특정 개인인 신용정보주체를 알아볼 수 없도록 개인신용정보를 처리하는 것)를 명시적으로 정의하였다(신용정보법 제2조 제17호). 따라서 안내서에는 가명정보 처리 가이드라인에서 찾아볼 수 없는 익명처리 및 적정성 평가에 대한 내용이 포함되어 있다.

1) 가명처리, 익명처리 및 적정성 평가

안내서는 가명정보 처리 가이드라인보다 용어들을 구체적으로 설명하고 있다. 예를 들어, 안내서는 가명정보의 범위를 명확하게 정하기 위하여 '구별(singling out)'과 '식별(identification)'을 구분짓고 있는데, 이러한 구분은 가명정보의 개념을 이해하는데 중요한 역할을 한다. 안내서는 '구별'이란 "성질이나 종류가 차이가 나는 것을 의미하는 것으로 특정 속성이 다른 속성과 구분되는 것"을 의미하고, '식별'은 "분별하여 알아보는 것을 의미하는 것으로 속성을 통해

---

115) 금융분야 가명·익명처리 안내서(2022), 7면.

개인을 알아볼 수 있는 것"을 의미한다고 설명한다. 이처럼 구별과 식별을 구분함으로써 해당 정보에서 정보주체와 1:1로 대응되는 정보를 분리해 낼 수 있는지와, 그와 같은 정보를 통하여 정보주체를 알아볼 수 있는지를 별도로 파악할 수 있게 된다.[116] 또한, 안내서는 데이터를 통해 파악할 수 있는 고유의 특성, 즉 속성(attribute)을 식별자와 개인식별가능정보로 분류하고, 금융분야 내 각 분류별 대상 정보를 상세히 나열하고 있을 뿐 아니라, 그 조치 사항까지도 예를 들어 제시하고 있다.[117]

한편, 안내서는 익명처리 및 적정성 평가에 대한 내용을 포함하고 있다.[118] 익명처리는 익명처리, 적정성 평가 등 단계를 거쳐, 더 이상 특정 개인인 신용정보주체를 알아볼 수 없도록 처리하는 것이다. 안내서는 우선 익명처리의 대상이 되는 정보를 분류한 후, 식별자는 부득이한 사정이 없는 한 삭제하여야 하고, 개인식별가능정보는 식별가능성에 따라 적정한 익명처리 기법을 적용하여야 한다고 설명한다.[119] 그러나 가명정보 처리 가이드라인과 같이, 구체적으로 어떠한 기법이 우선시되는지 등을 설명하지는 않는다. 이는 익명처리의 목적, 대상 정보의 특성, 다른 정보와의 결합 가능성, 익명정보의 이용·제공 환경 등에 따라 더 이상 특정 개인인 신용정보주체를 알아볼 수 없는지 여부가 달리 평가될 수 있기 때문이다.[120]

신용정보회사등은 데이터전문기관에 익명처리에 대한 적정성 평가를 요청할 수 있다(신용정보법 제40조의2 제3항, 제26조의4 제2항 제2

---

116) 금융분야 가명·익명처리 안내서(2022), 9면.
117) 금융분야 가명·익명처리 안내서(2022), 8면, 31면.
118) 금융분야 가명·익명처리 안내서(2022), 50-59면.
119) 금융분야 가명·익명처리 안내서(2022), 51-52면.
120) 금융분야 가명·익명처리 안내서(2022), 52-55면.

호). 이때, 데이터전문기관은 적정성 평가 업무를 수행하기 위하여 적정성평가위원회를 구성, 운영할 수 있다. 한편, 신용정보회사등은 기초자료 작성, 평가단 구성, 적정성 평가 수행, 익명정보 활용 등 자체 적정성 평가 수행 절차를 거칠 수도 있다.121) 다만, 데이터전문기관이 심사하여 적정하게 익명처리가 이루어졌다고 인정한 경우에는 더 이상 해당 개인인 신용정보주체를 알아볼 수 없는 정보로 추정되므로(신용정보법 제40조의2 제4항), 일반적으로는 자체 적정성 평가보다 데이터전문기관에 적정성 평가를 요청하는 것이 선호될 수 있다.

익명처리 및 적정성 평가에 대한 내용은 앞서 본 개인정보 비식별 조치 가이드라인(2016)을 대체하는 역할을 수행한다. 금융위원회는 설명자료를 통하여 "개정 데이터 3법 체계에 부합하지 않는 개인정보 비식별 조치 가이드라인은 폐지"한다고 밝혔으므로, 이제 안내서가 위 가이드라인의 역할을 대체하는 것으로 볼 수 있다.122) 다만, 그 내용상으로 안내서가 설명하는 '익명처리'는 위 가이드라인의 '비식별 조치'와 유사한 점이 적지 않다. 예를 들어, 위 가이드라인의 경우, 비식별 조치를 "정보집합물에서 개인을 식별할 수 있는 요소를 전부 또는 일부 삭제하거나 대체하는 등의 방법을 활용, 개인을 알아볼 수 없도록 하는 조치"라고 정의하였는데, 이는 신용정보법상 익명처리와 그 실질상 매우 유사한 것으로 이해될 수 있다.123)

---

121) 금융분야 가명 · 익명처리 안내서(2022), 56–58면.
122) 관계부터 합동, "데이터 3법 시행령 입법예고 주요사항" (2020. 3. 31.), 11면.
123) 개인정보 비식별 조치 가이드라인(2016), 3, 9–13면.

2) 정보집합물 결합[124]

안내서와 가명정보 처리 가이드라인(2021)의 가장 큰 차이점은 정보집합물(가명정보) 간 결합 절차이다. 요컨대 신용정보법 및 하위 규정에는 데이터전문기관(결합전문기관)이 규정되어 있을 뿐, 개인정보 보호법에 따른 가명정보의 결합 및 반출 등에 관한 고시에서 규정하고 있는 결합키관리기관이 따로 없다.[125] 그러므로 일련번호를 나열하여 연계해 내는 결합키연계정보의 개념도 별도로 규정되어 있지 않고, 결합의뢰기관(결합신청자)은 협의된 방식에 따라 결합키를 생성하여 데이터전문기관에 전송하면 된다. 이후 데이터전문기관은 결합키에 기초하여 정보집합물을 결합하면 되는 구조이다.[126]

또한, 안내서는 결합 목적, 결합된 정보의 이용 기관, 관련 대가 지급 여부 등을 종합적으로 고려하여 이해상충이 발생할 가능성이 없는 경우, 데이터전문기관이 보유하고 있는 정보집합물과 외부 정보집합물을 결합하는 것도 허용한다. 다만, 그 경우 데이터전문기관은 결합된 정보의 이용 기관이 될 수 없다. 결합된 정보를 이용하고자 하는 경우에는 다른 데이터전문기관을 통해 정보집합물을 결합하여야 한다.[127]

---

124) 금융분야와 비 금융분야 간 정보집합물 결합 시 결합의뢰기관에 신용정보회사등이 포함될 경우, 신용정보법에 따라 데이터전문기관을 통해 정보집합물 결합을 진행해야 하며, 결합 대상 정보집합물이 개인신용정보인지는 판단의 기준이 되지 않는다고 한다. 금융분야 가명ㆍ익명처리 안내서(2022), 120면.

125) 개인정보보호위원회가 결합키관리기관을 별도로 둔 이유는 결합 대상 정보와 결합키를 분리하기 위한 것으로 이해할 수 있다. 가명정보 처리 가이드라인(2020), 24-25면 참조. 즉, 결합신청자가 임의의 숫자열에 불과한 일련번호를 추가로 생성하도록 함으로써 보안상 이점을 얻을 수 있다는 것이다.

126) 금융분야 가명ㆍ익명처리 안내서(2022), 65-70면.

127) 금융분야 가명ㆍ익명처리 안내서(2022), 71면.

가명정보 처리 가이드라인(2022)과 안내서에 담긴 내용 중 유사
한 것으로 해석될 수 있는 내용이 적지 않다. 이 중 데이터 반출에
관해서는 가명정보 처리 가이드라인이 개정되면서 유사하게 되었다.
종전의 가명정보 처리 가이드라인은 결합전문기관 내에 결합된 정
보를 분석할 수 있는 시설, 장비 등을 갖춘 경우, 결합된 정보를 위
공간에서만 분석하고 분석 결과물만 반출할 수 있다고 하였다.[128]
반면에 안내서는 데이터전문기관이 적정성 평가를 완료한 결합정보
를 결합의뢰기관이 전송하면서 절차가 종결되는 것으로 정하고 있
었다. 데이터전문기관이 분석 시스템을 운영하는 경우, 분석 시스템
에서 결합정보를 분석하거나 분석결과를 반출할 수도 있었고, 별도
보유 데이터를 반입하는 것도 허용되었다.[129] 이후, 가명정보 처리
가이드라인(2022)은 결합신청자가 결합정보도 반출할 수 있다고 변
경함으로써, 결국 안내서와 마찬가지의 내용을 갖게 되었다.[130]

한편, 주기적·반복적 정보집합물 결합 및 활용(시계열 분석을 위
한 반복결합 절차)에 관한 내용에는 일부 차이가 있다. 가명정보 처리
가이드라인(2022)의 경우, 결합키관리기관이 '반복결합연결정보'를 생
성하여 결합신청자에게 전달하면, 결합신청자가 추가 분석 시 내부
에서 연계하여 활용하는 방식이다.[131] 안내서의 경우, 데이터전문기
관이 '연결키'를 생성하여 결합의뢰기관에 전달하면, 결합의뢰기관
이 최초 정보집합물 결합 시 저장해 둔 연결키를 활용한다는 점은
동일하나, 데이터전문기관이 정보집합물을 결합하도록 한다는 점에

---

128) 가명정보 처리 가이드라인(2020), 34면.
129) 금융분야 가명·익명처리 안내서(2022), 69면.
130) 가명정보 처리 가이드라인(2022), 57면.
131) 가명정보 처리 가이드라인(2022), 90-91면.

있어 다르다. 즉, 데이터전문기관이 연결키에 기초하여 주기적·반복적 정보집합물 결합을 수행한 후, 적정성 평가를 거쳐 결합정보를 결합의뢰기관에 전송하는 것이다.[132]

3) 가명처리에 관한 행위 규칙, 가명정보 및 추가정보에 관한 보호 조치 기준

안내서는 신용정보법 및 신용정보업감독규정 [별표 8] 가명정보에 관한 보호조치 기준 등에 규정되어 있는 추가정보의 분리 보관 또는 삭제, 기술적·관리적·물리적 보안대책 수립·시행, 가명처리 기록의 보존, 가명처리 관련 사항의 공개 등 가명처리에 관한 행위 규칙, 가명정보 및 추가정보에 관한 보호조치 기준을 설명하고 있다.[133] 특히, 기술적·물리적 보호조치는 분리, 암호화, 통제시스템 등에 의한 추가정보에 대한 보호조치와 가명정보에 대한 보호조치를 포함하고, 관리적 보호조치는 내부관리계획의 수립·시행, 가명 정보보호교육 등을 포함한다. 이는 가명정보 처리 가이드라인(2022)과 대체적으로 유사하고, 서로 참고가 될 수 있다.

라. 보건의료 데이터 활용 가이드라인

보건복지부와 개인정보보호위원회는 개인정보 보호법 개정에 맞춰 보건의료 분야의 가명정보의 안전한 활용을 위하여 개인정보처리자가 참고할 수 있는 기준을 제시하고자 2020. 9. 25. 보건의료 데이터 활용 가이드라인(이하 본 장 5. 라.에서 '가이드라인'이라 한다)을

---

132) 금융분야 가명·익명처리 안내서(2022), 71-73면.
133) 금융분야 가명·익명처리 안내서(2022), 37-47면.

배포하였고,134) 연구계·산업계 등의 의견을 수렴한 후 2021. 1. 28. 이를 개정하였다.135) 이 가이드라인은 보건의료 데이터의 특수성을 고려하여 작성되었으며, 보건의료 분야의 가명정보 등에 대하여는 이 가이드라인이 일반적인 성격을 갖는 가명정보 처리 가이드라인보다 우선 적용된다.136) 또한, 이 가이드라인은 의료기관, 연구자, 기업, 공공기관 등 보건의료 데이터를 처리하는 개인정보처리자가 절차적, 기술적으로 적절한 노력을 다하였는지 판단하는 데 준거로 활용될 수 있다고 한다.137)

　가이드라인은 개인정보 중 보건의료 데이터를 적용 대상으로 하므로, 우선 적용대상이 되는 보건의료 데이터의 범위를 구체화할 필요가 있다. 일반론으로는, 개인정보 보호법이 정한 민감정보(정보주체의 사생활을 현저히 침해할 우려가 있는 정보) 중 건강에 관한 정보가 보건의료 데이터에 해당된다(개인정보 보호법 제23조 제1항). 예를 들어, 진료기록부 및 전자의무기록, 그 밖에 병원에서 생산되어 진료 내역을 표시하고 있거나 쉽게 추정할 수 있는 기록, 의사에 의해 진단되거나, 의료기기에 의해 계측되거나, 보험 청구 기록, 기타 알고리즘 등의 추정을 통해 파악·추정한 건강상태 정보 등은 보건의료 데이터로 볼 수 있다. 또한, 가이드라인은 일반적으로 건강에 관한 정보로 보기 어렵더라도, 질환의 진단·치료·예방·관리 등을 위해 사용되는 정보라면 보건의료 데이터로 본다. 따라서, 음성 녹음 같

---

134) 보건복지부, "보건의료분야의 안전한 가명정보 활용을 위한 보건의료 데이터 활용 가이드라인 마련"(2020. 9. 25.), 1-2면.
135) 보건복지부, "현장소통으로 보건의료 분야 가명정보 활용 문턱 낮춘다."(2021. 1. 28.), 1-2면.
136) 보건의료 데이터 활용 가이드라인(2021), 3면.
137) 보건의료 데이터 활용 가이드라인(2021), 1면.

이 평소에는 건강에 관한 정보가 아닌 정보도 이를 통하여 각종 질
환의 위험도를 예측할 때에는 보건의료 데이터로 보아, 이 가이드라
인이 적용된다.138) 그러므로 개발하고자 하는 서비스의 목적 등을
고려하여 어떤 가이드라인을 참조할지 판단할 필요성이 있다.

　이 가이드라인이 가명정보 처리 가이드라인(2022)과 다른 점 중
의 하나로, 몇몇 유형의 사항에 관해서는 정보주체의 동의를 구한
경우에만 가명처리를 진행하도록 명시하고 있는 것을 들 수 있다.
특히, 정신질환 및 처방약 정보, 감염병의 예방 및 관리에 관한 법률
제2조 제10호에 따른 성매개감염병 정보, 후천성면역결핍증 정보,
희귀질환관리법 제2조 제1호에 따른 희귀질환 정보, 학대 및 낙태
관련 정보 등 "정보주체의 인권 및 사생활 보호에 중대한 피해를 야
기할 수 있는 정보"에 대해서는 가명처리에 앞서 정보주체의 동의를
구한 경우에만 처리가 가능한 것으로 설명하고 있다. 다만, 특별한
필요성이 있으면 뒤에서 볼 데이터 심의위원회에 그 사유와 정보주
체의 인권을 보호할 조치 등 계획을 보고하고 승인을 얻은 후 처리
할 수 있다고 한다.139)

　가이드라인은 가명처리의 개념 및 단계별 적용원칙, 대상정보
및 가명처리 방법, 가명정보의 처리(결합) 및 활용 절차, 안전·보호
조치 및 벌칙 등 네 장으로 구성되어 있다. 이 중 가명처리 개념 및
단계별 적용원칙, 대상정보 및 가명처리 방법은 앞서 본 가명정보
처리 가이드라인(2022) 중 "가명처리"에, 가명정보의 처리(결합) 및
활용 절차는 "가명정보 결합 및 반출"에, 안전·보호조치 및 벌칙은

138) 보건의료 데이터 활용 가이드라인(2021), 10면.
139) 보건의료 데이터 활용 가이드라인(2021), 12-13면.

"가명정보의 안전한 관리"에 대응된다. 이를 차례대로 검토한다.

1) 가명처리의 개념 및 단계별 적용원칙, 대상정보 및 가명처리 방법

가이드라인은 보건의료 분야의 특수성을 고려하여 더욱 구체화된 가명처리의 원칙, 방법, 절차 등을 설명하고 있다. 특히 주목할 점은, ① 데이터 유형별 가명처리 가능성 및 구체적 방법을 제시하고 있다는 점과,[140] ② 기관 내 가명정보 관련 주요 사항들을 심의하는 자체 심의위원회를 설치, 운영하도록 정하고 있다는 점이다.[141]

가) 가명처리의 방법

우선, 가이드라인은 안전한 가명처리 방법이 있을 경우에만 개인정보를 가명정보로 가공, 활용할 수 있다고 설명하고 있다. 만일 안전한 가명처리 방법이 개발되지 아니한 경우에는 정보주체의 동의 없이 수집 목적의 범위를 초과하여 가명정보를 처리할 수 없다.[142] 가이드라인은 대신 데이터 유형별로 안전한 가명처리 방법을 구체적으로 제시함으로써 개인정보처리자를 돕고 있다. 반면, 가이드라인이 제시한 안전한 가명처리 방법이 아닌 다른 방법을 활용하고자 한다면, 그 적절성·효과성·안전성 등을 외부 전문가로부터 평가받은 후 심의위원회의 승인하에 실시할 수 있고, 평가 보고서는 널리 확인할 수 있는 방법으로 공개하여야 한다. 안전한 가명처리 방법이 있는지에 관한 내용이 별도로 담겨 있는 것은 다른 가이드라

---

140) 보건의료 데이터 활용 가이드라인(2021), 13-19면.
141) 보건의료 데이터 활용 가이드라인(2021), 11-12면.
142) 보건의료 데이터 활용 가이드라인(2021), 11면.

인과는 다른 특징이라 볼 수 있는데, 이는 보건의료 데이터의 경우 수치나 텍스트 형태의 데이터 이외에도 이미지 등의 형태로 된 데이터가 많고 또한 비정형(unstructured) 데이터가 적지 않다는 것이 그 배경에 있다.

　가이드라인은 가명처리 방법론을 적용함에 있어, 식별자와 주요 인적사항(개인식별가능정보), 속성값을 구분하고 있다. ① 식별자는 사물 식별자(의료기기 일련번호, 병실 번호 등), 개인 식별자로 간주되는 특별한 사물 식별자(연락처, 계좌번호, IMSI 등), 타인 식별자(의사면허 번호 등)로 구분되는데, 사물 식별자는 원칙적으로 개인 식별자가 아니고, 개인 식별자로 간주되는 특별한 사물 식별자, 타인 식별자는 개인 식별자와 같이 삭제 또는 대체한다.

　한편, ② 주요 인적사항은 삭제하거나 연구목적상 유의미한 일부 정보를 발췌함으로써 식별가능성을 충분히 낮춘다. 예를 들어, 주소지는 시군구까지만 남겨 두고, 생년월일은 월까지만 남겨두는 것이 원칙이다. 성별은 보통 별도의 조치가 필요하지 않으나, 남성 유방암과 같이 식별가능성이 높은 특이정보의 경우 삭제한다.[143]

　③ 속성값은 "개인의 건강과 관련한 측정값 또는 의료인의 관찰·입력 정보 등으로 건강상태를 나타내는 값"을 의미하는데,[144] 가이드라인은 열두 가지 속성값 유형별로 안전한 가명처리 방법을 제시한다. 이해의 편의상 이는 크게 세 가지로 분류하여 볼 수 있다. ⓐ 첫 번째 유형은 식별가능성이 없거나 낮아서 원칙적으로 별도의 조치가 필요하지 않은 속성값이다. 체중, 키, 혈압, 혈당, 산소포화도

---

143) 보건의료 데이터 활용 가이드라인(2021), 13-15면.
144) 보건의료 데이터 활용 가이드라인(2021), 13면.

등 물리적·화학적 측정 과정을 통해 정형화된 측정수치 정보, 진단
코드, 주호소, 알레르기·과거력 등 의료 환경에서 의료인이 관찰·
입력한 정보, 알고리즘이 수집된 다른 개인정보에 기초하여 생산해
낸 건강에 관한 정보, 유전체 정보 중 널리 알려진 질병에 관한 유
전자 변이 유모 또는 변이 유형, 생식세포 변이 정보를 제거한 신생
물 고유(neoplasm)의 신규 변이 정보 등 예외적인 경우, 인종·민족
에 관한 정보, 국적 정보 등이 여기에 해당된다. 식별가능성이 없거
나 낮은 이유는, 예를 들어, 체중, 키, 혈압, 혈당, 산소포화도 등은
같은 사람에 대하여 같은 방법으로 측정하더라도 매번 다른 숫자가
나올 가능성이 높기 때문이라고 한다.[145) 다만, 실제 가명처리 시
식별가능성이 있을 수 있는 정보가 있을 수 있으므로 그에 관해서는
주의를 요한다. ⓑ 두 번째 유형은 신체의 외양을 정지 영상, 동영
상으로 남긴 영상 정보, 내시경, X–ray, 맘모그램, 초음파 영상 등
체내를 촬영한 영상 정보, Brain MRI, Head CT, 복부 CT, 3차원 초
음파 영상 등 단층촬영·3D 이미지 정보 등과 같은 영상 형식의 속
성값이다. 이에 대하여는 영상, DICOM 헤더 등 메타 데이터 상 환
자번호, 성명 등 식별자는 삭제 또는 마스킹해야 한다. 가이드라인
은 일반적인 체내 영상은 그 자체로 식별가능성이 없거나 낮으나,
3D 이미지 정보의 경우 체외 실루엣을 복구해 낼 수 있고, 이 과정
중 얼굴, 신체 등이 노출될 수 있으므로 식별가능성이 있다고 한다.
이때는 외양적 특징을 삭제, 모자이크 처리하거나 마스킹을 실시하
고, 신체 표면 가장자리(surface boundary)를 삭제하는 소프트웨어를
적용하여야 한다.[146) ⓒ 세 번째 유형은 아직 안전한 가명처리 방법

---

145) 보건의료 데이터 활용 가이드라인(2021), 15-16면.

이 개발되지 않은 것으로 보이는 유형의 속성값이다. 여기에는 의료
인이 입력한 관찰·입력 정보 중 정형화되지 않은 자유 입력 정보,
진료 과정, 판독 과정 음성 녹음 등 음성 정보, 유전체 정보, 홍채,
지문 등 생체인식정보 등이 포함된다.[147] 이와 같은 속성값은 정보
주체의 동의를 얻은 경우에만 처리가 허용된다.

나) 데이터 심의위원회

가이드라인의 또 다른 중요한 특징은 가명처리 방법, 가명정보
활용 목적, 안전조치 등의 사항들을 심의하는 심의위원회를 기관 내
부에 설치, 운영하도록 정하고 있다는 점이다. 이를 '데이터 심의위원
회'라고 부른다. 데이터 심의위원회는 기관생명윤리위원회(institutional
review board, IRB, 생명윤리법 제10조 제1항)와 비교하여 파악할 수 있
지만 그 구성이나 역할 등 여러 가지 면에서 차이가 있다. 우선 구
성과 관련하여, 데이터 심의위원회는 5인 이상, 15인 이하로 구성하
되, 과반수를 외부 위원으로 구성하여야 한다. 또한 환자 등 정보주
체를 대변하는 위원, 보건의료 분야 데이터 활용 전문가 위원, 정보
보호 또는 법률 분야 전문가 위원을 포함하여야 한다. 다만, 기관에
따라서는 내부적으로 데이터 심의위원회를 별도로 설치, 운영하는
것이 현실적으로 어려울 수 있으므로, 가이드라인은 기관생명윤리
위원회 등 내부 위원회 또는 외부 기관에 이를 위탁할 수도 있다고
한다. 하지만, 이 경우에도 과반수를 외부 위원으로 구성하여야 하
는 등의 위 조건들을 준수하여야 한다. 또한, 보건복지부는 소규모

---

146) 보건의료 데이터 활용 가이드라인(2021), 17면.
147) 보건의료 데이터 활용 가이드라인(2021), 17-19면.

병·의원, 스타트업 등 외부 전문가 위원 위촉에 어려움을 있는 점을 고려하여 한국보건의료정보원에 윤리, 정보보호, 법률 분야 전문가 풀을 구성하였다.[148]

데이터 심의위원회는 연구계획서, 데이터 활용신청서 등을 바탕으로 연구계획의 충실성, 과학적 연구 등 해당 여부, 데이터 활용 방법의 안전성 등을 검토하고, 가명처리 후 그 적정성도 평가한다. 그 밖에도 데이터 심의위원회는 특이정보 제거, 정신질환 및 처방약 정보 등 민감한 정보의 연구, 신기술 등 가이드라인과 다른 가명처리 방법, 결합 시 식별가능성 여부와 같이 거의 모든 의사 결정 사항들을 심의한다. 다만, 시판 후 주기적으로 요청되는 의료기기 검사 결과, 투약 결과 등 동일 목적 및 동일 유형의 데이터를 기존 심의 사례와 똑같이 처리하는 경우에는 기관장의 재량 하에 연구 계획 검토 및 활용 방법의 안전성, 가명처리 방법 및 활용 환경 등의 심의를 생략하고 가명처리의 적정성만을 검토할 수도 있다.[149] 한편, 동일한 전자의무기록(electronic medical record, EMR) 시스템을 사용하고 있는 다수의 의료 기관이 동일 목적으로 동일 연구를 수행할 때에는, 데이터 심의위원회의 일괄 심의 또한 가능하다.[150]

보건의료 분야의 특성상, 기관생명윤리위원회와 데이터 심의위원회의 역할 및 기능을 좀 더 주의 깊게 구분하여 볼 필요가 있다.

---

148) 보건복지부, "현장소통으로 보건의료 분야 가명정보 활용 문턱 낮춘다."(2021. 1. 28.), 3면.

149) 보건의료 데이터 활용 가이드라인(2021), 23면.

150) 또한, 둘 이상의 기관이 공동으로 수행하는 연구로서 각각의 기관생명윤리위원회에서 해당 연구를 심의하는 것이 적절하지 아니한 경우에는, 하나의 기관생명윤리위원회를 선정하여 해당 연구를 심의하게 할 수 있으므로(생명윤리법 제12조 제2항), 이와 같은 경우에는 기관생명윤리위원회의 일괄 심의 또한 가능하다. 보건의료 데이터 활용 가이드라인(2021), 70면.

기관생명윤리위원회는 생명윤리 및 안전 확보를 위해 병원 등에 설치된 위원회로서(생명윤리법 제10조 제1항), "사람을 대상으로 물리적으로 개입하거나 의사소통, 대인 접촉 등의 상호작용을 통하여 수행하는 연구 또는 개인을 식별할 수 있는 정보를 이용하는 연구", 즉 인간대상연구에서 연구계획서의 윤리적·과학적 타당성, 연구대상자 등의 안전 등을 심의한다(생명윤리법 제10조 제3항). 반면, 데이터 심의위원회는 보건의료 데이터를 활용하는 데 있어 문제될 수 있는 기술적, 법적, 윤리적 사항을 심의하며, 이를 위하여 환자 등 정보주체를 대변하는 위원, 보건의료 분야 데이터 활용 전문가 위원, 정보보호 또는 법률 분야 전문가 위원을 포함하도록 하고 있다. 따라서, 보건의료 데이터를 활용할 때 그것이 생명윤리법상 인간대상연구에 해당한다면, 기관생명윤리위원회와 데이터 심의위원회로부터 모두 심의받아야 한다. 예를 들어, A 제약회사에 속한 연구원 P가 과학적 연구를 위하여 B 병원, C 병원의 진료기록부와 건강보험공단의 자료를 결합하고자 한다면, 우선 B, C 및 건강보험공단 내부 데이터 심의위원회에 연구 계획의 충실성, 과학적 연구 등 해당 여부, 데이터 활용 방법의 안전성 등을 심의받은 후,[151] A 제약회사 내 기관생명윤리위원회에 심의 및 승인받아 이를 수행하게 된다.[152]

다만, 연구대상자 및 공공에 미치는 위험이 미미한 경우로서 기관생명윤리위원회의 심의를 면제할 수 있는 인간대상연구가 있다(생명윤리법 제15조 제2항, 시행규칙 제13조 제1항). 연구대상자등에 대한

---

151) 이때 연구자는 연구의 과학적 타당성 외에도 윤리적 연구 수행에 대하여 연구 대상에게 미치는 위험과 이익을 고려하여야 한다. 보건의료 데이터 활용 가이드라인 (2021), 34-35면.
152) 보건의료 데이터 활용 가이드라인(2021), 28면.

기존의 자료나 문서를 이용하는 연구가 그중 하나인데(생명윤리법 시행규칙 제13조 제1항 제3호), 보건복지부는 "의료기관에서 진료목적으로 수집된 의료데이터 등을 개인정보 보호법상의 가명처리를 통해 연구목적 등으로 이용하려는 경우 '연구대상자등에 대한 기존의 자료나 문서를 이용하는 연구'로 간주하고 기관 차원에서 가명처리가 확인된 경우 IRB 심의 및 동의를 면제할 수 있[다]"고 유권해석한다.[153] 또한, 보건복지부는 가명처리가 생명윤리법상 익명화, 즉 "개인식별정보를 영구적으로 삭제하거나, 개인식별정보의 전부 또는 일부를 해당 기관의 고유식별기호로 대체하는 것(생명윤리법 제2조 제19호)"에 포함되는 개념으로 본다. 따라서, ① 연구대상자 및 공공에 미치는 위험이 미미한 경우로서, ② 진료 목적으로 수집된 보건의료 데이터를 가명정보로 가공하여 연구 목적으로 활용할 경우에는 기관생명윤리위원회 심의 면제 가능성이 있다.

2) 가명정보의 결합 및 활용 절차

가이드라인상 데이터 심의위원회가 중요한 역할을 수행하도록 규정하고 있으므로, 가명정보의 결합 및 활용 절차 또한 다른 가이드라인과는 차이가 있다. 예를 들어, A 병원에 속한 의사 P가 과학적 연구를 위하여 B 병원, C 병원의 진료기록부를 결합하고자 한다면, 우선 연구 계획서, 데이터 활용 신청서 등을 작성하여 A 병원 내 데이터 심의위원회의 심의를 받는다. 이때, 데이터 심의위원회는 연구 계획의 충실성, 과학적 연구 등 해당 여부, 데이터 활용 방법의

---

153) 보건복지부, "개인정보 보호법 개정에 따른 생명윤리법 관련 기관 운영지침 일부 개정 추진"(2020. 8. 4.).

안전성 등을 심의, 승인한다. 이후, P는 A 병원을 통하여 B, C 병원 내 데이터 심의위원회의 심의를 받은 후, 결합전문기관 X에 결합 신청서를 제출한다. X 결합전문기관 내 데이터 심의위원회는 다시 과학적 연구 등 해당 여부, 결합 시 안전성, 데이터 활용 방법의 안전성 등을 심의, 승인하고, 결합신청자인 A, B, C, 결합키관리기관 Y와 협의하여 진료기록부를 결합한다. X 결합전문기관 내 반출심사위원회가 결합된 정보를 반출하도록 승인하면, P는 A 병원 내 기관생명윤리위원회에 심의 및 승인을 받아 결합된 정보를 분석한다.[154]

그림 2-5. 보건의료 가명정보 결합절차 예시

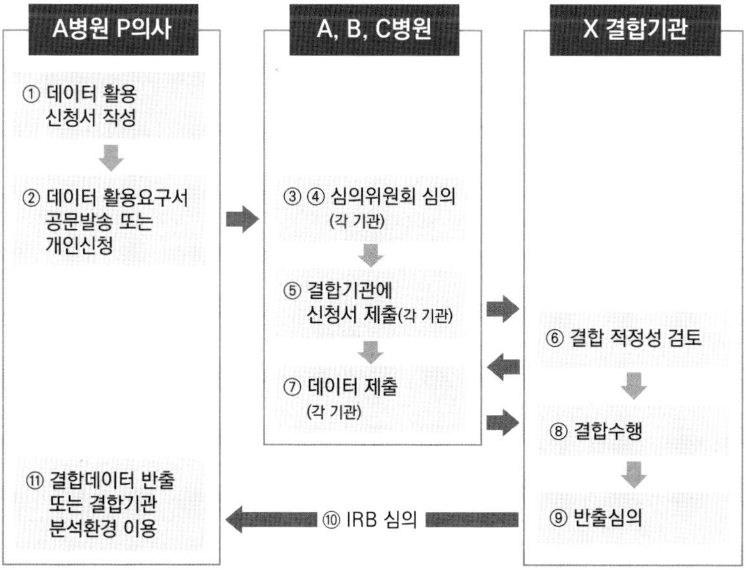

출처: 보건의료 데이터 활용 가이드라인(2021), 29면.

---

154) 보건의료 데이터 활용 가이드라인(2021), 26-27면.

3) 안전 · 보호조치

보건의료 데이터는 일반적으로 민감한 정보를 포함하므로 이를 처리함에는 주의를 요한다. 가이드라인은 일반적인 안전조치 외에 윤리적 조치를 덧붙이고 있다. 연구자는 연구 설계 시 연구의 과학적 타당성 외에도 윤리적 연구 수행에 대하여 연구 대상에게 미치는 위험과 이익을 고려하여야 하고, 취약한 환경의 연구 대상자에 대한 이익과 연구 참여의 자율성이 확보되었는지, 예상되는 위험을 최소화할 수 있는지 등에 더욱 주의하여 취약한 연구 대상자들이 특별히 보호받을 수 있도록 연구를 설계해야 한다.[155]

마. 교육분야 가명 · 익명정보 처리 가이드라인

교육부와 개인정보보호위원회는 2020. 11. 26. 교육정보 활용을 위한 가명정보의 처리 및 결합 등에 대한 수요를 고려, 교육정보의 안전한 가명처리를 위하여 교육분야 가명 · 익명정보 처리 가이드라인(이하 본 장 5. 마.에서 '가이드라인'이라 한다)을 발표하였다. 이 가이드라인은 데이터를 취급하는 교육행정기관, 학교 및 교육부장관의 지도 · 감독을 받는 공공기관 및 단체 등이 교육 분야에서 수행하는 가명처리 등에 우선 적용된다.[156] 예를 들어, 대학이 직업군 및 교육 과정을 추천하는 등으로 학생들의 취업지원 활동을 지원하기 위하여 가명처리된 졸업생들의 학습 이력을 분석하고 취업 기관 및 유형에 대한 매칭 통계를 작성하는 경우, 또는 교육부가 학생의 학습

---

155) 보건의료 데이터 활용 가이드라인(2021), 34-35면.
156) 교육분야 가명 · 익명정보 처리 가이드라인(2020), 2-3면.

및 미래 보장을 위해 학생생활기록부, 건강기록부, 출결 정보 등을 심층 분석하여 중도 학업 포기, 학교폭력 등 위기징후 탐지 알고리즘을 연구하여 새로운 서비스를 구축·운영하려는 경우가 여기에 해당될 수 있다.

가이드라인은 ① 비교적 단순화된 가명처리 환경에 따른 위험도 분류 예시를 제공하는 한편, ② 가명정보의 적정성 검토 등을 위한 '적정성 검토 심의위원회'를 구성할 것을 권장하고 있고, ③ 교육부의 가명정보 처리 현황 조사 및 실태 점검 등을 예정한다. ④ 그 밖에도, 익명처리 원칙, 세부 절차 등을 설명하고 있다. 특히, 처리 환경별 위험도 측정에 있어 가이드라인은 우선 가명처리 환경과 개인정보 항목별 위험도를 상, 중, 하의 세 단계로 분류하고, 이에 기초하여 개인정보 항목별 위험도를 1부터 10까지의 단계로 측정한 예시를 보여준다. 예를 들어, 활용 장소가 내부(1점)인지 외부(2점)인지, 활용 부서가 소유 부서인지(1점), 타 부서인지(2점), 처리 유형이 활용(1점)인지, 제공(2점)인지, 결합(3점)인지, 기관 유형이 교육 기관(1점)인지, 민간 기관(2점)인지 등에 따라 점수를 배정하고 배정된 점수를 합산하여 점수가 높을수록 위험도가 높은 처리 환경으로 판단한다. 예컨대 교육 기관 내 소유 부서에서 내부 활용하는 경우는 4점이 되고, 민간 기관 내 소유 부서에서 외부 결합하는 경우 8점이 된다. 따라서 후자와 같은 처리환경의 위험도가 더 높다고 수치화되어 평가된다.[157]

적정성 검토 심의위원회의 운영은 앞서 본 바와 같이 권장사항이다. 이 위원회의 구성과 관련하여, 개인정보 보호와 관련한 업무

---

[157] 교육분야 가명·익명정보 처리 가이드라인(2020), 17-18면.

경력이 있거나 관련 단체로부터 추천을 받은 위원, 개인정보처리자
로 구성된 단체에서 활동한 경력이 있거나 관련 단체로부터 추천을
받은 위원, 그 밖에 개인정보 보호와 관련한 경력과 전문성이 있는
위원을 고루 포함하여 3인 이상, 7인 이하로 구성하도록 정하고 있
다. 다만, 가명정보를 제공할 때에는 반드시 외부 전문가를 포함하
여 구성하여야 한다.158) 적정성 검토 심의위원회 설치는 권장 사항
이라는 점에서 보건의료 데이터 활용 가이드라인(2021)에서 정한 데
이터 심의위원회와는 차이가 있다.

6. GDPR상 가명처리

이하에서는 GDPR상의 가명처리 규정에 관해 살펴본다. GDPR
은 2020년 데이터 3법의 개정 과정에서 중요한 참고자료가 되었는
데, 그중에서도 가명정보에 관한 GDPR의 내용은 더욱 중요한 참고
자료가 되었다. 예컨대 '가명처리'의 정의에 있어 GDPR 제4조 제5
항은 "가명처리란 추가 정보의 사용 없이는 더 이상 특정 정보주체
에 귀속될 수 없는 방식으로 개인정보를 처리하는 것이다. 다만, 그
같은 추가 정보는 별도로 보관하고, 기술 및 관리적 조치를 적용하
여 해당 개인정보가 식별된 또는 식별될 수 있는 자연인에 귀속되지
않도록 해야 한다"고 규정하고 있다. 이는 국내 개인정보 보호법과
신용정보법 상의 가명처리 정의 규정과 매우 흡사하다. 하지만 이하
에서 상술하는 바와 같이 국내법과 차이가 있는 사항도 적지 않다.
따라서 어떠한 점에서 유사한지 그리고 어떠한 점에서 차이가 있는

158) 교육분야 가명·익명정보 처리 가이드라인(2020), 21-22면.

지 파악할 필요가 있다. 가명처리에 관한 GDPR의 규정을 살펴보는 것은 국내법을 이해하는 데에도 도움이 된다.

가. GDPR상 가명처리와 그 유인

앞서 본 바와 같이 국내의 개인정보 보호법이나 신용정보법은 가명정보를 통계작성, (과학적) 연구, 공익적 기록보존 등 목적으로 정보주체의 동의 없이 이용하거나 제3자에게 제공할 수 있는 특례 규정을 두고 있다. 반면 GDPR은 가명처리가 이루어졌다고 하여 곧 바로 위와 같은 특례가 적용되는 형식을 취하고 있지는 않다. 그러나 가명처리는 특례 규정과 유사한 유인의 적용을 판단하는 데 있어 중요한 요소로 기능한다.

GDPR에 따르면, 공공 이익을 위한 기록보존 목적, 과학적 또는 역사적 연구 목적 또는 통계적 목적을 위한 처리는 데이터 주체의 권리와 자유를 위한 적절한 안전 조치의 대상이 되어야 하며, 안전 조치에 의하여 특히 데이터 최소화 원칙(principle of data minimisation)이 준수될 수 있는 기술적·관리적 조치가 이행되어야 한다(GDPR 제89조 제1항). 가명처리는 위와 같은 기술적·관리적 조치의 하나로 언급되고 있다. 즉 가명처리의 적용은 정보주체에 관한 위험을 감소시킬 수 있으며, 컨트롤러와 프로세서[159]가 개인정보 보호 의무를 이행할 수 있도록 돕는 역할을 한다(GDPR 전문 제28항).

---

159) 앞서 본 바와 같이, GDPR에서는 컨트롤러와 프로세서가 구분된다. 컨트롤러(controller) 란 "단독으로 또는 제3자와 공동으로 개인정보 처리의 목적 및 방법을 결정하는 자연인 또는 법인, 공공기관, 기관, 기타 기구"를 의미한다(제4조 제7항 전단). 이 는 "컨트롤러를 대신하여 개인정보를 처리하는 자연인이나 법인, 공공기관, 기관 또는 기타 기구"인 프로세서(processor)와는 구분된다(제4조 제8항).

이처럼 개인정보를 가명처리하여 활용함으로써 정보주체에 대한 위험을 줄일 수 있으므로, GDPR은 가명처리의 활용을 장려하도록 하는 여러 가지 유인을 부여하고 있다. 구체적으로는 ① 정보주체의 동의 없는 개인정보의 목적 외 처리 허용, ② 설계 및 기본설정에 의한 개인정보 보호, ③ 개인정보 보호조치 의무의 이행, ④ 개인정보 침해 통지의 예외 등이 있는바, 이하에서 이를 살펴본다.

1) 정보주체의 동의 없는 개인정보의 목적 외 처리 허용

GDPR 제6조 제4항에 따르면, 컨트롤러는 개인정보를 수집한 당초 목적과 '양립가능한(compatible)' 범위 내에서 정보주체의 동의 없이 위 개인정보를 목적 외로 처리할 수 있다. 이때 양립가능성을 판단하는 요소로 암호화나 가명처리 등의 적절한 안전조치가 존재하지 여부가 명시되어 있다(동항 (e)호). 즉, 가명처리가 이루어진 경우에는 양립가능성이 인정되어 정보주체의 별도 동의 없이 당초 수집한 목적과 다른 목적으로 개인정보를 활용할 수 있을 가능성이 커지게 된다.[160]

2) 설계 및 기본설정에 의한 개인정보 보호

GDPR 제25조는 '설계 및 기본설정에 의한 개인정보 보호(data protection by design and by default)'를 규정하고 있다. 이는 개인정보를 보호하기 위해 사전적·예방적 조치를 취할 의무를 규정한 것이다. 구체적으로, GDPR 제25조 제1항에 따르면 컨트롤러는 "최신 기

---

160) Mike Hintze/Khaled El Emam, "Comparing the benefits of pseudonymisation and anonymisation under the GDPR", Journal of Protection & Privacy 2(2) (2018), p. 147.

술, 실행 비용, 그리고 개인정보 처리의 성격, 범위, 상황 및 목적을 고려하여 기술적·관리적 조치를 [⋯] 이행"해야 하고, 그러한 기술 및 관리적 조치는 "GDPR과 정보주체의 권리 요건을 충족시키기 위해 필요한 안전조치가 개인정보처리에 통합될 수 있도록 설계(designed)"되어야 한다. 또한, GDPR 제25조 제2항에 따르면 "컨트롤러는 기본설정을 통해(by default) 특정 처리 목적에 필요한 개인정보만 처리되도록 적절한 기술적·관리적 조치를 이행"해야 한다. 즉, 기업이 서비스를 설계하고, 시제품 내지 원형(prototype)을 만들고, 이를 시험하고 실제로 구현하는 단계에 있어 GDPR 규정의 준수 여부를 사전적으로 고려해야 하고, 개인정보를 보호하는 조치를 기본설정으로 포함해야 하는 것이다.

그런데, 가명처리는 설계에 의한 개인정보 보호를 위해 위 조항에 따라 요구되는 적절한 기술적·관리적 조치(appropriate technical and organisational measures)의 한 유형으로 명시되어 있다(GDPR 전문 제78항 참조). 즉, 컨트롤러가 가명처리를 할 경우, 설계 및 기본설정에 의한 개인정보 보호를 위해 적절한 조치가 취해졌다고 인정될 가능성이 높아지게 된다. 다만 가명처리는 GDPR이 요구하는 기술적·관리적 조치 중 한 가지에 불과하므로, 가명처리가 이루어졌다고 하여 곧바로 GDPR 제25조가 준수되었다고 단정할 수는 없다. 그러나 가명처리가 이루어진다면 컨트롤러는 부분적으로는 이러한 의무를 준수한 것이라고 볼 여지가 있고, 그 자체로 완전히 개인을 식별가능한 개인정보와 비교해 볼 때 가명정보에 대해서는 추가적으로 이행해야 할 조치의 부담이 상대적으로 덜할 수 있다.161)

---

161) 위의 글, p. 7.

3) 개인정보 보호조치 의무의 이행

GDPR 제32조 제1항에 따르면 "컨트롤러와 프로세서는 개인정보의 처리가 개인의 권리 및 자유에 미치는 위험의 다양한 가능성 및 정도와 함께 최신 기술, 실행 비용, 그리고 처리의 성격, 범위, 상황 및 목적을 고려하여, 해당 위험에 적정한 보안 수준을 보장하기 위해 […] 적정한 기술적·관리적 조치를 이행"해야 한다. 위 조항은 위험에 적정한 보안 수준을 보장하기 위한 적정한 기술 및 관리적 조치의 예시를 들고 있는바, 그 중 가장 먼저 나열되어 있는 것이 개인정보의 가명처리 및 암호화이다(동항 (a)호). 이는 가명처리를 통해 정보주체의 권리 및 자유에 대한 위험을 줄일 수 있다는 점이 명시적으로 반영된 것이다.

4) 개인정보 침해 통지의 예외

GDPR 제33조는 개인정보의 침해(personal data breach)가 발생할 경우 컨트롤러에게 지체 없이(가급적 이를 알게 된 후 72시간 내에) 감독기관에 해당 개인정보의 유출 사실을 통지할 의무를 지우고 있다. 다만, 해당 개인정보의 침해가 "개인의 권리와 자유에 위험을 초래할 것으로 예상되지 않는 경우는 예외"로 하고 있다. 또한 GDPR 제34조는 컨트롤러에게 정보주체에 대한 개인정보 침해 통지의무를 규정하고 있는바, 동조 제3항 (a)호는 이러한 통지의 예외로서 "컨트롤러가 적절한 기술 및 관리적 보호조치를 시행하였고, 그 조치, 특히 암호처리 등과 같이 관련 개인정보를 열람 권한이 없는 개인에게 이해될 수 없도록(unintelligible) 만드는 조치가 해당 침해로 영향을 받은 개인정보에 적용된 경우"를 규정하고 있다. 위 조항은 가명처리를 명시적으로 언급하고 있지는 않으나, 개인정보의 침해로 초래된 개인의 권리와 자유에 대한 위험을 평가함에 있어 가명처리 여부가 고려될 수 있을 것이다.[162]

5) 가명처리와 무관한 의무

이상에서 살펴본 바와 같이 GDPR은 가명처리를 취한 경우 여러 유인을 부여하고 있지만, 가명처리에도 불구하고 여전히 적용되는 규정도 적지 않다. 예컨대, ① 개인정보 보유 기간 제한, ② 개인정보 수집 시 정보주체에 대한 고지의무, ③ 처리 활동의 기록, ④ 개인정보의 역외 이전 등이 그 예이다.

우선 GDPR 제5조 제1항 (e)호는 개인정보가 "처리목적 달성에 필요한 기간 동안만 정보주체를 식별할 수 있는 형태로 보유"될 것을 요구한다. 따라서 컨트롤러는 개인정보 보유 필요성을 평가하고 적절한 보유 기간을 설정해야 하는데, 가명처리를 수행하였다고 하여도 이러한 필요성 평가 및 보유 기간 설정의무가 면제되는 것은 아니다. 다만 컨트롤러가 가명정보에 대해서는 더 긴 보유 기간이 필요하다고 주장할 여지는 있다.[163]

또한 GDPR 제13조와 제14조는 컨트롤러가 개인정보를 수집할 경우 정보주체에 일정한 사항을 고지할 의무를 부여하고 있는바, 이는 개인정보의 수집·이용·공개에 관하여 정보주체에 대한 투명성을 요구하는 GDPR의 기본 원칙을 반영한 것이다. 따라서 컨트롤러

---

162) 위의 글, pp. 7-8.
163) 위의 글, p. 8.

는 가명처리를 하더라도 여전히 정보주체에 대한 수집·이용·공개
에 관한 고지의무를 부담하게 된다.[164] 다만, 가명처리가 이루어진
경우에는 고지의 명시성(prominence) 수준이 낮아질 수 있다. 가령
높은 수준의 가명처리가 이루어져 있다면 정보주체가 해당 고지를
찾아볼 수 있는 것(discoverable notice)으로 충분하다고 인정될 가능
성이 높아질 것이다.[165]

    나아가 GDPR 제30조는 개인정보 처리 활동에 대한 기록 보존
의무를 규정하고 있다. 이때 문서화하여 보존해야 할 기록에는 컨트
롤러, 개인정보담당관의 이름 및 연락처, 처리의 목적, 정보주체의
범주 및 개인정보의 범주, 역외 이전에 관한 사항, 개인정보의 삭제
예상 기한, 기술 및 관리적 안전조치에 대한 설명 등이 포함된다. 이
러한 개인정보 처리 활동에 대한 문서화 및 기록 작성의무는 가명정
보에도 동일하게 적용된다.[166]

    마지막으로 GDPR 제44조 내지 제49조는 개인정보의 역외 이전을
제한하면서 제한된 조건하에서만 이를 허용하고 있다. 예를 들면 EU
집행위원회가 개인정보의 이전대상국이나 국제기구의 개인정보 보호
수준이 적합한 수준인지 평가하여 적정성 결정을 받은 경우에는 개
인정보의 국외이전이 허용된다(GDPR 제45조). 가명정보라 하더라도
개인정보의 역외 이전에 대한 제한 조건은 준수하여야 한다.[167]

---

164) 위의 글, p. 4.
165) Mike Hintze, "Viewing the GDPR through a de-identification lens: a tool for
    compliance, clarification, and consistency", International Data Privacy Law
    8(1) (2018), pp. 95-96.
166) Mike Hintze/Khaled El Emam, 앞의 논문, p. 8.
167) 위의 글, pp. 6-7.

나. GDPR 제11조와 가명처리

GDPR상의 가명처리를 국내법과 비교하여 이해하기 위해서는 GDPR상의 가명처리에 관한 규정뿐만 아니라 GDPR 제11조(식별을 요하지 않는 개인정보의 처리)를 함께 고려할 필요가 있다. GDPR 제 11조 제1항은 "컨트롤러가 개인정보를 처리하는 목적상 정보주체의 식별을 요구하지 않거나 더 이상 요구하지 않아도 되는 경우, 그 컨트롤러는 GDPR을 준수할 목적에 한하여 정보주체를 식별하기 위한 추가 정보를 유지, 취득, 처리할 의무를 가지지 않는다"고 규정한다. 동조 제2항은 "본 조 제1항의 경우, 컨트롤러가 정보주체를 식별할 수 없음을 입증할 수 있다면, 제15조 내지 제20조까지는 적용되지 않는다. 단, 정보주체가 위 조항에 따라 자신의 권리를 행사하기 위한 목적으로 본인을 식별할 수 있는 추가 정보를 제공하는 경우는 예외로 한다"고 규정한다. 즉, 위 규정은 식별을 요하지 않는 정보처리에 있어 정보주체의 권리를 제한하는 취지인데, 그 적용이 배제되는 GDPR 제15조 내지 제20조는 열람권, 삭제권, 처리 제한권, 전송권 등 정보주체의 권리에 관한 조항들이다.

위 조항의 목적을 이해하기 위해, 어떤 웹사이트 운영자가 사이트 이용 통계를 확인하기 위한 목적으로 이용자의 접속 국가와 접속 시간 정보만을 수집하는 경우를 상정해 보자. 이때 위 운영자는 이용자 ID, 이름, 이메일 주소 등 개인을 식별할 수 있는 정보는 전혀 수집하지 않고 있다고 하자. 이 경우 특정 정보주체가 자신이 해당 웹사이트에 접속한 이력을 삭제할 것을 요구한다 하더라도, 웹사이트 운영자는 어떠한 접속 이력이 위 정보주체의 것인지 알 수 없다.

위 규정의 목적은 이러한 상황에서 열람권, 삭제권 등을 비롯한 정보주체의 권리를 인정하지 않겠다는 것으로 이해된다. 하지만 만약 정보주체가 자신의 컴퓨터에 남아 있는 접속 시간 자료를 제공하면서 삭제를 요청한 경우라면(즉, '본인을 식별할 수 있는 추가 정보를 제공하는 경우') 정보주체의 권리를 보장할 수 있을 것이다.

그렇다면 GDPR 제4조 제5항에서 정의된 '가명처리'와 제11조의 '식별을 요하지 않는 개인정보의 처리' 간의 관계는 어떠한가? 양자를 구분하기 위해 위 시나리오를 약간 변경하여, 이번에는 웹사이트 운영자가 접속 통계를 작성하기 위한 목적으로 이용자의 IP 주소, 접속 국가 및 접속 시간 정보를 수집하고 있다고 하자. 이때 웹사이트 운영자가 개인정보 보호 수준을 높이기 위해 이용자 IP 주소를 쌍방향 암호화하여 보관함으로써 결국 복호화 키 없이는 위 정보를 복원할 수 없는 상황이라면, 위 웹사이트 운영자는 GDPR 제11조를 적용받을 수 있는가? 웹사이트 운영자가 복호화 키를 삭제하지 않고 보관하고 있는 동안에는 정보주체의 권리 행사를 배제할 근거가 없다. 만약 어떤 정보주체가 자신의 접속 이력을 삭제해 달라고 요청한다면, 웹사이트 운영자는 복호화 키를 이용하여 원래 정보를 복원한 다음, 요청받은 정보주체의 기록을 삭제할 수 있기 때문이다.

이처럼 컨트롤러가 정보주체를 재식별하기 위한 추가 정보(위 사례에서는 복호화 키)를 보유하고 있는지, 이를 이용하여 용이하게 (readily) 정보주체를 재식별해 낼 수 있는지 여부에 따라 GDPR 제11조의 적용 여부가 달라질 수 있다. GDPR 제11조는 정보주체에 대한 권리에 대한 적용 예외를 규정하고 있으므로, 그에 따라 컨트롤러가 그저 식별자를 삭제·대체하는 수준의 가명처리보다 더욱 강

력한 조치를 취한 경우에만 적용될 수 있다. 이상과 같이 GDPR 제4
조 제5항에서 정한 '가명처리'와 제11조에서 정한 '식별을 요하지 않
는 개인정보의 처리'는 구분된다. 후자의 경우에는 정보주체에 대한
권리가 배제되므로, 그 적용을 받기 위해서는 컨트롤러가 더욱 강력
한 조치를 취할 필요가 있게 된다. 양자를 구분하여 전자를 기본적
가명처리(basic pseudonymization), 후자를 강한 가명처리(strong pseu-
donymization)로 부르는 견해도 있다.[168]

요컨대, GDPR은 가명처리에 대하여 상당한 유인을 부여하고 있
으나, 이는 대체로 GDPR상 각종 위험 평가시 가명처리에 의해 위
험을 낮추는 효과가 개별 조항에서 비례적으로 고려되는 형태로 작
동한다. 그런데 GDPR 제11조는 '식별을 요하지 않는 개인정보의 처
리'에 대해서는 정보주체의 권리를 배제하면서, '가명처리'라는 표현
을 사용하지 않고, "컨트롤러가 정보주체를 식별할 수 없음을 입증"
해야 한다는 별도의 요건을 부가하고 있다. 한편, 국내 개인정보 보
호법이나 신용정보법은 양자를 구분하지 않고, 가명정보에 대해서
는 정보주체의 권리를 배제하는 형태의 입법을 취하고 있다는 점에
서 GDPR의 입법례와는 차이가 있다.

---

168) Mike Hintze, "Viewing the GDPR through a de-identification lens: a tool for
compliance, clarification, and consistency", International Data Privacy Law
8(1) (2018), pp. 91-93; Luk Arbuckle/Khaled El Emam, Building an
Anonymization Pipeline: Creating Safe Data, O'Reilly Media (2020), pp.
140-144.

제 3 장

프라이버시 보호 모델

본 장에서는 '프라이버시 보호 모델'에 대해 살펴본다. 프라이버시 보호 모델은 종종 익명처리와 관련하여 언급되지만, 그 기반이 되는 분석 틀은 익명처리는 물론 가명처리를 포함한 다양한 비식별처리의 과정에서 유용한 방법론을 제공한다. 그런 점에서 프라이버시 보호 모델에 대한 이해는 비식별 처리 방법론의 통계 기법적인 이해를 위한 중요한 출발점이 된다.

프라이버시 보호 모델은 앞서 살펴본 비식별 처리된 개인정보의 재식별 사건들을 계기로 연구가 촉발되면서 빠른 속도로 이론체계가 형성되었다. 연구가 본격적으로 이루어진 것은 20년 정도로 상당히 짧은 이력을 가진 연구영역이지만, 다른 한편 데이터의 활용도가 급속도로 높아지면서 이 영역(그리고 제4장 및 제5장에서 다룰 영역)에 대한 연구 관심 또한 급속도로 높아진 상황이다.[1]

1. 익명정보 및 익명처리의 개념

앞서 제1장 1. 나. 3)에서 본 바와 같이 개인정보 보호법은 익명정보 및 익명처리의 개념을 명문으로 정의하고 있지 않다. 그러나 동법은 개정에 따라 신설된 제58조의2에서 "적용제외"라는 표제 하

---

1) 본 장에서 다루고 있는 내용과 일정 부분 유사한 내용을 다루고 있는 자료로, European Union Agency for Cybersecurity, "Data Protection Engineering" (2022) 참조.

에 "이 법은 시간·비용·기술 등을 합리적으로 고려할 때 다른 정보를 사용하여도 더 이상 개인을 알아볼 수 없는 정보에는 적용하지 아니한다"고 규정하여 익명정보의 개념을 간접적으로 제시하는 한편, 익명정보는 개인정보에 해당하지 아니함을 분명히 하고 있다. 반면, 신용정보법은 "익명처리"를 "더 이상 특정 개인인 신용정보주체를 알아볼 수 없도록 개인신용정보를 처리하는 것"으로 정의하고 (제2조 제17호), "익명처리한 정보"라는 표현을 사용함으로써(제11조의2, 제40조의2) 익명정보 및 익명처리의 개념을 명문으로 정의하고 있다. 한편, 앞서 제1장 3. 가.에서 살펴본 바와 같이 GDPR은 익명정보(anonymous information), 즉 "식별되었거나 식별가능한 자연인에 관련되지 않은 정보 또는 정보주체가 식별가능하지 않거나 더 이상 식별가능하지 않은 방식으로 익명 처리된 개인정보"에는 개인정보 보호 원칙이 적용되지 않는다고 하여(전문 제26항), 익명정보의 개념을 제시하고 이는 개인정보에 해당하지 않음을 밝히고 있다.

이러한 익명정보는 그 정의상 "원래의 상태로 복원하기 위한 추가 정보의 사용·결합"을 통해 특정 개인을 알아볼 수 있는 가명정보(개인정보 보호법 제2조 제1호 다목)와 적어도 법적 개념으로는 명확히 구분된다. 그러나 익명처리와 가명처리는 모두 비식별 조치, 즉 "정보집합물(데이터 집합)에서 개인을 식별할 수 있는 요소를 전부 또는 일부 삭제하거나 대체하는 등의 방법을 활용, 개인을 알아볼 수 없도록 하는 조치"[2]의 일환인 것으로 파악할 수 있고, 그런 점에서 서로 밀접하게 관련되어 있다. 따라서 가명정보 및 가명처리의 개념을 이해하기 위해서는 익명정보 및 익명처리에 관한 기본 개념들도

---

2) 개인정보 비식별 조치 가이드라인(2016), 3면.

함께 살펴볼 필요가 있는바, 이하에서는 비식별 조치에서 중요한 역할을 수행하는 '프라이버시 보호 모델'을 사례와 함께 살펴본다.

2. 프라이버시 보호 모델(privacy protection model)

가. 의의

개인정보 비식별 조치 가이드라인(2016)은 "비식별 조치가 충분하지 않은 경우 공개 정보 등 다른 경보와의 결합, 다양한 추론 기법 등을 통해 개인이 식별될 우려"가 있으므로 비식별 조치를 할 경우 그 적정성 내지 재식별가능성을 평가할 것을 요구하였다. 동시에 위 가이드라인은 이러한 적정성 평가 시 '프라이버시 보호 모델'을 활용할 것을 요구하면서 그 예시로 아래 설명할 k-익명성, l-다양성, t-근접성을 제시하였다.[3] 위 가이드라인은 프라이버시 보호 모델이 무엇인지에 관해 별도의 정의를 제시하지는 않았지만, k-익명성 등의 개념은 앞서 설명한 매사추세츠 주지사 의료정보 재식별 사건 등 비식별 정보의 재식별 사례들을 계기로 연구되고 체계화되어 온 개념이다.

국제표준인 ISO/IEC 20889는 '정형 프라이버시 측정 모델(formal privacy measurement model)'을 "데이터 비식별화 기법의 적용에 관한 접근법으로서 재식별 위험을 계산할 수 있도록 하는 것"으로 정의하면서 k-익명성, l-다양성, t-근접성 등을 예시로 드는 바,[4]

---

3) 개인정보 비식별 조치 가이드라인(2016), 9면.
4) International Standard Organization, "Privacy enhancing data de-identification terminology and classification of techniques" (ISO/IEC 20889, 2018).

위 가이드라인은 관련 학계에서의 논의 및 국제표준기구에서의 논의의 흐름을 반영한 것으로 볼 수 있다. 그렇게 보면, 프라이버시 보호 모델이란 비식별화된 데이터 집합에 있어서 재식별 위험, 즉 공격자가 이를 '공격'[5]하여 특정 데이터들을 그 정보주체와 연관 짓는 데 성공할 가능성을 측정하기 위한 계량 모델이라고 이해할 수 있다. 다른 한편으로 이러한 프라이버시 보호 모델은 비식별 조치를 활용하는 개인정보처리자가 재식별 위험을 일정 수준 이하로 관리할 수 있도록 돕는 행위 기준으로서 기능하기도 한다.

나. 사례를 통한 이해

1) 가상의 사례

이하에서는 가상의 사례를 바탕으로 $k-$익명성, $l-$다양성, $t-$근접성의 세 가지 프라이버시 보호 모델을 살펴보기로 한다. 앞서 본 바와 같이 비식별 조치의 대상은 텍스트, 사진, 영상 등으로 다양할 수 있지만, 이하에서는 논의의 편의상 행(row)과 열(column)로 구성되어 있는 표 형태의 데이터베이스를 비식별화하는 경우를 다룬다. 이때 데이터베이스상 개개의 행을 통상적으로 레코드(record)라고 칭하므로, 이하에서도 같은 표현을 사용하기로 한다.

---

5) Khaled El Emam/Luk Arbuckle, 앞의 책, pp. 23-25는 이러한 공격의 유형을 크게 다음의 네 가지로 나누어 설명한다. ① 데이터를 처리하는 자가 고의적으로 재식별을 시도하는 경우, ② 데이터를 처리하는 자가 의도치 않게(또는 즉흥적으로) 재식별하게 되는 경우(가령 데이터에 공격자의 지인에 관한 개인정보가 포함되어 있는 경우 등), ③ 데이터가 사고로 유출된 경우, ④ 데이터에 대해 공격이 가능하다는 점을 과시하기 위한 공격을 하는 경우. 이때 ④를 과시 공격(demonstration attack)이라 하는데, 이 경우 공격자는 특정인을 대상으로 재식별을 시도할 수도 있지만 그보다 가장 쉬운 대상을 골라 재식별을 시도하는 것이 더 일반적이다. 즉, 과시 공격의 목표는 누구에 관한 정보이든 하나라도 재식별해 내는 데 있다.

가령, 현재 A병원에 입원해 있는 환자의 기록이 다음과 같다고
하자.

표 3-1. 원본 데이터베이스

순번	이름	환자번호	연령	병명	입원 만족도
1	김갑동	A110101	41	백혈병	만족
2	이을남	A110112	40	위암	보통
3	박병서	A110113	48	위암	불만
4	최정북	A110114	45	심근경색	보통
5	홍길동	A230111	30	뇌종양	보통
6	김설수	A230112	34	뇌종양	보통
7	최가나	A230113	21	위궤양	불만
8	이다라	A230114	26	심근경색	만족
9	김영희	A230211	38	뇌종양	보통
10	이길순	A230212	37	뇌종양	만족
11	박을동	A230213	22	뇌경색	만족
12	최병북	A230214	28	뇌출혈	불만

위 데이터베이스에는 식별자, 준식별자, 속성정보가 모두 섞여
있다. 지금까지 살펴본 바와 같이, 여기서 '식별자'는 특정 자연인과
특히 특별하고도 밀접한 관계에 있는 정보로서 해당인에게 고유한
것을 의미하고, '준식별자'는 특정 자연인에게 고유한 정보는 아니나
합리적인 범위 내에서 다른 정보와 결합하여 해당인을 식별할 수 있
는 것을 의미한다. '속성정보'는 데이터베이스에 담긴 정보 중 식별
자 및 준식별자에 해당하지 않는 것을 지칭한다.

식별자, 준식별자 및 속성정보에 대해 이처럼 개념구분을 할 수
는 있지만, 이러한 구분이 항상 명확한 것은 아니다. 구체적인 개별

상황에 따라서는 동일한 정보일지라도 식별자로 보는 것이 타당한
경우도 있을 수 있고 준식별자로 보는 것이 더 타당한 경우도 있을
수 있다. 준식별자와 속성정보 사이의 구분도 개별 상황에 따라 달
라질 수 있다. 그런 점에서 데이터와 관련된 맥락(context)이나 상황
(circumstance)에 대한 고려와 판단이 매우 중요하다. 이 중 특히 준
식별자와 속성정보 간 구분이 문제될 수 있는데, 데이터베이스에 포
함된 정보를 어디까지 준식별자로 분류하느냐에 따라 후술하는 비
식별 조치의 구체적 내용이 크게 달라질 수 있기 때문이다. 이처럼
어떠한 정보가 준식별자와 속성정보 중 무엇에 해당하는지는 데이
터베이스의 처리 맥락 등에 따라 개별 사안별로 판단되어야 하나,
일응의 기준을 제시하자면 속성정보와 달리 준식별자는 ⓐ 시간에
따라 쉽게 변화하지 아니하여야 하고(재현가능성), ⓑ 데이터베이스
내에서 모든 레코드가 동일한 값을 가지지 아니하는 것이어야 하며
(구별가능성), ⓒ 공격자가 알 수 있을 것으로 합리적으로 기대되는
것이어야 한다(인지가능성)는 기준을 생각해 볼 수 있다.6) 이런 기준
에 따를 경우, 예를 들어, 측정 시간에 따라 쉽게 변하는 혈당치는
재현 가능성이 낮아 준식별자로 보기 어렵다. 한편 유방암 환자 데
이터베이스를 전제로 비식별 처리를 고려하는 상황이라면, 유방암
진단 여부는 모든 레코드에서 동일할 것이므로 구별 가능성이 없어
준식별자로 보기 어렵다. 또한 공격자가 알 수 있을 것으로 합리적
으로 기대되지 않는 유형의 정보라면, 이를 준식별자로 보아 후술하
는 비식별 조치를 취할 필요가 없을 것이다.

---

6) 김병필, "개인정보 위험기반 비식별 조치와 가명처리", 서울대학교 법학석사학위논
   문(2021), 22-23면.

　　이상의 내용에 비추어 보면 위 데이터베이스에서 ① 이름 및 ② 환자번호는 그 자체로 특정 개인을 식별해낼 수 있는 정보로서 '식별자'에, ③ 연령은 식별자는 아니나 다른 정보와 결합하여 특정 개인을 식별해낼 수 있는 정보로서 '준식별자'에, ④ 병명 및 ⑤ 입원 만족도는 특정 개인에 관한 정보이지만 인지 가능성이 낮아 '속성정보'에 각 해당한다고 생각해 볼 수 있다. 다만 이러한 식별자·준식별자·속성정보 사이의 구분은 이해를 돕기 위해 예를 든 것이고, 이러한 구분이 해당 데이터베이스를 처리 또는 제공하는 맥락에 따라 달라질 수 있음은 위에서 설명한 바와 같다.

　　데이터베이스를 비식별화하기 위해서는 우선 '식별자'를 데이터베이스에서 제거(suppression)하거나 그 정확도를 희석함으로써 이를 일반화(generalization)시켜야 한다. 식별자가 데이터베이스에 그대로 남아 있는 경우, 이를 토대로 특정 개인을 식별해 낼 수 있기 때문이다. 여기서 '제거'란 문자 그대로 식별자 전체를 데이터베이스에서 삭제하는 것을 의미하는 반면, 정확도의 희석 내지 '일반화'란 가령 일련번호 중 일부를 삭제하거나, 정확한 값 대신 값의 범위를 표기(예를 들어, 41을 '40−49'로 표기)하는 등으로 식별자에 담긴 정보 중의 일부 정보만을 존속시키는 것을 의미한다. 식별자를 일반화한 정보는 대체적으로 준식별자에 해당하게 된다. 이에 위 데이터베이스에서 ① 이름을 제거하고, ② 환자번호는 마지막 한 자리를 삭제하여 일반화한다면, 그 결과는 다음과 같게 된다.

표 3-2. 이름을 삭제하고, 환자번호는 마지막 한 자리를 삭제하여 일반화한 데이터베이스

순번	이름	환자번호	연령	병명	입원 만족도
1	–	A11010*	41	백혈병	만족
2	–	A11011*	40	위암	보통
3	–	A11011*	48	위암	불만
4	–	A11011*	45	심근경색	보통
5	–	A23011*	30	뇌종양	보통
6	–	A23011*	34	뇌종양	보통
7	–	A23011*	21	위궤양	불만
8	–	A23011*	26	심근경색	만족
9	–	A23021*	38	뇌종양	보통
10	–	A23021*	37	뇌종양	만족
11	–	A23021*	22	뇌경색	만족
12	–	A23021*	28	뇌출혈	불만

언뜻 보기에 [표 3–2]는 충분히 비식별화된 것으로 보이지만, 실제로는 그렇지 않다. 우선, 준식별자인 연령을 제거하거나 일반화하지 않았기에, 연령이 '41세'인 환자가 1명으로 특정된다. 따라서 41세의 환자가 A병원에 입원하고 있다는 것을 알고 있는 공격자가 있다면, 위 [표 3–2]로부터 해당 인물의 환자번호 앞 6자리가 'A11010'임을, 그리고 그가 백혈병을 앓고 있음을 손쉽게 알 수 있다. 이는 단순히 식별자만을 제거 내지 일반화하는 것으로는 비식별화가 충분히 이루어질 수 없고, '준식별자'에 대하여도 마찬가지로 적절한 조치를 취하여야 함을 시사한다. 이에 연령 또한 마지막 한 자리를 삭제하여 정확한 연령 대신 10년 단위의 연령대를 표기한다면, 그 결과는 다음과 같을 것이다.

표 3-3. 이름을 제거하고, 환자번호 및 연령은 각 마지막 한 자리 삭제하여 일
반화한 데이터베이스

순번	이름	환자번호	연령	병명	입원 만족도
1	-	A11010*	4*	백혈병	만족
2	-	A11011*	4*	위암	보통
3	-	A11011*	4*	위암	불만
4	-	A11011*	4*	심근경색	보통
5	-	A23011*	3*	뇌종양	보통
6	-	A23011*	3*	뇌종양	보통
7	-	A23011*	2*	위궤양	불만
8	-	A23011*	2*	심근경색	불만
9	-	A23021*	3*	뇌종양	보통
10	-	A23021*	3*	뇌종양	만족
11	-	A23021*	2*	뇌경색	불만
12	-	A23021*	2*	뇌출혈	불만

2) k-익명성(k-anonymity)[7]

그러나 [표 3-3] 또한 충분한 비식별화와는 거리가 멀다. 환자
번호의 마지막 한 자리만 삭제한 결과, 위 비식별 조치에도 불구하
고 환자번호의 첫 6자리가 'A11010'인 환자가 1명으로 특정되기 때
문이다. 따라서 특정인의 환자번호 앞 6자리가 'A11010'이라는 것을
알고 있는 공격자는, 해당 인물이 40대의 백혈병 환자로서 입원에
만족하고 있음을 손쉽게 알 수 있다.

---

7) k-익명성의 세부 내용은 Pierangela Samarati/Latanya Sweeney, "Protecting
   Privacy when Disclosing Information: k-Anonymity and Its Enforcement
   through Generalization and Suppression", Technical Report SRI-CSL-98-04,
   Computer Science Laboratory SRI International (1998) 참조.

　이는 [표 3-3]에서 크기가 1인 '동질 집합(equivalence class)'이 존재하기 때문에 발생하는 현상이다. 동질 집합이란 익명처리된 데이터베이스에서 준식별자의 값이 동일한 레코드들의 집합을 의미한다. 가령, [표 3-3]에서 일반화된 환자번호 및 연령을 준식별자로 볼 경우, {레코드 1}, {레코드 2, 3, 4}, {레코드 5, 6}, {레코드 7, 8}, {레코드 9, 10}, {레코드 11, 12}가 각각 동질 집합이 된다. 이때 첫 번째 동질 집합인 {레코드 1}의 크기가 1이기 때문에(즉, 위 동질 집합에 하나의 레코드만이 포함되어 있기 때문에), 그 집합에 포함된 레코드의 준식별자 값을 아는 공격자는 [표 3-3]의 데이터베이스에서 해당 레코드가 무엇인지를 단일하게 특정해 낼 수 있다. 그리고 이로부터 제거 내지 일반화되지 않은 채로 남아 있는 다른 속성정보들(이 사례에서는 병명 및 입원 만족도)을 알아낼 수 있다.

　k-익명성은 바로 이러한 위험을 포착하여 체계화하고 이에 대응하기 위해 개발된 개념이다. Samarati와 Sweeney가 1998년 최초로 제안한 k-익명성은, 익명처리된 데이터베이스에서 동일한 준식별자 값에 대응되는 레코드가 최소한 k개 이상일 것을 요구한다. 물론 이때 k값은 2 이상의 자연수이어야 한다. 달리 말하면, k-익명성을 달성하기 위해서는 비식별화된 데이터베이스에서 모든 동질 집합의 크기가 전부 k 이상이어야 한다. 위 사례에서는 [표 3-3]으로부터 환자번호의 마지막 세 자리까지 삭제하여 일반화하면 '4-익명성'을 달성할 수 있는데, 그 결과는 다음과 같다.

표 3-4. '4-익명성'을 달성한 데이터베이스(단, 이해의 편의를 위해 레코드 5, 6
을 레코드 11, 12와 서로 바꾸어 재배열하였음)

순번	이름	환자번호	연령	병명	입원 만족도
1	–	A110***	4*	백혈병	만족
2	–	A110***	4*	위암	보통
3	–	A110***	4*	위암	불만
4	–	A110***	4*	심근경색	보통
5	–	A230***	2*	뇌경색	불만
6	–	A230***	2*	뇌출혈	불만
7	–	A230***	2*	위궤양	불만
8	–	A230***	2*	심근경색	불만
9	–	A230***	3*	뇌종양	보통
10	–	A230***	3*	뇌종양	만족
11	–	A230***	3*	뇌종양	보통
12	–	A230***	3*	뇌종양	보통

[표 3-4]를 보면, 설사 공격자가 특정인의 환자번호 앞 3자리가 'A110'이고 그가 40대라는 사실을 알고 있다 하더라도, 해당 인물은 레코드 1, 2, 3, 4 중 어느 것에도 해당할 수 있고 이 중 한 레코드를 특정할 수는 없다. 따라서 공격자는 그의 병명 및 입원 만족도를 정확히 알 수 없게 된다. 이러한 k-익명성 개념은 직관적이어서 이해하기 쉬울 뿐 아니라 달성하는 것도 어렵지 않은 까닭에, 실무적 활용도가 높다. 다수의 비식별 조치 가이드라인은 이를 재식별 위험을 판단하는 주요 기준 중의 하나로 채택하고 있기도 하다.[8] 다만 k값을 일의적 또는 사전적으로 정해 둘 수는 없고, 데이터베이스의 처리 맥락, 준식별자와 속성정보의 구체적인 내용 등의 요소를

---

8) 가령, 개인정보 비식별 조치 가이드라인(2016), 9면.

고려하여 개별 사안별로 달리 정해야 함에 주의해야 한다.[9]

3) *l*-다양성(*l*-diversity)[10]

[표 3-4] 또한 충분히 비식별화된 것이라 보기에는 부족하다. 가령 [표 3-4]에서 {레코드 9, 10, 11, 12}로 이루어진 동질 집합을 보면, 병명이 '뇌종양'으로 모두 동일하다. 따라서 공격자는 특정인의 환자번호 앞 3자리가 'A230'이고 그가 30대라는 사실만 알게 된다면, 해당 인물이 데이터베이스에서 레코드 9, 10, 11, 12 중 구체적으로 어느 레코드에 해당하는지까지는 알아낼 수 없다 하더라도, 적어도 그가 뇌종양 환자임은 확실히 알아낼 수 있다. 이처럼 특정한 동질 집합 내에서 모든 레코드가 같은 속성정보값을 가짐을 이용한 공격을 '동질성 공격(homogeneity attack)'이라고 한다.

이러한 동질성 공격은 우리 사례에서의 병명과 같이, 개인의 사생활에 보다 밀접히 관련되어 있는 민감정보에 대하여 이루어질 때 특히 문제된다. 가령, [표 3-4]에서 특정인의 환자번호 앞 3자리가 'A230'이고 그가 20대라는 사실을 아는 공격자는 그가 입원에 불만족하고 있음을 확실히 알아낼 수 있지만, 특별한 사정이 없는 한 입원 만족도는 민감정보에 해당하지 않으므로 크게 문제되지 않는다.

---

9) 개인정보 비식별 조치 가이드라인(2016)은 개인정보처리자의 개인정보 보호책임자가 평가단을 구성하고, 평가단이 재식별 시도 가능성, 재식별 시 영향, 데이터 이용 목적 등을 종합적으로 고려하여 평가 기준이 되는 k값을 결정하도록 하였다. 개인정보 비식별 조치 가이드라인(2016), 12-13면 참조.

10) *l*-다양성의 세부 내용은 Ashwin Machanavajjhala et al., "*l*-Diversity: Privacy Beyond k-Anonymity", 22nd International Conference on Data Engineering, IEEE (2006) 참조.

 따라서 속성정보 중에서도 민감정보에 해당하는 것(이하 '민감 속
성(sensitive attribute)'라 한다)을 별도로 파악하고, 이를 동질성 공격
등으로부터 보호하는 것이 중요할 수 있다. Machanavajjhala 외 3인
은 2006년 이를 위해 l-다양성 개념을 제시하였는데, 그 내용을 간
략히 소개하면 다음과 같다.

 우선 임의의 동질 집합이 l-다양성을 지닌다는 것은, 그 동질 집
합이 민감 속성정보에 대하여 적어도 l가지의 "잘 나타내어진(well-
represented)" 값을 가진다는 것으로 정의된다. 나아가 익명처리된
데이터베이스에서 모든 동질 집합이 l-다양성을 지니면, 그 데이터
베이스는 l-다양성을 지니는 것으로 정의된다. 이때 "잘 나타내어
진"의 의미에 관하여 Machanavajjhala 외 3인은 3가지 정식화 방안
을 제시하였는데, 그중 가장 이해하기 쉬운 것은 "잘 나타내어진"을
"서로 다른(distinct)"의 의미로 보는 것이다. 즉, l-다양성은 구체적
으로 3가지 방식으로 정의될 수 있지만, 그 중에서도 가장 쉬운 방
식을 전제한다면 "익명처리된 데이터베이스의 모든 동질 집합이 적
어도 l가지의 서로 다른 민감 속성값을 가져야 한다는 것"을 의미한
다. 가령 우리의 사례에서는 [표 3-3]에 더하여 환자번호의 마지막
두 자리를 삭제하여 일반화하면서 동시에 20대와 30대를 한데 묶어
일반화함으로써 '4-익명성'과 '3-다양성'을 동시에 달성할 수 있는
데, 그 결과는 다음과 같다.

표 3-5. '4-익명성'과 '3-다양성'을 동시에 달성한 데이터베이스

순번	이름	환자번호	연령	병명	입원 만족도
1	–	A1101**	40-49	백혈병	만족
2	–	A1101**	40-49	위암	보통
3	–	A1101**	49-49	위암	불만
4	–	A1101**	49-49	심근경색	보통
5	–	A2301**	20-39	뇌종양	보통
6	–	A2301**	20-39	뇌종양	보통
7	–	A2301**	20-39	위궤양	불만
8	–	A2301**	20-39	심근경색	불만
9	–	A2302**	20-39	뇌종양	보통
10	–	A2302**	20-39	뇌종양	만족
11	–	A2302**	20-39	뇌경색	불만
12	–	A2302**	20-39	뇌출혈	불만

이때 각 동질 집합에는 서로 다른 병명이 3가지씩(첫 번째 동질 집합에서는 백혈병, 위암, 심근경색; 두 번째 동질 집합에서는 뇌종양, 위궤양, 심근경색; 세 번째 동질 집합에서는 뇌종양, 뇌경색, 뇌출혈) 포함되어 있으므로, 위 [표 3−5]의 익명처리 데이터베이스는 3−다양성을 달성하고 있다. 예를 들어, 공격자가 특정인의 환자번호 앞 6자리가 'A2302'이고 그의 연령이 20세 이상 39세 이하임을 알고 있다고 하면, 해당 인물은 레코드 9, 10, 11, 12 중 어느 하나에 해당하게 된다. 그러나 위 레코드들에는 뇌종양, 뇌경색, 뇌출혈의 세 가지 민감 속성이 포함되어 있으므로, 공격자가 파악하고 있는 정보에 기초해서는 개별 인물에 대해 이 세 가지 민감 속성 중 어떤 특징과 매칭이 이루어지는 것인지 알 수 없다. 이처럼 l−다양성이 확보되면 공격자는 속성 정보(여기서는 병명 및 입원 만족도)를 정확히 알 수 없게 된다.

4) t-근접성(t-closeness)[11]

그러나 4-익명성과 3-다양성을 동시에 달성한 [표 3-5]에도 약점이 있다. [표 3-5]에서 세 번째 동질 집합을 보면, 병명이 뇌종양, 뇌경색, 뇌출혈로 각기 다르기는 하나, 이들은 뇌에 관한 질환이라는 점에서 공통점을 가지고 있다. 이에 특정인의 환자번호 앞 6자리가 'A2302'이고 그의 연령이 20세 이상 39세 이하임을 알고 있는 공격자는, 해당 인물의 병명을 정확히 알 수는 없다 하더라도 그가 뇌종양, 뇌경색, 뇌출혈 중 하나, 즉 뇌에 관한 질환을 앓고 있다는 것은 확실히 알아낼 수 있기에, [표 3-5]에서도 프라이버시 침해 위험이 발생할 수 있다.

즉, 모든 동질 집합이 각각 l가지 이상의 민감 속성값을 가지도록 하여 l-다양성을 달성하였다 하더라도, 특정한 동질 집합 내의 민감 속성값이 한쪽으로 쏠려 있거나 유사한 의미를 지닌다면 공격자는 이를 활용하여 유용한 정보를 얻어낼 수 있다. 이때 민감 속성값의 쏠림 현상을 이용한 것을 '쏠림 공격(skewness attack)', 민감 속성값의 의미상 유사성을 이용한 것을 '유사성 공격(similarity attack)'이라 한다.

이러한 공격들에 대항하기 위해 Li 외 2인은 2007년 t-근접성 개념을 제시하였다. 수식을 활용하지 않고 이 개념의 주요 직관을 말로 풀어 설명하자면 다음과 같다.

t-근접성 개념의 핵심은 각 동질 집합에서의 민감 속성값 분포가 전체 데이터베이스에서의 민감 속성값 분포와 크게 달라지지 않

---

11) t-근접성의 세부 내용은 Ninghui Li/Tiancheng Li/Suresh Venkatasubramanian, "t-Closeness: Privacy Beyond k-Anonymity and l-Diversity", 23rd International Conference on Data Engineering, IEEE (2007) 참조.

도록 해야 한다는 점에 있다.[12] 만약 특정 동질 집합에서의 민감 속
성값 분포가 전체 데이터베이스에서의 민감 속성값 분포와 크게 달
라지게 되면, 공격자가 앞서 본 쏠림 공격이나 유사성 공격을 통해
이를 유리하게 활용할 수 있기 때문이다.

　가령 [표 3-5]에서, 전체 데이터베이스상 뇌 관련 질환(뇌종양,
뇌경색, 뇌출혈)을 앓고 있는 레코드의 비율은 전체 12개의 레코드
중에서 6개, 즉 50%이다. 그런데 동질 집합별로 나누어 위 비율을
계산해 보면, 순서대로 0%(=0/4), 50%(=2/4), 100%(=4/4)임을 알
수 있다. 즉, 전체 데이터베이스에서의 병명 분포와 각 동질 집합별
병명 분포가 크게 차이가 나게 되는데, 이러한 차이가 있으면 쏠림
공격이나 유사성 공격에 취약하게 되는 것이다. 이에 원본 데이터베
이스를 다음과 같이 환자번호의 맨 앞자리만을 남기면서 동시에 연
령을 '20-39세'와 '40-49세' 대신 '20-34세'와 '35-49세'로 일반
화하는 방식으로 익명처리하면, 6-익명성과 4-다양성을 달성하면
서 위 문제를 완화할 수 있다.

표 3-6. '6-익명성'과 '4-다양성'을 달성하면서 쏠림 내지 유사성 문제를 완화한
　　　데이터베이스(단, 이해의 편의를 위해 일부 레코드를 재배열하였음)

이름	환자번호	연령	병명	입원 만족도
-	A******	35-49	백혈병	만족
-	A******	35-49	위암	보통
-	A******	35-49	위암	불만
-	A******	35-49	심근경색	보통

---

12) 조금 더 풀어 설명하자면, t-근접성은 모든 동질 집합별로 계산된 위 두 분포 간
　　거리(distance)가 사전에 설정된 역치(threshold) t를 넘지 않을 것을 요구한다.

-	A******	35-49	뇌종양	보통
-	A******	35-49	뇌종양	만족
-	A******	20-34	위궤양	불만
-	A******	20-34	심근경색	만족
-	A******	20-34	뇌종양	보통
-	A******	20-34	뇌종양	보통
-	A******	20-34	뇌경색	만족
-	A******	20-34	뇌출혈	불만

[표 3-6]을 통해 계산해 보면, 첫 번째 동질 집합에서 뇌 관련 질환을 앓고 있는 레코드의 비율은 $33\frac{1}{3}\%(=2/6)$, 두 번째 동질 집합에서 뇌 관련 질환을 앓고 있는 레코드의 비율은 $66\frac{2}{3}\%(=4/6)$로, 전체 데이터베이스에서 뇌 관련 질환을 앓고 있는 레코드의 비율인 50%와의 차이가 [표 3-5]에 비해 감소한 것을 확인할 수 있다. 따라서 [표 3-5]에 비해 [표 3-6]이 쏠림 공격이나 유사성 공격에 덜 취약하게 된다.

t-근접성은 위에서 본 k-익명성이나 l-다양성에 비해 실무적인 활용도가 그리 높지는 않다. 일반적으로 실무적인 활용도가 가장 높은 개념은 k-익명성이다. 그리고 동질성 공격의 가능성이 우려될 경우에, k-익명성 개념에 더해 l-다양성 개념이 보완적으로 함께 적용되기도 한다. 다른 한편, t-근접성 개념은 차분 프라이버시(differential privacy)와 개념상 밀접하게 관련되어 있는데,[13] 차분 프라이버시에 대하여는 제5장에서 후술한다.

---

13) 익명처리에 있어 t-근접성과 차분 프라이버시가 동일한 개념은 아니나 상호 밀접한 관계를 맺고 있음을 수학적으로 증명한 것으로, Josep Domingo-Ferrer/Jordi Soria-Comas, "From t-Closeness to Differential Privacy and Vice Versa in Data Anonymization", Knowledge-Based Systems, 74 (2015) 참조.

제**4**장

인공지능을 이용한
새로운 기술 환경과 비식별 조치

본 장에서는 최근의 기술적 발전으로 인해 개인정보 비식별 조치와 관련하여 새롭게 부각되고 있는 문제들을 살펴본다. 우선 인공지능 학습 데이터로 개인정보가 활용되는 경우의 주요한 법적 쟁점을 살펴본다. 특히 오늘날 널리 이용되는 딥러닝(deep learning) 기반 인공지능 기술은 그 학습 과정에서 일반적으로 대용량의 학습 데이터를 필요로 한다. 그 결과 인공지능 학습 데이터에 포함된 개인정보의 활용 필요성과 보호의 중요성이 동시에 강조되고 있는 실정이다. 이러한 상황에서 비식별 조치를 통해 개인정보 보호 수준을 높이면서도 개인정보를 학습 데이터로 활용할 가능성을 확보하는 것은 매우 중요한 과제이다.

　다른 한편, 대용량의 학습 데이터를 확보하기 위해 이른바 웹 크롤링(web crawling)[1])을 통해 데이터를 수집하는 경우가 빈번한데, 이는 많은 경우 공개된 개인정보의 이용에 해당한다. 더욱이 소셜 미디어 서비스의 확산으로 인해 인터넷을 통해 다수의 개인정보가 널리 공개되고 있는 상황에서, 공중에 공개된 개인정보의 활용과 보

---

1) 웹 크롤링이란, 웹사이트(website), 하이퍼링크(hyperlink), 데이터(data), 정보 자원을 자동화된 방법으로 수집, 분류, 저장하는 것이다. 크롤링을 위해 개발된 소프트웨어를 크롤러(crawler)라 한다. 크롤러는 주어진 인터넷 주소(URL)에 접근하여 관련된 URL을 찾아내고, 찾아진 URL들 속에서 또 다른 하이퍼링크(hyperlink)들을 찾아 분류하고 저장하는 작업을 반복함으로써 여러 웹페이지를 돌아다니며 어떤 데이터가 어디에 있는지 색인(index)을 만들어 데이터베이스(database, DB)에 저장하는 역할을 한다(한국정보통신기술협회 정보통신용어사전).

호 역시 중요한 쟁점이 되고 있는바, 이에 관하여도 함께 다룬다. 마지막으로 블록체인상에 저장된 개인정보 보호에 관하여 간략히 살핀다.

1. 인공지능 학습과 개인정보

가. 인공지능 학습 데이터

인공지능 학습 데이터는 크게 '정형 데이터'와 '비정형 데이터'로 구분하여 파악할 수 있다. 먼저 '정형 데이터'는 지정된 변수에 대한 값이 저장되어 있어 컴퓨터에 의해 곧바로 처리될 수 있는 형태의 데이터를 의미하며, 이를 구조화된(structured) 데이터라 칭하기도 한다. 정형 데이터는 행과 열로 구성된 경우가 많고, 전통적인 통계 분석은 이러한 고정된 형식의 정형 데이터를 대상으로 이루어져 왔다. 이에 비해 '비정형 데이터'는 음성, 이미지, 영상, 자유입력 텍스트와 같이 고정된 양식을 취하지 않는 경우를 일컬으며, 이를 비구조화된(unstructured) 데이터라고도 한다. 2010년대 이후의 인공지능의 발전은 비정형 데이터의 활용을 중심으로 이루어져 왔다. 이미지 인식, 음성 인식, 언어처리 인공지능 등이 그 대표적인 예이다. 비정형 데이터는 곧바로 분석에 활용하기 어려우므로, 컴퓨터로 처리될 수 있는 정형화된 형태로 변환하는 과정을 거치는 것이 일반적이다.

기존의 개인정보 보호 및 비식별 조치에 관한 논의는 정형 데이터를 중심으로 논의되어 왔다. 예컨대 앞서 제3장에서 살펴본 $k-$익명성, $l-$다양성, $t-$근접성 등의 프라이버시 보호 모델은 개인정보가 정형 데이터 형식으로 저장되어 있는 것을 전제로 한 것이다. 비정형 데이터에 대한 프라이버시 보호 모델이나 비식별 조치 기준은 여전히 명확하지 않고, 현재 발전 중인 단계인 것으로 평가할 수 있다. 이하에서는 주로 인공지능 학습과 관련하여 텍스트나 이미지·영상 형식의 개인정보의 활용과 비식별 조치 방법에 대해 살펴본다.

나. 텍스트 데이터와 비식별 조치

1) 언어 처리·이해 인공지능과 학습 데이터

자연어를 처리하거나 이해하는 작업은 인공지능의 주요한 활용 분야이다. 텍스트 감정분석 인공지능을 통해 고객이 남긴 제품, 서비스에 대한 후기를 분석하기도 하고, 유해도 분류 인공지능을 통해 온라인 게시글이나 댓글의 이용 약관 준수 여부를 자동적으로 확인하기도 한다. 언론사는 작문 인공지능을 활용해 정형화된 기사를 작성하기도 한다. 인공지능은 작문 시험 결과를 평가하는 등과 같이 교육 목적으로도 활용된다. 또한 인공지능 비서나 인공지능 스피커와 같이 인간과의 대화를 통해 특정한 작업을 수행하는 여러 인공지능이 발표되고 있는데, 이는 앞으로 다양한 형태로 이용될 잠재력을 갖추고 있기도 하다.

특히 자연어 처리·이해 분야에서 최근에 대규모 언어모형(large-scale language model) 인공지능이 주목받고 있는 현상이 특기할 만하다. 언어모형이란 어떤 문장이 존재할 확률 분포를 계산해 내는 통계적 방법론에 주로 기반한 인공지능 모형이다. 언어처리에 활용되는 인공지능은 범용성을 갖춘 언어모형을 먼서 구축한 다음, 이를

응용하여 개별 과제에 적용하는 방식으로 구현되는 것이 일반적이
다. 따라서 높은 정확도를 갖춘 언어모형을 구축하는 작업은 자연어
처리·이해 분야에서 핵심적 과제가 되고 있다. 인공지능을 활용하
여 언어모형을 구축하는 방법론은 여러 가지가 있으나, 최근에는 구
글(Google)이 2017년 공개한 트랜스포머(Transformer) 언어모형에 기
반한 방식의 대규모 언어모형이 다수 발표되고 있다. 2020년 공개된
OpenAI의 GPT−3 모델 등이 대표적이고, 그 성능에 자극받아 다
수의 대규모 언어모형의 개발이 경쟁적으로 이루어지고 있다. 이러
한 인공지능은 흔히 수천억 개 이상의 방대한 매개변수(parameter)
를 갖추고 있다. 이러한 언어모형에 기반한 인공지능이 생성한 글은
이제 인간의 작문과 구분하기 어려운 수준으로, 문법을 완전하게 준
수할 뿐만 아니라 그 내용이나 문장 구성 역시 매우 자연스럽고 논
리적인 것이 보통이다.

　　이러한 대규모 인공지능 모델을 학습시키기 위해서는 방대한 학
습 데이터가 소요된다. 일반적으로 웹에 공개된 수십 테라바이트
(Terabyte, TB) 이상의 데이터를 수집, 정제하여 수백 기가바이트
(Gigabyte, GB) 이상의 데이터를 학습에 사용한다. 온라인에 공개된
다양한 제품·서비스·영화·음악 등에 대한 후기, 각종 포털·커뮤
니티의 게시글 및 댓글, 소셜 네트워크 서비스(social network service,
SNS)상 대화 등도 학습 데이터로 사용된다. 예를 들어 온라인상 영
어 텍스트 데이터를 수집·정리한 PILE 데이터 집합은 그 용량이
800GB에 달한다.[2] 이처럼 공개된 개인정보를 인공지능 학습 목적

---

2) Leo Gao, et al., "The Pile: An 800GB Dataset of Diverse Text for Language
　Modeling", arXiv preprint arXiv:2101.00027 (2020).

으로 이용하는 것에 관한 법적 규율은 명확하지 않은 상태이다. 이 쟁점에 관하여는 본 장 2.에서 다룬다.

한편, 정보주체로부터 동의를 얻어 수집한 텍스트 데이터에 개인정보가 포함되는 경우도 있을 수 있다. 기업이 보유하고 있는 고객과의 대화, 이메일, 콜센터 통화 내용 등이 대표적 예이다. 또한 후술하는 '이루다' 사건에서와 같이 고객이 앱을 사용하면서 대화 정보를 제공하는 경우도 있다. 이처럼 정보주체의 동의를 얻어 수집한 텍스트 정보에 대해서는, 이를 인공지능에 학습시키는 것이 정보주체의 동의 범위 내에 포함되는지 여부가 명확하지 않아 쟁점화될 수 있다. 또한 이를 긍정하더라도 정보주체의 프라이버시 보호를 위해 해당 데이터에 비식별 조치를 취하여 인공지능 학습에 사용할 것이 요구되는 상황도 상정할 수 있다.

2) 텍스트 중 개인식별정보의 비식별화

텍스트 데이터에 포함된 개인정보는 개인식별정보와 개인식별가능정보로 구분해 볼 수 있다. 우선 개인식별정보에 관하여 생각해 보자. 텍스트 중에 포함된 개인식별정보는 미리 정해진 형식을 취하는 경우가 많다. 상당수의 개인식별정보는 일정한 규칙을 통해 찾아낼 수 있다. 이름, 전화번호, 계좌번호, 신용카드 번호, 주소, 이메일, IP 주소, MAC 주소, 홈페이지 URL, 멘션(mention, @) 등은 대부분 정해진 규칙에 따라 찾아낼 수 있다. 이러한 경우는 정규 표현식(regular expression) 기법을 이용하여 그 규칙을 정식화하고, 그 규칙을 통해 해당 개인식별정보를 발견해 낼 수 있다.

다만 통상적인 형태를 벗어나는 변형이 이루어지는 경우도 존재

한다. 가령 전화번호를 '공일공 – 일이삼사 – 일이삼사'와 같이 한글
로 표현하는 경우도 있다. 정규 표현식만으로는 이러한 예외적인 상
황을 모두 처리하기 어려울 수 있으므로, 이러한 한계를 극복하기 위
해 자연어 처리 기법 중 개체명 인식(named entity recognition, NER)
기술을 활용할 수 있다. 현재는 전통적 기법과 딥러닝 기반 기법을
결합하여 활용한 경우가 높은 정확도를 달성하고 있는 것으로 알려
져 있다.3) 이처럼 텍스트 비식별 조치를 위한 인공지능 시스템을
활용하는 것이 가능한데, 이미 시장에는 텍스트 비식별 조치 인공지
능 서비스가 출시되어 있기도 하다. 이와 달리 개별 사업자의 상황
에 맞추어 텍스트 비식별 조치 인공지능을 독자적으로 개발하거나,
기존 인공지능 모델을 재학습시켜 활용하는 것도 가능하다. 기존의
상용 비식별 조치 인공지능을 이용하는 경우 곧바로 비식별 조치를
적용할 수 있다는 장점이 있지만 구체적인 목적에 따라서는 정확도
가 높지 않을 수 있다. 개별 사업자가 스스로 인공지능을 개발하거
나 재학습시키는 것은 정확도가 더 높을 수 있으나, 추가적인 학습
데이터를 구축해야 하는 등의 추가적인 부담이 발생하게 된다.4)

한편 원본 텍스트에서 개인식별정보를 곧바로 삭제할 경우 문장
의 의미와 구조가 달라지는 경우도 있어서 그로 인한 문제가 발생할
수 있다. 즉, 인공지능 학습에 적절하지 않은 결과물이 나타날 위험
이 있다. 이 문제를 막기 위해 문장의 구조를 유지하는 범위에서 개
인식별정보를 유사한 형태의 다른 텍스트로 대체하는 방식을 취하

---

3) Zara Nasar/Syed Waqar Jaffry/Muhammad Kamran Malik, "Named Entity
   Recognition and Relation Extraction: State-of-the-Art", ACM Computing
   Surveys (CSUR) 54(1) (2021), pp. 1-39.
4) Khaled El Emam/Luk Arbuckle, 앞의 책, p. 111.

기도 한다.5) 예컨대 인명, 지명 등을 임의의 다른 인명, 지명으로 바꾸는 것이다. 이는 텍스트에 포함된 개인식별정보를 대체하는 것으로서 일종의 '가명처리'에 해당하는 것으로 평가될 수 있다. 하지만 실무상 이러한 개인식별정보를 대체하는 작업도 세부적으로 기준을 수립하기 어렵다는 문제가 있다. 예를 들어 공적 인물에 관한 정보는 상식의 일환으로, 인공지능이 이를 학습할 필요가 있을 수 있다. 따라서 인명사전에 등재된 인물에 관한 사항일 경우 이를 의도적으로 대체하지 않는 방안도 고려할 수 있다. 그러나, 학습 데이터에 담긴 문장에 언급된 인물이 공적 인물인지 여부를 결정하는 것도 쉽지 않을 뿐더러 해당 인물이 공적 인물인지 아니면 그와 동명이인인지 자동적으로 구분하는 것 또한 여전히 매우 어려운 과제에 해당한다.

한편, 텍스트 비식별 조치 기술을 활용하더라도 개인식별정보를 완벽하게 삭제, 대체하지 못할 위험도 존재한다. 비식별 조치 프로그램이 텍스트 중의 개인식별정보를 발견할 확률을 '재현율' 또는 '민감도'라 한다. 예컨대 비식별 조치 프로그램의 재현율이 95%라는 것은, 텍스트 데이터에 포함된 개인식별정보 중 5%는 비식별 조치 프로그램에 의해 발견되지 않아 그대로 데이터에 잔존할 수 있음을 의미한다. 비식별 조치 프로그램을 이용하더라도 재현율 100%를 달성하는 것은 어렵다. 또한 재현율을 높이고자 할 경우에는 반대로 개인식별정보가 아닌 정보가 잘못 인식·처리되는 경우가 증가할 수 있고,6)

---

5) 예컨대 Python 프로그래밍 언어에서는 Faker 모듈을 활용하면 정형화된 개인식별정보를 임의의 정보로 대체할 수 있다. https://faker.readthedocs.io/en/master/ 참조. (2021. 11. 14. 방문)

6) 통계학적으로 위음성(false negative)를 줄일 경우 위양성(false positive)이 증가하게 된다.

그 결과 데이터의 유용성이 낮아지는 문제가 발생할 수 있다.

이처럼 비식별 조치 기술을 적용하더라도 데이터 집합에 개인식별정보가 남아 있다면, 이는 여전히 개인정보에 해당하는 것으로 해석될 수 있다. 현행 개인정보 보호법의 법문상 '개인식별가능정보'에 대해서는 결합 용이성에 대한 합리성 기준을 적용하여 판단하도록 하고 있으나(동법 제2조 제1호 나목), '개인식별정보'에 대해서는 이러한 기준이 포함되어 있지 않기 때문이다(동법 제2조 제1호 가목). 따라서 적어도 현행법의 문언만 놓고 본다면 텍스트 데이터에 대한 비식별 조치를 위하여 '합리적으로 또는 상업적으로 가용한' 기술을 활용하더라도, 데이터 집합에 일부라도 개인식별정보가 남아 있으면, 여전히 개인정보 보호법상의 개인정보에 해당한다고 해석될 가능성이 남아있는 것이다. 다만, 이처럼 텍스트에서 개인식별정보를 삭제하는 조치가 개인정보 보호법상 '가명처리'로 평가되는 경우라면, 통계작성·과학적 연구·공익적 기록보존 등을 위하여 정보주체의 동의 없이 해당 정보를 이용하는 것이 허용될 것이다(동법 제28조의2).

한편, 비식별 조치 기술의 정확도는 텍스트 유형별로 크게 달라질 수 있다. 예컨대 의료기록에 포함된 자유입력 텍스트상 개인식별정보는 그 종류와 형식이 상대적으로 일정한 패턴을 따르고 있을 수 있으나, SNS 게시물이나 댓글 등에는 여러 개인식별정보가 매우 다양한 형태로 포함되어 있을 수 있다. 따라서 데이터의 구체적인 유형이나 활용 맥락을 고려하지 않고 비식별 조치에 대해 일정한 정확도를 달성할 것을 일의적으로 요구하는 것은 현실적이지 않다.

3) 텍스트 중 개인식별가능정보의 비식별화

텍스트 중 개인식별정보가 포함되어 있지 않더라도 그 의미에 비추어 개인을 식별하거나 추론할 수 있게 해주는 정보는 포함되어 있는 경우도 있다. 예컨대 SNS 게시물에 가족에 관한 언급이 포함된 경우, 직업과 근무지, 업무 등이 포함된 경우, 특정한 날짜에 특정 행위를 했다는 내용 등이 포함된 경우 등이 그러하다. 특히 해당 정보주체와 관련된 다양한 정보가 이미 공개되어 있는 경우, 해당 텍스트 데이터로부터 정보주체를 재식별해 낼 가능성이 높아지게 된다.

현재의 기술상 자동화된 방식으로 텍스트에 포함된 개인식별가능정보를 발견하고 이에 대해 비식별 조치를 취할 수 있는 방법은 아직 찾아보기 어렵다. 앞서 본 딥러닝 기법을 이용한 개체명 인식 등의 기술을 활용하더라도 이는 개인식별정보를 발견하는 것으로서, 이를 넘어 개인식별가능정보까지 발견해 내는 것은 쉽지 않을 것이다. 따라서 현재의 기술 수준에 비추어 볼 때, 부분적인 자동화만 가능할 뿐 사람이 일일이 직접 텍스트를 확인하여 식별가능성을 판단하여야 하는 실정이다. 따라서 텍스트 중의 개인식별가능정보까지 고려하여 비식별 조치를 취하기 위해서는 상당한 비용이 소요될 수 있고, 대규모 데이터 집합을 이용한 인공지능 모형에서는 비식별 조치를 이행하는 것이 매우 어려운 작업이 될 수 있다.

4) 대화 정보의 활용과 '이루다' 사건

정보주체의 동의를 얻어 수집한 텍스트를 인공지능 학습을 위해

사용하는 경우, 정보주체의 동의 범위가 어디까지인지 해석할 필요
가 있다. 이는 이른바 '이루다' 사건에서 중요한 쟁점이 되었다. 이
사건에서 개인정보처리자인 스캐터랩 사는 '텍스트앳', '연애의 과학'
서비스를 제공하면서 이용자로부터 메신저 대화정보를 수집하였다.
해당 서비스의 개인정보취급방침에는 이용자가 제공한 대화정보를
"신규 서비스 개발"을 위해 사용할 수 있다고 기재되어 있었다. 스
캐터랩 사는 이렇게 수집한 대화문장 94억여 건을 '이루다' 챗봇 학
습을 위해 사용하였다. 인공지능 학습을 위해 구축된 학습 데이터베
이스에는 약 94억 건의 카카오톡 대화문장이 담겼는데, "회원정보
일부(SHA−256 해시함수로 일방향 암호화된 회원번호, 성별·나이·대화
상대방과의 관계 정보)와 카카오톡 대화문장만이 저장"된 것이었다.[7]
한편 실제 '이루다' 챗봇은 대화의 맥락을 고려하여 응답 데이터베
이스에 미리 저장된 대화문장 중에서 가장 적절한 응답을 선택하여
답변하는 형식으로 작동하는데, 위 데이터는 챗봇이 적절한 응답을
선택하는 기능을 학습하는 데 사용되었다. 응답 데이터베이스에는
이용자로부터 제공받은 대화문장 1억여 건이 포함되어 있었는데, 이
에 대하여는 "여러 단계에 걸쳐 이름, 주소, 숫자, 영문자 등을 제외
하는" 비식별 조치가 이루어졌다.[8] 이 사건의 경우 이용자로부터
"신규 서비스 개발" 목적으로 대화정보를 사용할 수 있도록 동의를
얻은 것을 챗봇 인공지능을 학습하는 데 사용하는 것으로 동의한 것
으로 해석할 수 있는지 여부가 쟁점이 되었다.

　이 사건에서 개인정보보호위원회는 "'텍스트앳'과 '연애의 과학'

---

7) 개인정보보호위원회 심의·의결 제2021-007-072호, 개인정보보호 법규 위반행위
　에 대한 시정조치에 관한 건, 의결일 2021. 4. 28.
8) 개인정보보호위원회 심의·의결 제2021-007-072호.

서비스 개인정보처리방침에 서비스 이용 과정에서 '분석의 대상이
되는 메시지'를 수집한다는 점과 개인정보의 수집 및 이용 목적으로
는 '신규 서비스 개발'이 명시되어 있다는 이유만으로, 이용자가 '이
루다'와 같은 기존 서비스와 전혀 다른 신규 서비스의 개발과 서비
스 운영에 자신의 개인정보가 이용될 것을 예상하고 이에 동의하였
다고 보기 어렵다"고 판단하였다.9) 개인정보보호위원회는 이러한
판단의 논거로 ① '이루다' 개발·운영과 같은 목적으로 개인정보를
이용하는 것은 이용자의 의사에 합치된다고 보기 어렵고, ② 이는
이용자가 예상할 수 있는 범위를 범어서는 것이며, ③ 오히려 개인
정보가 예상치 못한 방법으로 처리되어 이용자의 개인정보 자기결
정권이 제한되는 등 이용자가 예측할 수 없는 손해를 입을 우려가
있다는 점을 들었다.

　이 사건에서 개인정보보호위원회는 동의 범위를 해석함에 있어
이용자 의사와의 합치성, 이용자의 예상가능성, 이용자가 불측의 손
해를 입을 우려 등을 주요한 기준으로 삼았다고 평가할 수 있다. 달
리 표현하면, 개인정보보호위원회의 위 결정은 개인정보처리방침이
그에 대한 동의가 이루어지는 맥락을 고려하여 정보주체가 어느 수
준의 프라이버시 보호 기대를 가지고 있었는지를 기준으로 해석되
어야 한다는 취지로도 이해할 수 있다.

　다른 한편, '이루다' 서비스 운영에 이용된 응답 데이터베이스
(database, DB)에 대해 여러 단계에 걸쳐 이름, 주소, 숫자, 영문자
등을 제외하는 절차를 거치고 이를 통해 대화문장에서 개인식별정
보를 삭제한 조치에 대해 개인정보보호위원회는 "가명처리한 것으

---

9) 개인정보보호위원회 심의·의결 제2021-007-072호.

로 인정될 여지가 있"다고 판단하였다. 다만, '이루다' 챗봇이 "응답
DB에 포함된 카카오톡 대화문장을 일반 이용자에게 그대로 발화되
도록 서비스하는 행위는 과학적인 연구를 위한 것이라고 할 수 없어
개인정보 보호법 제28조의2에 규정된 가명정보 처리 특례 규정을
적용할 수 없다"고 보았다. 이러한 결정 취지에 비추어 보면, 기술적
수단을 이용하여 텍스트 데이터로부터 개인식별정보를 삭제하는 조
치는 일응 개인정보 보호법상 가명처리에 해당할 수 있고, 이처럼
가명처리된 결과물은 가명정보로서 정보주체의 동의 없이 과학적
연구 목적으로 사용할 수 있다고 볼 여지가 있다.

5) 소결

이상의 검토 결과에 비추어 현재 국내 실무상으로 인공지능 학
습을 위해 텍스트 데이터를 사용할 수 있는 방법은 다음과 같이 요
약할 수 있다. 우선 공개된 텍스트에 개인정보가 포함되어 있는 경
우, 해당 개인정보를 활용하는 것이 '정보주체의 동의가 있었다고
객관적으로 인정되는 범위' 내에 해당할 경우 이를 활용할 수 있다
(이에 관하여는 본 장 2.에서 상술한다). 정보주체의 동의를 얻어 수집
한 텍스트의 경우 정보주체가 동의한 범위 내에서 또는 당초 수집
목적과 합리적으로 관련된 범위에서 정보주체의 새로운 동의 없이
사용할 수 있다. 이것이 명확하지 않은 경우에는 해당 개인정보에
대해 식별가능성이 없어지도록 익명처리하거나, 개인정보의 일부
또는 전부를 삭제·대체하는 방법으로 가명처리를 수행하고 이를 통
계작성, 과학적 연구, 공익적 기록보존 등을 위하여 사용할 수 있다.
만약 그 이외의 목적으로 텍스트 데이터를 사용하거나 공개하고자

하는 경우에는 사람이 직접 이를 확인하여 개인식별가능정보까지 삭제하는 등의 방법으로 개인식별가능성이 없어지도록 할 필요가 있다.

다. 이미지, 영상 데이터의 활용과 비식별 조치

1) 이미지 · 영상 처리 인공지능과 학습 데이터

2010년대 이후의 딥러닝 기법을 중심으로 한 인공지능의 발전은 이미지와 영상 분야에서 두드러지게 이루어져 왔다. 특히 사물인식 인공지능 경연대회에서 2012년 딥러닝 기법을 사용한 모델이 우승을 차지한 것은 딥러닝 기술 확산에 중요한 기여를 한 것으로 평가받는다.[10]

컴퓨터 영상처리 분야 인공지능의 학습을 위해서도 인터넷에 공개된 데이터가 널리 활용되어 왔다. 사물 인식 인공지능 학습을 위한 대표적인 데이터 집합인 ImageNet은 온라인상 이미지를 수집하여 해당 이미지가 어떠한 사물에 관한 것인지 라벨(label)을 붙인 것이다. 그 이후 다양한 데이터 집합이 공개되어 왔는데, 예를 들어 공개된 이미지 9백만여 건을 포함하고 있는 Open Images 데이터 집합,[11] 구글 스트리트 뷰(Google Street View, GSV) 사진 중 번지 숫자 인식을 위한 Street View House Numbers(SVHN) 데이터 집합,[12]

---

10) 2011년까지 이미지 인식 인공지능은 오류율이 25% 수준이었으나, 딥러닝 기법을 활용한 AlexNet은 16.4%의 오류율을 보이면서 성능을 크게 향상시켰다. 이후 딥러닝 기법을 이용한 인공지능이 다수 개발되어 현재와 같이 높은 수준의 정확도를 달성하게 되었다.
11) https://ai.googleblog.com/2020/02/open-images-v6-now-featuring-localized.html (2021. 11. 14. 방문).
12) http://ufldl.stanford.edu/housenumbers/ (2021. 11. 14. 방문).

의류 사진을 모은 Fashion−MNIST 데이터 집합[13] 등이 있다. 유튜브(YouTube) 등의 영상 데이터 역시 인공지능 개발 초기부터 학습 데이터로 활용되어 왔으며, 앞으로도 주요한 학습 데이터로 활용될 것으로 기대된다.

그런데 학습용 이미지·영상 데이터에는 개인을 식별할 수 있는 정보가 포함되어 있는 경우가 적지 않다. 예컨대 자율주행 인공지능 학습을 위한 주행 영상 데이터 집합에는 보행자 얼굴이 포함되어 있을 수 있다. 이러한 경우 정보주체의 동의 없이 해당 정보를 인공지능 학습에 사용할 수 있는지가 법적 쟁점이 된다. 또한 텍스트 데이터의 사례와 마찬가지로 정보주체로부터 동의를 얻어 수집한 영상 정보에 대해서도 정보주체로부터 동의를 받은 범위가 불명확한 경우, 또는 동의를 받은 목적 이외의 목적으로 활용하기 위해서 가명처리나 익명처리 등 비식별 조치를 취하는 경우를 상정할 수 있다. 이때 어떠한 방법을 적용하여야 적절한 비식별 조치를 취한 것으로 평가받을 수 있는지가 문제된다.

2) 얼굴 인식 이외의 인공지능

학습시키고자 하는 인공지능이 얼굴 인식 자체를 목적으로 하지 않는 경우에는 얼굴을 흐릿하게 변형하는 방식으로 비식별 조치를 취하는 경우가 적지 않다. 이를 흔히 블러링(blurring)이라 한다. 온라인 지도의 로드 뷰(road view) 내지 거리 뷰(street view) 기능을 통해 볼 수 있는 거리 영상에는 얼굴이 블러링되어 있다. 기존에 얼굴을 포함하여 공개된 이미지 데이터 집합 중에는 프라이버시 보호 수

---

13) https://github.com/zalandoresearch/fashion-mnist (2021. 11. 14. 방문).

준을 높이기 위하여 얼굴을 블러링하여 재공개하는 경우도 있다. 가령 ImageNet 데이터 집합은 종래 데이터 집합에 포함되어 있었던 이미지 중 얼굴을 흐릿하게 수정하여 재공개하였다.[14] 법적으로 보면 이는 개인식별정보를 삭제·대체하는 것으로 이해될 수 있다.

다만 얼굴 이외의 정보에 대해서도 비식별 조치를 취해야 하는지, 비식별 조치를 취한다면 그 수준이 어느 정도여야 하는지는 명확하지 않다. 보건의료 데이터 활용 가이드라인(2021)은 단층촬영영상을 통해 체외 실루엣 복원이 가능한 경우 "영상정보 신체의 표면 가장자리(surface boundary)를 삭제하는 소프트웨어를 적용"할 것을 요구하면서 시중에 단층촬영영상 비식별화 솔루션이 다수 판매 중이라고 설명하고 있다.[15] 앞서 본 바와 마찬가지로, 비식별 조치의 필요성 및 그 수준을 결정하기 위해서는 정보주체의 프라이버시 보호 기대를 고려할 필요가 있을 것이다.

3) 얼굴 인식 인공지능

얼굴 인식 인공지능은 크게 4가지로 구분할 수 있다. 우선 ① 영상 중 얼굴을 탐지해 내는 것이다(얼굴 탐지, face detection). 이러한 기술은 얼굴에 대해 비식별 조치를 하기 위해 얼굴을 찾거나, 카메라가 사람 얼굴에 자동적으로 초점을 맞추거나, 영상 속의 사람 수를 헤아리는 등의 목적으로 사용된다. 얼굴 탐지 기술은 개인식별정보를 직접적으로 활용하는 것이 아니므로 여러 얼굴 인식 기술 중 상대적으로 위험성이 낮은 것으로 평가된다.

---

14) Kaiyu Yang, et al., "A study of face obfuscation in imagenet", arXiv preprint arXiv:2103.06191 (2021).
15) 보건의료 데이터 활용 가이드라인(2021), 17면.

다음으로 ② 얼굴로부터 개인의 특징을 추출해 내는 경우가 있다(얼굴 특징 추출, facial characterization). 이는 얼굴 영상으로부터 성별, 연령, 감정을 프로파일링(profiling)해 내는 것이다. 예컨대 화상 대화 앱의 이용자 중 미성년자를 필터링하는 경우에 이용될 수 있다. 다만 얼굴을 통한 감정 인식 등의 경우에는 과학적으로 검증되지 않은 가정에 기반하고 있고, 기술적으로 정확도가 높지 않다는 비판도 제기된다.[16] 한편, 얼굴 영상으로부터 개인의 특징을 추출하는 것은 GDPR에 따른 프로파일링에 해당할 여지가 있으므로, 해당 프로파일링 사실에 대한 고지 및 동의가 필요할 수 있다(GDPR 제4조 제4항, 전문 제72항 등 참조).

또한 ③ 얼굴 인식 인공지능을 통해 사전 등록된 개인 해당 여부를 검증하는 경우가 있다(얼굴 검증, facial verification). 이를 일대일 매칭(1:1 matching)이라고도 한다. 얼굴 검증 기능을 이용하여 휴대전화나 노트북의 잠금을 해제하는 경우가 대표적이다. 이는 지문 인식과 유사하게 얼굴의 특징점에 기반하여 사전 등록된 개인 해당 여부를 판단하는 것이다. 일대일 매칭의 경우는 기술 정확도가 상대적으로 높은 것으로 알려져 있다.[17]

마지막으로 ④ 얼굴 인식을 통해 불상의 사람이 누구인지를 결정하는 경우가 있다(얼굴 식별, facial identification). 이러한 작업을 수행하기 위해서는 다수의 얼굴의 특징을 수집한 기존 데이터베이스

---

16) Evan Selinger/Brenda Leong, "The ethics of facial recognition technology", Forthcoming in The Oxford Handbook of Digital Ethics ed. Carissa Véliz (2021).
17) 예컨대, 애플은 iOS에 적용된 페이스 아이디(FaceID) 기술이 이용자를 잘못 인식할 확률은 약 백만분의 일이라고 설명하고 있다. https://support.apple.com/en-us/HT208108 (2021. 11. 14. 방문).

를 구축하고, 그 데이터베이스 중에서 누구에 해당하는지를 찾아내
는 작업을 거쳐야 한다. 이에 이를 일대다 매칭(1:N matching)이라고
도 부른다. 이는 특히 경찰 등 수사기관이 실종자나 범죄 용의자를
찾는 데 활용될 수 있다.

이처럼 얼굴 인식 인공지능은 여러 층위로 존재하는데, 그중 얼
굴 식별 등의 생체인식(biometric) 인공지능은 대량 감시 목적으로
활용될 수 있다는 점에서 특별한 주의 대상이 되고 있다. 예를 들어
EU 집행위원회가 2021년 4월 발표한 인공지능 규제 프레임워크 법
안(Regulatory framework proposal on Artificial Intelligence)은 공중이
접근 가능한 장소에서 법 집행을 위한 목적으로 '실시간' 원격 생체
인식 시스템을 사용하는 것을 원칙적으로 금지하고 있다. 다만, 미
아 찾기, 테러 공격 예방, 중대 범죄자 탐지 등을 위한 경우 사법기
관 또는 독립적 행정기관의 승인을 얻어 사용할 수 있는 것으로 제
한하고 있다. 그 이외의 목적으로 원격 생체인식 시스템을 사용하는
경우는 '고위험' 인공지능으로 분류되어 여러 규제를 준수할 것을
요구하고 있다.[18] 위 법안은 아직 제안 단계이므로 향후 입법 경과
를 주시할 필요가 있다.

한편, 정보주체가 온라인에 게시한 얼굴 사진이나 영상을 이용
하여 얼굴 식별 인공지능을 학습시킬 수 있는지 문제된다. 미국 스
타트업인 Clearview AI는 페이스북(Facebook), 유튜브, 기타 웹사이
트로부터 추출한 30억여 장의 이미지를 이용하여 개인을 식별할 수

---

18) European Commission, "Proposal for a Regulation of the European Parliament
and of the Council Laying down Harmonised Rules on Artificial Intelligence
(Artificial Intelligence Act) and Amending Certain Union Legislative Acts"
(2021).

있는 인공지능을 개발하였다.[19] 해당 소프트웨어가 경찰 기타 공공
기관에 의해 활용되고 있다는 사실이 드러나면서 다수의 소가 제기
되었다. 본 장 2.에서 살펴볼 우리 대법원 판례에 비추어 보면, 국내
에서 유사 사례가 발생할 경우 결국 정보주체가 공개한 사진·영상
을 얼굴 인식 인공지능 학습에 사용하는 것이 '정보주체의 동의가
있었다고 객관적으로 인정되는 범위'에 포함되는지 여부가 쟁점이
될 수 있다. 특히 이러한 사진·영상 정보가 위의 여러 얼굴 인식 기
술 중 얼굴 식별 인공지능의 학습에 이용되는 경우, 무엇보다도 해
당 사진·영상을 업로드한 개인을 식별해 낼 수 있는 경우에는 논란
이 될 여지가 크다.

라. 인공지능에 의한 개인정보 재식별 위험

인공지능 학습은 데이터를 활용하여 인공지능 내부의 매개변수
(가령 인공신경망 내의 인공뉴런 간의 연결 강도 등)를 업데이트하는 방
식으로 이루어진다. 데이터를 이용하여 결정된 매개변수 자체는 인
간이 곧바로 이해하기 어려운 일련의 숫자로 표시된다. 따라서 일단
인공지능 학습이 완료되고, 학습된 인공지능 모델만 존재하는 경우
에는 더 이상 개인정보 침해 위험이 크지 않은 것으로 여겨져 왔다.

하지만 최근 학습된 인공지능으로부터 개인정보를 역으로 추출
하는 공격이 가능하다는 연구가 이루어지고 있다. 이처럼 학습이 완
료된 인공지능 모델로부터 개인정보를 역으로 찾아내는 공격을 모
델 전도 공격(model inversion attack)이라고 한다. 예를 들어 의사에

---

19) Kashmir Hill, "The secretive company that might end privacy as we know it",
The New York Times, (2020. 1. 18.) https://www.nytimes.com/2020/01/18/
technology/clearview-privacy-facial-recognition.html (2021. 11. 14. 방문).

게 약물 투여량을 추천하는 인공지능을 가정해 보자. 해당 인공지능은 환자의 특징정보(A)와 질환 정보(B)를 이용하여 약물 투여량(C)을 예측한다. 만약 어떤 공격자가 특정 환자의 특징정보(A)에 대한 배경 지식을 갖고 있지만, 해당 환자의 질환 정보(B)는 알지 못하고, 다만 해당 인공지능이 예측한 약물 투여량(C) 정보를 알고 있다고 하자. 이 경우 만일 공격자가 해당 인공지능 모델에 접근할 수 있다고 하면, 모델 전도 공격을 수행하여 환자의 특징정보(A)와 인공지능 모델 출력값(C)으로부터 역으로 환자의 질환 정보(B)를 추론하는 것이 가능할 수 있다. 이처럼 인공지능 모델을 이용하여 공격자가 알지 못했던 정보를 추가로 획득해 낼 수 있게 되는 것이다.

　최근 연구는 보다 정교한 모델 전도 공격이 가능함을 보여주고 있다. 예를 들어 인공지능 얼굴 인식 인공지능의 출력값을 잘 활용하면 학습 데이터로 사용된 원본 이미지를 실제와 상당히 유사하게 재생성하는 것이 가능하다.[20] 모델 전도 공격자는 다수의 얼굴 이미지를 임의로 생성한 다음, 해당 인공지능이 출력하는 값이 공격 대상 이미지의 출력값에 가까워지도록 해당 얼굴 이미지를 수정하는 방식으로 원본 학습 데이터를 실제와 유사하게 복원해 낼 수 있음을 이 연구는 보여주었다. 다만 공격 가능성이 얼마나 현실화될 수 있는지, 현실화될 경우 구체적으로 어떠한 위험이 초래될 수 있는지는 아직 명확하지 않은 것으로 보인다.

　다른 한편, 챗봇 등 작문 기능을 수행하는 인공지능의 경우 학습 데이터에 포함된 개인정보를 재생성해 낼 위험성이 있다는 연구도

---

20) Ziqi Yang/Ee-Chien Chang/Zhenkai Liang, "Adversarial neural network inversion via auxiliary knowledge alignment", arXiv preprint arXiv:1902.08552 (2019).

있다. 특히 작문을 위해 주로 사용되는 언어모형이 학습 데이터를 그대로 암기한 다음 동일한 문장을 그대로 생성해 내는 경우가 있다는 점이 밝혀졌다. 이 경우 공격자가 적절한 맥락 텍스트를 입력할 경우 암기된 학습 데이터를 추출해내는 것이 가능하다. 2020년에 발표된 한 연구에 따르면, OpenAI의 GPT-2 언어모형 인공지능이 생성한 문장 60만 건 중 최소한 604건(0.1%)이 암기된 학습 데이터에 해당하고, 그중 46건은 개인 이름, 32건은 주소, 이메일, 전화번호, 트위터 아이디 등 개인정보를 포함한다고 한다.[21]

이처럼 개인정보를 이용하여 학습된 인공지능에 의해 원본 개인정보가 복원 내지 재생성되는 것은 당초 정보주체가 예상하지 못했던 것일 수 있다. 그 결과 공개된 개인정보를 이용한 경우이든, 정보주체의 동의를 얻어 활용하는 경우이든 적법한 근거를 갖춘 개인정보의 이용에 해당하지 않게 될 위험이 있게 된다. 이를 막기 위해서는 인공지능 학습 시 가급적 개인식별정보를 삭제 또는 대체하는 등으로 비식별 조치를 취하는 것이 필요할 수 있다. 물론 기술변화를 고려하여 법제도는 어떻게 변화해야 하는지에 대한 추가적 논의도 필요하다.

마. 클라우드 환경과 비식별화 파이프라인의 구축

최근의 인공지능 개발은 많은 경우 클라우드 환경을 통해서 이루어진다. 인공지능 학습에 대용량의 연산 자원이 소요되면서 점차 개별 개발자나 연구자가 스스로 학습용 장비를 갖추는 것이 어려워

---

21) Nicholas Carlini et al., "Extracting Training Data from Large Language Models" (2020).

지고 있기 때문이다. 이에 여러 클라우드 서비스가 인공지능 학습을 위한 환경을 제공하고 있다. 클라우드 서비스로부터 단순히 인공지능 학습용 서버 하드웨어를 제공받아 이용하는 경우도 있으나, 최근 들어 클라우드 서비스들은 대용량 정보 처리를 보조하기 위한 다양한 기능을 제공하는 등 그 기능을 확장해 나가고 있다.

예를 들어 아마존이나 구글과 같은 해외 클라우드 서비스나 네이버와 같은 국내 클라우드 서비스는 이미 학습된 인공지능 모델을 제공하고 API(application programming interface) 호출을 통해 이를 이용할 수 있는 기능을 제공하고 있다. 이러한 서비스는 인공지능을 통한 이미지 인식, 음성 인식, 자연어 처리, 기계 번역 등의 기능을 제공한다. 나아가 비정형 데이터로부터 정보를 추출하는 기능 등을 제공하는 경우도 있다. 예를 들어 해외 의료기관을 대상으로 한 클라우드 서비스 중에는 의료기록 중 자유입력 텍스트로부터 환자 상태, 투약, 복용량, 검사, 치료 및 시술 등의 정보를 자동으로 추출하는 기능 등을 제공하는 것이 있다.22) 이 경우 의료기관은 의료기록 분석 인공지능을 구축하는데 있어 해당 클라우드 서비스를 활용할 수 있다.

개인정보를 더욱 안전하게 보호할 목적으로 클라우드 서비스를 활용할 여지도 있다. 클라우드 서비스 제공자는 새로운 보안 위협을 지속적으로 모니터링하고 현존하는 최선의 보안 기술을 적용하는데 있어 일반적인 개인정보처리자보다 우위에 있는 경우가 많다. 따라서 개인정보처리자가 자체적으로 서버를 구축하고 개인정보를 관리하는 경우에 비해 클라우드 서비스를 활용하는 것이 보안상 유리

---

22) https://aws.amazon.com/ko/comprehend/medical/ (2021. 11. 14. 방문).

할 수 있다. 뿐만 아니라 클라우드 서비스 중에는 개인정보를 발견하고, 이에 대한 비식별 조치를 취하는 기능을 제공하는 것도 있다.[23] 따라서 비식별 조치 솔루션을 별도로 구매하여 활용하는 대신, 클라우드 서비스가 제공하는 기능을 통해 곧바로 비식별 조치를 수행하는 것도 점차 가능해지고 있다.

한편, 실무상으로는 이용자에게 실제 서비스를 제공하는 서버와 개발에 사용되는 서버 환경이 구분되는 경우가 많다.[24] 서비스용 서버에 저장된 데이터에 개발 부서가 곧바로 접근할 경우 서비스에 지장이 초래될 가능성이 있기 때문이다. 따라서 선별적으로 또는 주기적으로 서비스용 서버에서 전부 또는 일부 샘플링된 데이터를 개발용 서버로 이전하는 작업이 이루어진다. 이러한 상황에 활용될 수 있도록 클라우드 서비스는 여러 서버 간 데이터 이전을 가능하게 하는 기능을 제공하고 있다.[25] 그런데 개발 부서는 이용자에 관한 원본 정보 자체에 접근할 필요가 없는 경우가 많으므로, 서비스용 서버에서 개발용 서버로 데이터를 이전하는 단계에서 일반적으로 비식별 조치(주로 가명처리)를 취함이 바람직하다. 나아가 이러한 데이터 이전 단계에 비식별 조치를 취하는 과정을 포함시킴으로써 비식별 조치가 자동적으로 이루어질 수 있는 시스템을 구축하는 것이 바람직하다. 이러한 작업을 '비식별 조치 파이프라인'이라고 표현할 수 있다. 다만 개발용 서버에 저장된 데이터에 비식별 조치가 취해져

---

23) https://aws.amazon.com/ko/blogs/machine-learning/identifying-and-working-with-sensitive-healthcare-data-with-amazon-comprehend-medical/ (2021. 11. 14. 방문).
24) 실무상 서버를 나누어 용도별로 접근권한을 달리 부여하는 것은 클라우드 이용 여부와 무관하게 나타나는 현상이다.
25) 대표적으로 구글 BigQuery가 이러한 기능을 제공한다.

있다고 하더라도, 만약 개발자들이 손쉽게 서비스용 서버에 접근하여 원본 정보를 확보할 수 있다면 위 비식별 조치가 무의미하게 될 우려가 있다. 따라서 앞서 제2장 4.에서 관리적 보호조치에 대하여 살펴본 바와 같이, 개발자들이 서비스용 서버에 곧바로 접근할 수 없도록 접근권한을 적절히 분리·통제할 필요가 있다.

2. 공개된 개인정보의 활용

앞서 설명한 바와 같이 공개된 개인정보는 인공지능 학습을 위해 빈번하게 활용되고 있다. 특히 인공지능 학습에 소요되는 대용량의 학습 데이터는 많은 경우 웹 크롤링 기법을 통해 수집되고 있고, 그 결과 수집된 데이터에는 개인정보가 포함된 경우가 많다. 이에 관하여 제기되는 개인정보 보호법상 쟁점은 공개된 개인정보를 이용할 수 있는지 여부, 그리고 가능하다면 그 허용범위가 어디까지인지 등이다.[26] 결론적으로는 대법원과 다수의 학설이 공개된 개인정보를 정보주체의 동의 없이 이용할 수 있는 가능성을 인정하고 있으나, 그 허용범위와 조건을 둘러싸고는 이견이 있다.

대법원은 법률정보 제공회사인 로앤비가 교수의 프로필을 학교 홈페이지로부터 수집하여 자사 유료서비스로 제공한 사안(이른바 '로

[26] 저작권법에 따른 쟁점도 제기된다. 예로 든 웹 크롤링의 경우 웹 검색을 통해 인터넷상 게시글 등을 수집하게 되는데, 인터넷에 게시되어 있는 표현은 인간의 사상 또는 감정을 반영하여 창작된 것일 경우 우리 저작권법이 보호하는 '저작물(저작권법 제2조 제1호)'에 해당할 수 있기 때문이다. 이를 두고 미국에서는 공정이용(fair use) 법리로 대처하려는 논의가 전개되고 있으며, 일본에서는 저작권법 제30조의4(저작물에 표현된 사상 또는 감정의 향수를 목적으로 하지 않는 이용)를 도입하여 이에 대처하고 있다. 차상육, "인공지능 창작물의 저작권법상 보호 쟁점에 대한 개정방안에 관한 연구", 계간 저작권 제33권 제1호(2020), 14면.

앤비 사건')에서, 이미 공개된 개인정보를 정보주체의 동의가 있었다고 객관적으로 인정되는 범위 내에서 수집·이용·제공 등 처리를 할 때는 정보주체의 별도의 동의는 불필요하다고 판시하였다.[27) 대법원은 그 근거로 ① 개인정보보호법은 개인정보처리자의 개인정보 수집·이용(제15조)과 제3자 제공(제17조)에 원칙적으로 정보주체의 동의가 필요하다고 규정하면서도, 그 대상이 되는 개인정보를 공개된 것과 공개되지 아니한 것으로 나누어 달리 규율하고 있지는 아니한 점, ② 정보주체가 직접 또는 제3자를 통하여 이미 공개한 개인정보는 그 공개 당시 정보주체가 자신의 개인정보에 대한 수집이나 제3자 제공 등의 처리에 대하여 일정한 범위 내에서 동의를 하였다고 할 것이므로, 이와 같이 공개된 개인정보를 객관적으로 보아 정보주체가 동의한 범위 내에서 처리하는 것으로 평가할 수 있는 경우에도 그 동의의 범위가 외부에 표시되지 아니하였다는 이유만으로 또다시 정보주체의 별도의 동의를 받을 것을 요구한다면 이는 정보주체의 공개의사에도 부합하지 아니하거니와 정보주체나 개인정보처리자에게 무의미한 동의절차를 밟기 위한 비용만을 부담시키는 결과가 되는 점, ③ 공개된 개인정보에 대한 정보주체의 개인정보자기결정권은 개인정보 보호법 제20조(정보주체 이외로부터 수집한 개인정보의 수집 출처 등 고지)와 같은 사후통제에 의하여 보호받게 되는 점을 각 제시하였다.

이때 대법원은 정보주체의 동의가 있었다고 객관적으로 인정되는 범위 내인지 여부를 판단함에 있어서 ① 공개된 개인정보의 성격, ② 공개의 형태와 대상 범위, ③ 그로부터 추단되는 정보주체의

---

27) 대법원 2016. 8. 17. 선고 2014다235080 판결.

공개 의도 내지 목적뿐만 아니라, ④ 정보처리자의 정보제공 등 처리의 형태와 정보제공으로 공개의 대상범위가 원래의 것과 달라졌는지, ⑤ 정보제공이 정보주체의 원래 공개 목적과 상당한 관련성이 있는지, ⑥ 정보처리자의 새로운 정보제공 행위로 인해 개인정보에 대한 인식 범위가 정보주체의 당초 공개 시점과 달라졌는지 등을 고려대상으로 삼았다.

위 판결 이전에도 공개된 개인정보 또한 개인정보자기결정권의 대상임을 인정하였던 판례들이 있었으나,[28] 공개된 개인정보를 정보주체의 동의 없이 처리하는 행위가 개인정보자기결정권을 침해하는지 여부에 대한 판단기준을 제시한 것은 위 판결이 최초인 것으로 보인다.[29] 이는 일반적으로 접근 가능한 개인정보의 처리에 이익형량을 적용한 기존 대법원 판례의 입장[30]을 재확인하면서도 한층 진전시킨 것이다. 개인정보자기결정권은 헌법에 의해 보호되는 기본

<hr>

28) 대법원 2016. 3. 10. 선고 2012다105482 판결(개인정보는 … [중략] … 반드시 개인의 내밀한 영역에 속하는 정보에 국한되지 않고 공적 생활에서 형성되었거나 이미 공개된 개인정보까지도 포함한다); 헌법재판소 2005. 7. 21. 선고 2003헌마282, 425(병합) 전원재판부 결정(개인정보자기결정권의 보호대상이 되는 개인정보는 개인의 신체, 신념, 사회적 지위, 신분 등과 같이 개인의 인격주체성을 특징짓는 사항으로서 그 개인의 동일성을 식별할 수 있게 하는 일체의 정보라고 할 수 있고, 반드시 개인의 내밀한 영역이나 사사(私事)의 영역에 속하는 정보에 국한되지 않고 공적 생활에서 형성되었거나 이미 공개된 개인정보까지 포함한다) 등 참조.
29) 김민중, "공개된 사진, 성명, 성별, 출생연도, 직업, 직장, 학력, 경력 등을 동의 없이 수집·제공한 행위에 대한 책임", 동북아법연구 제10권 제2호(2016), 592면.
30) 대법원 2011. 9. 2. 선고 2008다42430 전원합의체 판결(이른바 '로마켓 사건')은 "정보주체의 동의 없이 개인정보를 공개함으로써 침해되는 인격적 법익과 정보주체의 동의 없이 자유롭게 개인정보를 공개하는 표현행위로서 보호받을 수 있는 법적 이익이 하나의 법률관계를 둘러싸고 충돌하는 경우에는, 개인이 공적인 존재인지 여부, 개인정보의 공공성 및 공익성, 개인정보 수집의 목적·절차·이용형태의 상당성, 개인정보 이용의 필요성, 개인정보 이용으로 인해 침해되는 이익의 성질 및 내용 등의 여러 사정을 종합적으로 고려하여 개인정보의 비공개이익과 공개이익 중 어느 쪽이 더 우월한지 여부에 따라 위법성을 판단하여야 한다"고 판시하였다.

권으로서 일반적인 이익형량(헌법 제37조 제2항)의 대상이 되기 때문
이다.

한편 신용정보법은 신용정보회사 등이 개인신용정보를 수집하는
때 해당 신용정보주체의 동의를 받아야 함을 원칙으로 하면서도(동
법 제15조 제2항 본문), "신용정보주체가 스스로 사회관계망서비스 등
에 직접 또는 제3자를 통하여 공개한 정보"의 경우에는 동의를 요하
지 않음을 명시하여(동항 단서 및 제2호 다목) 이를 입법적으로 반영
하였다. 이때 위 예외는 "대통령령으로 정하는 바에 따라 해당 신용
정보주체의 동의가 있었다고 객관적으로 인정되는 범위 내로 한정"
되는데(동목 제2문), 신용정보법 시행령 제13조는 공개된 개인정보의
성격, 공개의 형태, 대상 범위(제1호), 제1호로부터 추단되는 신용정
보주체의 공개 의도 및 목적(제2호), 신용정보회사등의 개인정보 처
리의 형태(제3호), 수집 목적이 신용정보주체의 원래의 공개 목적과
상당한 관련성이 있는지 여부(제4호), 정보 제공으로 인하여 공개의
대상 범위가 원래의 것과 달라졌는지 여부(제5호), 개인정보의 성질
및 가치와 이를 활용해야 할 사회·경제적 필요성(제6호)을 그 고려
요소로 제시하고 있다.

3. 블록체인 데이터와 비식별 조치

블록체인(blockchain)은 합의된 알고리즘에 따라 데이터를 여러
컴퓨터에 저장하는 기술이다. 블록체인은 네트워크 참가자의 성격
에 따라 크게 ① 누구나 접근할 수 있는 퍼블릭 블록체인(public
blockchain), ② 단일한 운영주체 이외에는 아무도 접근할 수 없는

프라이빗 블록체인(private blockchain), ③ 복수의 운영주체만 접근할 수 있는 컨소시엄 블록체인(consortium blockchain)의 세 가지로 구분된다. 개인정보의 맥락에서 문제되는 블록체인은 주로 퍼블릭 블록체인이다. 프라이빗 블록체인 및 컨소시엄 블록체인상 정보에 대하여는 네트워크 참가자가 특정되어 있으므로, 블록을 생성하고 운영하는 과정에서 개인정보 보호규제의 수범자인 개인정보처리자가 누구인지 상대적으로 명확하기 때문이다. 반면 퍼블릭 블록체인에는 특정한 운영주체가 존재하는 것이 아니라 블록체인 참여자 전원이 블록의 생성과 저장에 관여하므로 누가 개인정보처리자인지 여부가 명확하지 않을 수 있다.

　생성된 블록에 저장된 데이터를 통해 특정한 정보주체를 식별할 수 있다면 이는 원칙적으로 그의 개인정보에 해당할 수 있다. 하지만 블록체인에 저장된 정보가 개인정보인지 여부를 판단함에 있어서는 블록체인 네트워크 안(이하 '온체인(on-chain)'이라 한다)에 저장되어 있는 정보와 블록체인 네트워크 밖(이하 '오프체인(off-chain)'이라 한다)에 저장되어 있는 정보를 서로 구분할 필요가 있다. 만일 오프체인 정보가 개인정보라면 그와 연결되어 있는 온체인 정보는 개인정보에 해당된다고 볼 여지가 있다.[31] 온체인 정보가 오프체인 정보와 연결될 가능성이 있으므로, 다른 정보와 결합하여 특정 개인을 식별될 가능성을 고려해야 하기 때문이다.

　하지만 블록체인 내에 저장되는 온체인 정보를 '가명정보'로 평가하는 데는 해석상 어려움이 따른다. 일반적으로 온체인으로 저장

---

31) Michèle Finck, "Blockchains and Data Protection in the European Union", EDPL (2018), p. 22.

되는 이용자의 공개키값이나 오프체인 데이터에 대한 해시값은 '가명'에 해당하는 성격을 갖고 있기는 하지만, 그와 동시에 우리나라법에 나타나는 가명정보의 정의 규정과 부합하지 않는 측면이 있기때문이다. 개인정보 보호법상 가명정보란 '개인정보를 가명처리함으로써' 원래의 상태로 복원하기 위한 추가 정보의 사용·결합 없이는특정 개인을 알아볼 수 없는 정보인데(동법 제2조 제1호 다목), 블록체인상의 온체인 정보는 그 자체로 가명의 성격을 갖는 것이지, 개인정보인 오프체인 정보에 가명처리 기법을 적용함으로써 생성된정보가 아닌 것이 보통이다.

만일 온체인 정보가 가명정보가 아니라고 전제한다면, 그 법적성격을 어떻게 파악해야 할지 문제된다. 개인정보 보호법상의 구분체계에 따르면 정보는 ① 가명정보가 아닌 개인정보, ② 가명정보, ③ 익명정보 중 하나에 해당할 수밖에 없는데, 만약 온체인 정보가가명정보가 아니라면 이는 ① 가명정보가 아닌 개인정보이거나③ 익명정보에 해당해야 한다. 그런데 익명정보는 시간·비용·기술등을 합리적으로 고려할 때 다른 정보를 사용하여도 더 이상 개인을알아볼 수 없는 정보이므로(개인정보 보호법 제58조의2), 결국 온체인정보는 '시간·비용·기술 등을 합리적으로 고려할 때 다른 정보를사용하여도 더 이상 개인을 알아볼 수 없는지 여부'에 따라 ① 가명정보가 아닌 개인정보 또는 ③ 익명정보로 분류되어야 할 것이다.즉, 온체인 정보의 법적 성격은 개별 사안별로 구체적 사정에 비추어 달리 판단되어야 한다.

한편, 스마트계약(smart contract)[32] 기능이 있는 블록체인의 경우

---

32) 스마트계약이란, 분산원장기술(distributed ledger technology, DLT)을 기반으로

각종 텍스트를 거래과정에서 형성되는 트랜젝션 데이터에 임의로 첨부할 수 있다는 점에서, 첨부된 메시지가 개인정보인지 여부가 문제될 수 있다. 가령 이더리움(Ethereum) 블록체인 네트워크에서는 거래과정에서 형성되는 데이터에 코딩을 함으로써 원하는 텍스트를 임의로 첨부할 수 있다. 이때 첨부 대상이 되는 메시지에 개인정보가 포함될 가능성이 있다. 이러한 경우 정보 보안을 위하여 블록체인 안에는 무결성을 검증할 수 있을 정도의 단서만 남겨두고, 원본 텍스트 데이터는 블록체인 네트워크 밖에 배치하는 방식(off-chain storage)이 주로 활용되는 것으로 보인다.

만일 온체인 정보가 익명정보에 해당하지 않는다면, 블록체인 네트워크의 노드(node)33)들은 개인정보처리자로 해석될 수 있다. 이 경우 네트워크의 개별 노드들은 블록을 생성하고 유지하며 활용하는 일련의 과정에서 원칙적으로 정보주체의 동의를 받아야 한다. 반면, 만약 이러한 온체인 정보가 익명정보일 뿐이라면 더 이상 개인정보 보호법은 적용되지 않는다. 전반적으로 블록체인과 관련된 개인정보 보호 및 비식별 처리에 관한 논의는 아직까지는 상당히 초기 단계에 머물고 있다.

하는 환경에서 일정 조건을 충족시키면 당사자 간에 거래가 자동으로 체결되는 소프트웨어 프로그램을 이용한 계약이다(한국정보통신기술협회 정보통신용어사전).
33) 노드란, 분산원장 네트워크의 구성 요소로서 원장을 생성하고 저장하는 참여자 서버이다. 분산원장 네트워크에서 노드는 다른 노드들과 통신하면서 분산원장에 포함될 새로운 기록을 검증하고 합의에 참여한다. 그렇게 합의된 새로운 기록을 원장에 추가하여 저장한다. 그럼으로써 노드는 분산원장을 생성, 유지, 저장하는 기능을 수행하며, 이용자들이 분산원장을 이용할 수 있게 제공한다(한국정보통신기술협회 정보통신용어사전).

제5장

비식별 기술의 미래:
차분 프라이버시, 연합학습,
재현 데이터

프라이버시 보호 분야의 연구자들은 오래전부터 정보주체의 프라이버시를 충분히 보호하면서도 개인정보를 통하여 유용한 가치를 도출하기 위한 방법론을 마련하는 것에 관심을 가져 왔다.[1] 지금으로부터 40여 년 전인 1978년에도, 컴퓨터의 활용도가 증대되고 상세한 통계를 요구하는 사례들이 늘어남에 따라 프라이버시에 대한 관심도가 고조되고 있는 중이라는 분석이 있었을 정도이다.[2] 이러한 설명은 프라이버시를 보호하기 위한 여러 기술들이 크게 발전하고 있는 현재에도 여전히 유효하다. 특히 빅데이터 분석, 인공지능 기술 등의 영역에서 프라이버시 보호 기술은 더욱 주목받고 있다. 프라이버시 연구 흐름은 정부기관이나 연구자 등이 통계치나 그 분석 결과를 공표함으로써 발생할 수 있는 프라이버시 침해를 막거나, 프라이버시를 보존하면서도 데이터를 수집, 분석, 공개할 수 있는 여러 방법에 대한 연구로 이어져 왔다.

---

1) 프라이버시 보호는 여러 방면에서 연구되고 있고, 학문 분야마다 약간씩 서로 다른 접근방법을 강조하고 있기도 하다. 통계학에서는 '통계적 노출의 통제(statistical disclosure control)'이나 '통계적 노출의 제한(statistical disclosure limitation)'라는 관점에서의 연구가 상대적으로 많은 한편, 컴퓨터 공학에서는 '프라이버시 보존 데이터 수집(privacy preserving data mining)' 또는 '프라이버시 보존 데이터 공개(privacy preserving data publishing)'의 측면에서 접근하는 것을 더 흔하게 볼 수 있다. 최근에는 다양한 학문 영역에서 다양한 방식의 접근, 그리고 다학제적 (multi-disciplinary) 접근이 더욱 늘어나고 있다.
2) Office of Federal Statistical Policy and Standards, "Report on Statistical Disclosure and Disclosure Avoidance Techniques", U.S. Department of Commerce (1978), pp. 1-2.

본 장에서는 이러한 기법들 중에서 가장 최근의 기술(state-of-the-art)로서 국제적으로 주목받고 있는 차분 프라이버시, 연합학습, 재현 데이터 기술을 차례로 소개한다. 이러한 기법은 오랫동안 연구되어 온 방법을 발전시키고 체계화시킨 것으로 볼 수 있다. 데이터 자체를 일정한 방식에 의해 변화시키거나 또는 데이터를 처리한 결과값을 바꾸어 제3자에게 제공하는 데이터 변조 기법(perturbation)이나, 데이터 자체에 직접적으로 접근할 수 없도록 하면서 질의응답을 통해서만 데이터 처리를 할 수 있도록 하는 질의 제한(query set restriction) 방법론 등은 본 장에서 소개하는 기술의 배경에 해당한다.[3] 다만, 기존의 익명처리, 가명처리 등 비식별 조치 기법 등은 개인정보를 포함한 데이터를 변조하여 개인식별에 따른 위험을 낮추는 것에 초점을 맞추고 있었다면, 최근의 기법들은 개인정보를 처리하는 과정 자체에서 프라이버시를 보호하는 기법을 도입하고자 하는 경향을 보인다는 점에서 차별성이 있기도 하다. 이러한 기술적인 동향과 현행 개인정보 보호법의 규율체계 간 정합성이 자연스럽게 확보되는 것은 아니다. 이에 따라, 기술적인 발전과 법제도 간 정합성을 어떻게 확보할 것인지가 매우 중대한 과제로 대두될 전망이다.

1. 차분 프라이버시(Differential Privacy)

개인정보의 처리는 데이터에 대한 일정한 계산 및 추론의 과정

---

3) Nabil R. Adam/John C. Worthmann, "Security-Control Methods for Statistical Databases: A Comparative Study", 21(4) ACM Comput. Surv. 515 (1989), pp. 516-522.

이라고 이해할 수 있다. 추론된 결과는 사회적, 경제적 가치를 도출하기 위한 자료로 활용된다. 다만 개인정보의 처리 과정에서 제3자인 공격자에 의해 정보주체의 프라이버시가 침해될 수 있기에, 이러한 침해 위험을 감소시킬 필요가 있다. 프라이버시 보호는 개인정보의 처리를 통하여 얻을 수 있는 유용한 가치와, 처리 과정에서 침해될 수 있는 인격권 등 정보주체의 권익 사이의 상충관계(trade-off)를 고려함으로써 사회적으로 용인할 수 있는 해법을 찾아가는 과정으로 이해할 수 있다. 다시 말하자면, 개인정보를 활용한 통계적 분석은 수행할 수 있도록 하면서, 동시에 정보주체를 보호하여야 한다는 것이다. 그리고 그 과정에서 상충관계를 고려한 균형적 판단이 필요하다는 것이다.

최근에 프라이버시 보호가 더욱 주목받는 것은 데이터의 수집·보관·이용으로부터 도출되는 사회적·경제적 가치가 이전보다 크게 증가했기 때문이다. 이와 관련하여, GDPR은 기록부(registries)에 기초하여 수행되는 과학적 연구가 지식에 기반한 정책의 실현과 삶의 질, 그리고 복지의 제고를 뒷받침하는 견고한 고품질 지식(solid, high-quality knowledge)을 제공할 것이라 하였다(전문 제157항).

이하에서는 프라이버시 보호와 관련된 최근의 기술적 성과들 중 가장 주목받는 것으로서, 프라이버시 보호의 의미를 수학적으로 정의한 개념인 차분 프라이버시(differential privacy)를 살펴본다.[4] 차분 프라이버시는 수학적으로 담보된 일정한 수준의 프라이버시 보호

---

4) 이 용어는 암호학 연구자들이 '차분공격'이라고 번역하는 'differential cryptanalysis'로부터 유래된 것으로 보인다. 따라서 differential privacy를 '차분 프라이버시'라고 번역함이 적절할 것으로 보인다. 현실적으로는 '차분' 또는 '차등' 프라이버시로 지칭하는 경우들을 모두 발견할 수 있다.

('formal privacy')를 제공할 수 있는 다양한 알고리즘을 포괄할 수 있다. 즉, 차분 프라이버시는 일종의 기준으로서, 이를 만족하는 기법들은 '차분적 프라이버시 보호를 제공한다(differentially private)'고 평가된다.[5]

차분 프라이버시 개념은 통계학, 컴퓨터공학 연구자들의 상당한 관심을 이끌었다. 미국의 경우 인구조사국(United States Census Bureau)이 2020년도 인구조사부터 강화된 프라이버시 보호를 위하여 차분 프라이버시를 적용할 것임을 공표한 이후로 차분 프라이버시에 대한 관심이 긍정적 측면에서든 부정적 측면에서든 크게 확대되었고, 법률가들도 그 법적 쟁점을 논의하고 있다.[6] 한편 국내에서는 데이터 3법이 개정된 이후로 프라이버시 보호에 관하여서 가명정보 등과 관련된 쟁점이 논의의 중심을 차지하였고, 차분 프라이버시가 논의된 경우는 별로 없었다.

연구자들은 차분 프라이버시는 단순히 새로운 프라이버시 보호의 기법이 아니며, 기술적 관점에서의 프라이버시 보호와 규범적 관점에서의 프라이버시 보호의 의미를 통합시키는 데 그 의의가 있다고 말한다.[7] 프라이버시 보호는 결국 규범과 기술이 서로를 보완하면서 풀어야 할 숙제이므로, 차분 프라이버시를 살펴보는 것은 매우 의미 있는 작업이다.

---

5) Cynthia Dwork, "Differential Privacy", Automata, Languages and Programming, Springer Berlin Heidelberg (2006), pp. 8-12.
6) John M. Abowd, "The U.S. Census Bureau Adopts Differential Privacy", 24th ACM SIGKDD Conference on Knowledge Discovery and Data Mining (2018), pp. 3-6.
7) Kobbi Nissim et al., "Bridging the Gap Between Computer Science and Legal Approaches to Privacy", Harvard Journal of Law & Technology 31(2) (2018), pp. 720-724.

가. 차분 프라이버시의 개념 및 사례

프라이버시 보호와 관련된 국내외 규범은 그 형식상 대체로 '개인정보'의 의미를 우선적으로 정의한 후 그 처리의 원칙과 근거를 정하는 구조를 취한다. 이때 개인정보의 정의는 식별가능성(identifiability), 결합가능성(linkability) 등을 핵심 개념 요소로 한다. 앞서 본 바와 같이, '식별'은 구별할 수 있고 알아볼 수 있는 정보주체의 속성이 존재한다는 것이고, '결합'은 보조정보를 비롯한 부가적 정보가 원래이 정보와 연결될 수 있다는 것이다.[8] 우리 개인정보 보호법의 경우에도 이와 같다(제2조 제1호). 또한 동법은 시간·비용·기술 등을 "합리적"으로 고려할 때 식별이 가능한 정보를 개인정보로 한정하였다(제58조의2). 그러나 동법은 알아본다는 행위의 의미를 구체적으로 명시하지는 않으며, 합리적 고려의 기준을 별도로 제시하지도 않는다. 따라서 실무상 다양한 상황 및 맥락에 따라 개인정보의 의미는 다르게 판단될 수 있다.

Dinur와 Nissim은 2003년도 논문에서, '개인정보'보다도 '프라이버시 보호'의 의미에 집중하여야 한다는 관점을 주장하였다.[9] 이들은, 무엇이 개인정보에 해당하는지 여부는 명확하게 정하기 어려운

---

8) 이와 관련하여, 다소 불명확한 '식별'과 '결합'이라는 요소에 의하여 개인정보가 정의되고 있어 보호의 범위가 불분명해지고, 결국 프라이버시 보호의 범위가 필요 이상으로 넓어지거나 좁아진다는 비판이 제기되기도 한다. Paul M. Schwartz/Daniel J. Solove, "The PII Problem: Privacy and a New Concept of Personally Identifiable Information", N.Y.U. Law Review 86 (2011), pp. 1829-1830.
9) Irit Dinur/Kobbi Nissim, "Revealing Information While Preserving Privacy", In Proceedings of the Twenty-Second ACM SIGMOD-SIGACT-SIGART Symposium on Principles of Database Systems, San Diego, California: ACM Press (2003), pp. 202-210.

반면, 무엇이 프라이버시 침해에 해당하는지 여부는 상대적으로 명
확하다고 한다. 따라서 개인정보의 개념 정의를 두고 논의하는 것은
실익이 많지 않고, 그보다 프라이버시 침해의 의미를 먼저 정의한
후 그것을 어떻게 보호하여야 하는지 고민해 보자는 것이다.

이들의 논의를 구체적으로 살펴보기에 앞서, 차분 프라이버시
논의가 이루어지는 데이터 환경을 생각해 보자. 차분 프라이버시는
일반적으로 개인정보를 보유한 신뢰할 수 있는 큐레이터(trusted
curator)와 데이터 분석가들(data analysts)이 서로 분리된 상황을 전
제로 한다. 데이터 분석가들은 큐레이터가 보유한 개인정보를 열람
할 수는 없으나, 큐레이터에 대하여 자신이 원하는 분석을 요청한
후 그 결과를 확인할 수 있으며(예컨대 "평균을 계산해 주시오"), 그러
한 요청은 내용상으로도, 형식상으로도 무제한으로 이루어질 수 있
다. 차분 프라이버시의 목표는 데이터 분석가들이 무제한으로 수령
한 통계적 분석의 결과로부터 정보주체에 관한 정보를 알아볼 수 없
도록 만드는 것이다.[10] 다시 말하자면, 데이터를 분석하여 얻은 결
과만으로는 특정한 정보주체가 해당 데이터에 포함되어 있는지를
알 수 없고, 정보주체의 민감한 속성도 알 수 없어야 한다는 것이다.

Dinur와 Nissim의 연구는 다음과 같다. 이들은 데이터 분석가들
이 데이터 큐레이터를 통하여 개인정보를 분석한 결과만 확인할 수
있다고 가정하였다. 그리고 데이터 분석가들이 통계적 분석의 결과
로부터 원본 개인정보를 복원할 수 있다면, 프라이버시 침해가 발생
한 것으로 보았다. 이러한 침해의 방식을 '재구성 공격(reconstruction
attack)'이라 한다. 이들은 원본이 재구성되면 정보주체의 민감한 속

---

[10] 직관적으로는 '스무고개' 게임과 유사한 구조를 생각할 수 있다.

성이 그대로 드러날 수 있기 때문에, 이러한 위험을 차단하는 것이 '프라이버시 보호'에 해당한다고 보았다. 데이터 큐레이터는 다양한 기법을 통하여 이러한 위험을 차단할 수 있다. 예컨대, 데이터 분석가들의 요청에 제한을 둘 수 있고(query restriction), 개인정보를 변조한 후 분석을 수행하도록 할 수도 있다.[11]

Dinur와 Nissim이 고려한 기법은 그중에서도 통계적 분석의 결과를 변조한 후, 그에 따른 부정확한 결과값을 데이터 분석가들에게 제공하는 것이었다. 그런데 흥미롭게도, '프라이버시 보호'를 만족시키기 위하여 필요한 변조의 정도가 상당히 높다는 사실이 확인되었다. 달리 말하면, 데이터 분석가들은 정확한 결과가 주어지지 않더라도 재구성 공격을 통하여 원본의 상당한 부분을 복원해 낼 수 있었다. 더욱이 이후의 연구에 의하면, 데이터 전체가 복원되지 않더라도, 특정한 정보주체가 포함된 데이터인지 여부를 확인할 수 있는 이른바 '구성원 공격(membership attack)'은 보다 손쉽게 수행될 수 있다는 것도 확인되었다.[12]

예컨대, 연구자 A와 B가 甲대학교의 연구자라고 하자. 이들은 학생의 개인정보를 포함한 데이터베이스에 접근할 수 있는데, 연구자 A는 2021. 3.경 위 데이터베이스를 이용한 통계를 작성한 후, '甲대학교 2021년도 입학생 인원은 3,005명이고, 이 중 202명은 연간 1억 2천만 원 이상의 소득을 올리는 가구의 구성원'이라는 것을 공개하였다. 한편, 2021. 4.경 甲대학교 학생인 C는 자퇴하였다. 그런데

11) Nabil R. Adam/John C. Worthmann, 앞의 논문, pp. 515-520.
12) Nils Homer et al., "Resolving Individuals Contributing Trace Amounts of DNA to Highly Complex Mixtures Using High-Density SNP Genotyping Microarrays", PLoS genetics 4(8) (2008), pp. 7-9.

이후 2021. 5.경 연구자 B가 위 데이터베이스를 이용한 별도의 연구를 수행한 후, '甲대학교 2021년도 입학생 중 201명은 가구소득이 연간 1억 2천만 원 이상'이라는 내용의 통계를 다시금 발표하였다. 즉, 2021. 4. C가 자퇴함으로써 연구자 A의 결과와 비교하여 가구소득이 1억 2천만 원 이상인 입학생이 한 명 감소한 것이다.

이러한 가상적 상황에 있어, 연구자 A와 B는 각자 정보주체의 식별이 불가한 통계적 정보만을 공개하였다. 따라서 연구자 A와 B가 각각 공개한 통계적 정보 자체만으로는 정보주체의 식별이 불가능하다. 하지만, 만일 2021. 4.경 학생 C가 자퇴했다는 사실을 알고 있는 사람이 있다면, 그는 두 개의 발표를 비교하여 C가 연간 1억 2천만 원 이상의 소득을 올리는 가구의 구성원이라는 사실을 손쉽게 추론해 낼 수 있다.[13] 이처럼 반복적으로 통계적 정보를 공개할 때, 보조정보(auxiliary information)의 내용에 따라서는 데이터베이스에 포함된 정보주체의 프라이버시가 침해될 가능성이 충분히 있다.

이러한 공격의 가능성이 얼마나 현실적인지에 논란이 있는데, 미국 인구조사국은 차분 프라이버시의 도입을 정당화하기 위하여 재구성 공격이 현실적으로 가능할 수 있다는 사실을 실험을 통하여 확인해 주었다. 이들은 '데이터 교환(data swapping)'이라는 기법을 통해 변조된 2010년 인구조사로부터 308,745,583명 중 46%에 달하는 1억 4,200만 명의 개인정보를 부분적으로 복원할 수 있었고, 연령에서의 약간의 오차($\pm$1년)를 허용한다면 71%에 달하는 2억 1,900만 명의 개인정보를 부분적으로 복원할 수 있었다. 이들의 개

---

13) Alexandra Wood et al., "Differential Privacy: A Primer for a Non-Technical Audience", Vanderbilt Journal of Entertainment & Technology Law 21(1) (2018), pp. 227-228.

인정보를 상업적으로 공개된 데이터베이스와 연결하였을 때, 1억 3,800만 명(45%)의 정보가 추정상 재식별(putative re-identification) 되었고, 그중 38%인 5,200만 명의 재식별 결과가 대체적으로 정확 했음이 확인되었다.14)

Dinur와 Nissim의 연구 이후, 일련의 연구자들이 등장하여 프라 이버시 보호의 의미를 수학적으로 정립하기 위한 시도를 하였다.15) Dwork의 연구는 그중에서도 중요한 역할을 하였다. Dwork는 개인 정보의 효용과 보조정보의 가용성 등 개념적 요소를 기초로 프라이 버시 보호의 개념을 정립하여야 한다고 보았다. Dwork이 제시한 사 례는 다음과 같았다. 리투아니아 여성의 평균 신장은 167.5cm이다. 그런데 누군가 '리투아니아 여성인 Terry Gross의 신장이 리투아니 아 여성의 평균보다 5cm 작다'는 사실을 안다면, '리투아니아 여성 의 신장은 평균적으로 167.5cm'라는 통계적 결과만으로 'Terry Gross의 신장은 162.5cm'라는 사실을 손쉽게 추론할 수 있다. 문제 는, 이러한 추론이 '리투아니아 여성의 신장은 평균적으로 167.5cm' 라는 통계적 결과를 도출할 때 Terry Gross의 신장이 포함된 바 없 다고 하여도 여전히 발생한다는 것이다. 이러한 점에서 Terry Gross 의 개인정보는 불가피하게 제3자에게 알려진 것이다.16)

Dwork는 이러한 논의를 전제로, 프라이버시 보호의 수준을 판 단할 수 있는 기준으로서 차분 프라이버시의 정의를 제시하였다. Dwork는 정보주체가 개인정보의 수집에 동의한 경우라고 하더라도

---

14) Michael Hawes, "Title 13, Differential Privacy, and the 2020 Decennial Census", Title 13, Differential Privacy, and the 2020 Decennial Census (2019), pp. 15-16.
15) Kobbi Nissim et al., 앞의 논문, pp. 697-699.
16) Cynthia Dwork, 앞의 논문, pp. 1-8.

수집을 거부한 경우에 준하는 수준의 프라이버시 보호를 받을 수 있다면, 즉 불가피하게 발생할 수밖에 없는 프라이버시 침해를 제외하고 별도의 프라이버시 침해가 없으면 '차분적 프라이버시 보호'가 이루어진 것이라고 보았다.[17)

차분적 프라이버시 보호는 데이터 분석을 통하여 절대로 정보주체의 민감한 속성이 드러날 수 없도록 보장하지는 않는다. 오히려 차분적 프라이버시 보호는 데이터 분석을 통하여 정보주체의 민감한 속성이 추론될 수 있으며, 이로 인해 정보주체의 프라이버시가 침해될 가능성이 있다는 사실을 받아들인다. 다만 차분적 프라이버시 보호는 데이터 분석을 통하여 새로이 학습될 수 있는 속성을 정보주체가 개인정보의 수집을 거부하여도 학습될 수 있는 수준으로 한정시킨다. 즉, 차분적 프라이버시 보호는 특정한 개인에 관한 정보가 수집된다고 하더라도, 그 분석 과정에서의 프라이버시 침해 가능성을 통제함으로써 프라이버시 보호를 제공한다. 특히 일단 차분적 프라이버시 보장이 이루어지면, 수학적으로 데이터 분석가들이 확보할 수 있는 보조정보나 컴퓨팅 자원과 무관하게, 즉, 잠재적으로 가능한 어떠한 공격에 대하여서도 언제나 침해가능성이 제한되므로, 강력한 프라이버시 보호의 수단으로써 활용될 수 있다.

나아가 차분 프라이버시는 다른 사회구성원들이 자발적으로 자신의 개인정보를 제공한 결과 제3의 정보주체에게 프라이버시 침해가 발생할 수 있는 경우를 반영한다. 부모와 자녀와 같은 특수한 관계를 제외하고는 누구라도 타인이 자기 자신의 개인정보를 제공할 것인지 여부를 결정하는 과정에 관여할 권리는 없다. 그로써 정보주

---

17) Cynthia Dwork, 앞의 논문, pp. 8-9.

체 본인에게 프라이버시 침해가 발생한다고 하더라도 사회의 일원으로서 용인할 수밖에 없는 상황이 발생할 수 있다. 차분적 프라이버시 보호는 이러한 상황을 수용하고, 이 경우는 프라이버시 침해가 발생하지 않은 것으로 평가한다.

위의 설명이 어떤 의미를 가지는지를 가상의 예를 통해 생각해 보자. D와 E는 모임에서 만난 사이이고, D는 E가 술을 자주 마신다는 것을 알고 있다고 하자. 이후 D는 E가 乙종합병원에서 수행하는 알코올과 위암 발병률에 관한 연구 프로그램 대상자로 참여하였다는 것을 알게 되었는데, 연구 결과 알코올을 자주 섭취하는 것이 위암 발병률과 양의 상관관계, 다시 말해, 함께 증가하는 관계에 있음이 밝혀졌다. 이로부터 D는 E의 위암 발병률이 높을 것이라고 추측할 수 있다. 이러한 추측은 E의 민감한 속성에 관한 것이다. 그런데 사실은 E가 연구 프로그램 대상자로 참여한 바 없다고 하더라도 알코올과 위암 발병률이 양의 상관관계임이 밝혀졌을 것이므로, 위의 연구 이후 D는 E의 연구 프로그램 참여와는 무관하게 애주가인 E의 위암 발병률이 높을 것이라고 추측할 수 있다. 따라서 위 연구로 인하여 프라이버시 침해가 발생한 것으로 평가하기는 어렵다. 특히 E에게는 다른 사람들에게 위 연구에 참여하지 않을 것을 요구할 권리가 없으며, 오히려 위 연구의 결과는 공중보건 및 E 개인의 건강에 유용한 권고로 이어질 수 있어 사회적으로 권장될 만한 것인 점에 비추어보면 더욱 그러하다.[18]

그렇다면, 차분적 프라이버시 보호를 어떻게 제공할 수 있을까? 앞선 甲대학교의 연구자 A와 B의 이야기로 돌아가 보면, A와 B는

---

18) Alexandra Wood et al., 앞의 논문, pp. 230-231.

정확한 통계 대신 덜 정확한 정보를 공개함으로써 C에 대한 정보가 추론될 위험을 줄일 수 있다. 예를 들어 A와 B가 '202명', '201명'과 같은 정확한 숫자 대신 '약 200명'이라는 덜 정확한 정보를 공개한 다면, C가 2021. 4.경 甲 대학교를 자퇴한 사실이 누군가에게 알려 진다고 하여도 C의 가구소득이 제3자에게 추론될 위험을 피할 수 있다. 결국 덜 정확한 정보를 제공하는 것을 통해, 정확한 정보와 비 슷한 정도로 유용성을 확보하면서 동시에 프라이버시 침해로부터 정보주체를 보호하는 것이 관건이다.[19] 차분적 프라이버시 보호를 제공한다고 알려진 다양한 알고리즘은 얼마나 덜 정확한 정보를 공 개하여야 하는지, 즉 얼마나 큰 잡음(noise)을 포함시켰을 때 정보주 체를 보호할 수 있는지 연구한 결과로 볼 수 있다.

　　Dwork는 차분 프라이버시의 개념을 정의하면서, 프라이버시 보 호의 수준을 수치화하여 'ε'으로 표시할 수 있도록 하였고, 이에 자 신의 개념을 'ε-Differential Privacy'라고 칭하였다.[20] 이를 프라이 버시 예산(privacy budget)이라 부르기도 하는데, 한마디로 말한다면, ε-Differential Privacy는 프라이버시 보호의 수준을 상수 ε의 값에 의해 정하는 것이다. ε이 낮을수록 정보주체는 개인정보의 수집을 거부한 경우에 준하는 보호를 받는다. 프라이버시 보호가 대단히 중 요하다면 매우 낮은 ε을 정할 수 있다.

　　실무상 차분적 프라이버시 보호를 적용함에 있어 어떤 기준으로 ε을 정할 것인지는 매우 중요하다. 또한 투명성을 위해 이를 공개할 것인지도 문제된다. 이와 관련하여, ε이 공개된다 하더라도 그 자체

---

19) Alexandra Wood et al., 앞의 논문, p. 229.
20) Cynthia Dwork, 앞의 논문, pp. 8-9.

로 프라이버시 보호에 영향이 없으니 투명성과 정당성을 확보하기 위해 이를 공개하는 것이 타당함을 주장하는 시각이 유력하지만,[21] ε이 공개되면 이를 둘러싸고 불필요한 논란들이 발생할 수 있는 것도 사실이다. ε을 결정하는 것은 앞서 말한 '상충관계'에서 균형점을 발견하는 일종의 사회적 선택의 문제(social choice problem)에 해당하므로, 미리 정하여진 정답이 있다고 보기는 어렵다. ε을 정하는 데 있어 법경제학이나 공공경제학의 분석 틀이 논의되는 것은 이러한 이유에서다. 예를 들어, Abowd와 Schmutte는 ε을 정하는 데 있어 '데이터의 정확성에 대한 지불의사(willingness to pay for data accuracy with increased privacy loss)'로 최적의 해법을 발견할 수 있음을 보였다.[22]

　　지금까지의 논의는 신뢰할 수 있는 데이터 큐레이터의 존재를 전제하였다. 그런데 만약 데이터 큐레이터도 신뢰할 수 없어, 애초에 개인정보가 수집될 때부터 프라이버시 침해로부터 보호받고자 한다면 정보주체는 어떻게 하여야 하는가? 흥미롭게도, 다음의 단순한 방법으로도 정보주체가 자신을 보호할 수 있다는 사실이 오래전부터 연구되었다. 예를 들어, 누군가 "당신은 A질환을 앓고 있습니까?"라고 묻는다면, 정보주체는 답을 하기에 앞서 동전을 던진다. 앞면이 나오면 솔직히 답한다. 뒷면이 나오면, 한번 다시 던져 앞면이 나오면 "예", 뒷면이 나오면 "아니오"라고 답한다. 이렇게 한다면,

---

21) Cynthia Dwork et al., "Differential Privacy in Practice: Expose your Epsilons!", Journal of Privacy and Confidentiality 9(2) (2019), pp. 13-15.

22) John M. Abowd/Ian M. Schmutte, "An economic analysis of privacy protection and statistical accuracy as social choices", American Economic Review 109(1) (2019), pp. 194-197.

정보주체가 "예"라고 답하였다고 하여도, 큐레이터는 그것이 우연의 결과인 것인지, 아니면 정말로 그러한 것인지 곧바로 알 수 없다. 그럼에도 불구하고, 큐레이터는 A질환이 발생할 확률은 추정할 수 있는데, "예"라고 대답한 정보주체의 비율은 통계적으로 A질환 발생 확률의 절반에 25%를 더한 것이기 때문이다.[23]

차분 프라이버시의 연구자들은 이러한 유형의 기법을 지역적 모델(local model)이라고 칭한다. 지역적 모델은 신뢰할 수 있는 큐레이터를 요구하지 않고 임의화된 정보만을 수집하는 것이므로 보안상 유리하다는 장점을 가진다. 한편, 지역적 모델은 프라이버시 침해로부터 정보주체를 효과적으로 보호할 수 있으나, 데이터 분석의 정확성이 감소하는 한계가 있다. 그럼에도 불구하고, 애플(Apple), 구글, 페이스북 등의 주요 IT 기업들은 지역적 모델을 다방면으로 활용하고 있다. 예컨대, 구글은 자사의 웹 브라우저인 크롬(Chrome)을 통하여 사용자 통계를 수집할 때 차분적 프라이버시 보호를 적용한 바 있고,[24] 애플은 퀵타입(QuickType) 제안과 이모지(Emoji) 제안을 비롯한 다양한 기능과 관련하여 차분적 프라이버시 보호를 적용한다고 밝혔다.[25] 이는 수집하는 데이터의 양이 충분하면 정확성 감소를 어느 정도 용인할 수 있기 때문이다.[26]

---

23) Cynthia Dwork, "A Firm Foundation for Private Data Analysis", Commun. ACM 54(1) (2011), pp. 86-87; Adam Smith, "Local(-ish) Models for Statistical Data Privacy", DPMPC Workshop (2018), p. 10.

24) Úlfar Erlingsson et al., "Rappor: Randomized aggregatable privacy-preserving ordinal response", Proceedings of the 2014 ACM SIGSAC conference on computer and communications security (2014), pp. 1058-1059.

25) Apple, "Differential Privacy", Apple Differential Privacy Technical Overview, https://www.apple.com/privacy/docs/Differential_Privacy_Overview.pdf (2021. 11. 14. 방문).

26) 예를 들어, 차분 프라이버시에 기반한 기법인 RAPPOR(Randomized Aggregatable

나. 차분 프라이버시의 한계

실제로 차분적 프라이버시 보호가 적용된 사례를 본다면, 차분 프라이버시는 데이터 큐레이터가 보유한 개인정보의 양이 많을 때, 그리고 프라이버시 보호의 유인이 높을 때 유용하였다. 차분 프라이버시를 만족시키는 알고리즘은 통계적 분석의 결과를 변조시키기 때문에, 효용성에 있어서는 데이터를 제한 없이 활용하는 경우보다 불리하다. 더욱이 차분 프라이버시를 구현하려면 상당한 비용이 소요될 수 있다는 현실적 문제도 고려해야 한다.

미국 인구조사국의 연구자들은 2020년 인구조사에 차분적 프라이버시 보호를 적용하면서 여러 가지의 이론적·현실적 문제에 직면하였다. 차분 프라이버시는 이론적 연구가 계속 진행되고 있는 개념이므로, 예를 들어 인구조사가 가지고 있는 계층적 구조(hierarchical structure)를 어떻게 고려해야 하는지, 불변값(invariant)을 설정해야 하는 경우 어떻게 해야 하는지 등 여러 실무상의 난제들을 직접 해결해야 했다고 한다. 또한 차분적 프라이버시 보호가 적용됨에 따라, 소규모 지역 사회의 경우 결과의 변조로 인하여 그와 연계된 연방 예산 배분 등에 있어 불이익을 입을 수도 있어 이를 보정하기 위한 이론 또한 필요했다고 한다. 전문가 및 자원의 부족도 문제되었고, 추가 연구를 수행하지 않고도 곧바로 이용할 수 있는 메커니즘(off-the-shelf mechanism)을 찾기 어렵다는 점도 현실적인 한계였다.[27]

Privacy-Preserving Ordinal Response)의 경우, 1%의 빈도를 갖는 어떠한 속성을 파악하기 위하여 1,000,000개 이상의 데이터가 요구된다고 한다. Úlfar Erlingsson et al., 앞의 논문, p. 1061.
27) Simson L. Garfinkel et al., "Issues Encountered Deploying Differential

더 큰 문제는 데이터 분석자들과 관계된 것이라는 지적도 나타
났다. 일반적으로 경제학, 사회학 등의 연구자들로 구성된 인구조사
분석자들은 가공된(변조된) 결과보다는 정확한 결과를, 나아가 개인
정보가 포함된 원본 정보(raw data)를 선호한다는 것이다. 이들은 차
분적 프라이버시 보호를 적용할 경우 개인정보의 사회적·경제적 가치
가 상당히 소실될 수 있다는 점에서 차분 프라이버시의 적용을 우려
하였다.[28] 같은 이유로, 구글은 통계적 분석의 효용을 높이기 위하여
차분 프라이버시 중에서도 지역적 모델이 적용된 기법인 RAPPOR
(Randomized Aggregatable Privacy−Preserving Ordinal Response)를 대
체하기 위한 방법으로 PROCHLO를 개발하기도 하였다.[29]

차분 프라이버시와 규범의 조화도 문제이다. 미국 인구조사국의
차분 프라이버시 도입과 관련하여, 13 U.S. Code § 9 조항[30]이 규
정한 프라이버시 보호와 차분 프라이버시가 달성하려는 프라이버시
보호의 의미가 상이하다는 견해가 제기되기도 하였다. 재구성 또는
재식별 위험은 현실의 위험을 과대평가한 것이고, 무엇보다도 미국

Privacy", Proceedings of the 2018 Workshop on Privacy in the Electronic
   Society (2018), pp. 134-136.

28) Steven Ruggles et al., "Differential Privacy and Census Data: Implications for
   Social and Economic Research", AEA Papers and Proceedings (2019), pp.
   403-404.

29) Andrea Bittau et al., "Prochlo: Strong Privacy for Analytics in the Crowd",
   arXiv:1710.00901 [cs.CR] (2017), pp. 3-4.

30) 특히 논란이 되는 부분은 정보주체가 식별될 수 있는 공개를 하여서는 안 된다는
   내용("Neither the Secretary, nor any other officer or employee of the
   Department of Commerce or bureau or agency thereof, or local government
   census liaison, may ⋯ make any publication whereby the data furnished by
   any particular establishment or individual under this title can be identified")
   이다. 즉, 위 조항은 정보주체의 식별을 방지하려는 데 그 목적이 있을 뿐이므로,
   차분 프라이버시가 달성하고자 하는 프라이버시 보호와 정도의 차이가 있다는 것
   이다.

인구조사국은 정확한 정보를 외부에 제공하여야 할 의무를 지는데, 차분 프라이버시의 도입은 이러한 의무에 위배된다는 것이다.[31] 같은 맥락에서, El Emam은 재구성 또는 재식별 공격이 성공한 실제의 사례를 찾아볼 수 없다는 사실을 지적하면서, 프라이버시 보호의 주요한 목적은 개인정보를 이용한 차별의 제한이라고 주장하였다. 개인정보의 '처리'를 제한하기보다는 그로써 이루어지는 의사결정을 통제하여야 한다는 취지이다.[32]

2. 연합학습(Federated Learning)

가. 연합학습의 의의

주어진 정보로부터 패턴을 학습해 나가는 컴퓨터 알고리즘인 머신러닝(machine learning) 모델은 오늘날 수많은 서비스들에 활용되고 있고, 사회적으로도 큰 편익을 가져오고 있다. 그런데 인공신경망(artificial neural network), 딥러닝 등 최근의 머신러닝 기법을 이용하여 통계적 모델을 학습시키기 위하여 다량의 개인정보가 소요되는 경우가 많으며, 수집된 개인정보의 규모가 증가할수록 프라이버시 침해 위험 및 그에 대응하기 위한 관리 책임도 마찬가지로 커진다. 이에 개인정보 보호법은 개인정보 보유량에 따라 안전조치의 기준을 차

---

31) Steven Ruggles et al., 앞의 논문, pp. 406-407.
32) Khaled El Emam et al., "A Systematic Review of Re-Identification Attacks on Health Data", PLoS ONE 6(12) (2011), e28071. Fida Kamal Dankar/Khaled El Emam, "The Application of Differential Privacy to Health Data", In Proceedings of the 2012 Joint EDBT/ICDT Workshops, Berlin, Germany: ACM Press (2012), pp. 163-165.

등적으로 부여하였고(개인정보의 안전성 확보조치 기준 제3조), 개인정
보 영향평가에도 이를 고려하도록 규정하고 있다(제33조 제2항).

　연합학습(federated learning)은 이러한 프라이버시 침해의 위험을
감소시키기 위하여 머신러닝 모델 분야에서 연구되고 있는 학습 기
법으로, 그 핵심은 통계적 모델을 학습시키기 위하여 반드시 개인정
보를 중앙 집중화된 서버로 전송할 필요가 없다는 생각에서 출발한
다. 즉, 기존의 머신러닝 학습은 학습 데이터로 사용될 개인정보를
중앙의 서버로 집중시킨 다음, 이를 이용하여 머신러닝 모델을 학습
시키는 방식으로 이루어져 왔다. 그러나 연합학습 방식을 이용하면,
학습 데이터로 활용되는 서비스 사용자들의 개인정보를 여전히 각
사용자 개인의 기기에 보관하면서, 동시에 단일한 머신러닝 모델을
학습시키는 데 이들을 활용할 수 있다는 것이다.

　어떻게 이러한 연합학습이 가능한 것일까? 연합학습에 참여한
사용자들은 서버로부터 자신의 기기로 통계적 모델을 전달받는다.
이후 각 기기는 사용자들의 개인정보를 기초로 위 모델을 학습시킨
뒤, 개인정보는 해당 기기에 그대로 둔 채 그 학습 결과만 서버로
보낸다. 서버는 각 사용자들이 전송한 학습 결과를 수집한 후 모델
의 매개변수를 업데이트할 수 있으며, 업데이트된 모델은 사용자들
의 기기로 다시금 전달될 수 있다. 이러한 연합학습은 분산 컴퓨팅
(distributed computing)과 유사한 면이 있으나, 분산 컴퓨팅은 서버에
저장된 데이터를 여러 시스템이 나눠 처리하는 방식으로, 원본 데이
터가 전송되지 않는 연합학습과는 구분된다.

그림 5-1. 연합학습 과정33)

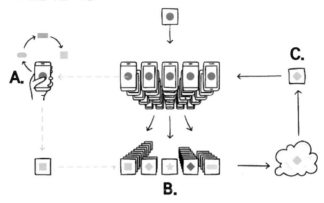

　　연합학습은 이미지 분류(image classification)와 자연어 처리(natural language processing, NLP)를 포함한 여러 가지 모델들에 적용될 수 있다. 구글 키보드에 내장된, 사용자가 키보드에 입력하는 값을 예측할 수 있는 언어모형 등이 대표적인 사례이다. Gboard는 구글 사가 개발하여 무료 배포하고 있는 입력 애플리케이션으로, 주로 스마트폰에서 사용되고 있다. 여기에는 'next−phrase prediction', 즉, 사용자가 앞으로 입력할 구문을 예측할 수 있는 기능이 포함되어 있다. 예를 들어, 사용자가 'I love you'를 입력하면, 이를 처리하여 후술될 수 있는 단어로서 'so much', 'too', 'and' 등을 예측·제안한다. 이러한 기능은 실제 세계에서 수집되는 구문 데이터를 학습함으로써 구현된 것이다. 그러나 앞서 제4장에서 살펴본 바와 같이 이러한 데이터에는 정보주체의 개인정보가 포함될 수 있어, 프라이버시 침

---

33)　Brendan McMahan/Daniel Ramage, "Federated Learning: Collaborative Machine Learning without Centralized Training Data", Google AI Blog (2017), https://ai.googleblog.com/2017/04/federated-learning-collaborative.html (2021. 11. 14. 방문).

해의 우려가 여러 방면에서 제기되어 왔다. 연합학습은 이러한 모델을 학습시키기 위하여 사용자들의 개인정보를 직접 수집할 필요가 없다는 점에서 프라이버시 보호에 이바지할 수 있다.[34]

다만 연합학습은 '사용자들의 기기를 통하여' 모델을 학습시키고 그 결과를 서버에 전송하도록 하여야 한다는 점에서, 사용자 기기들의 연산 자원을 활용한다는 한계점이 있다. 즉, 개인정보를 저장할 공간과 그것을 처리할 프로세서가 필요하며, 결과를 전송할 수 있는 네트워크도 필요한 것이다. 이와 같은 점을 고려하여, 사용자 경험(user experience), 데이터 사용, 배터리 수명 등에 부정적 영향을 미치지 않도록, 사용자들의 기기가 유휴 상태이며 충전 중인 경우, 와이파이(WiFi) 등 제한 없는 네트워크에 연결되어 있는 경우에만 데이터 처리가 진행되도록 제한을 설정할 수 있다.[35]

연합학습은 프라이버시 보호의 측면뿐 아니라 효율성 측면에서도 뛰어나, 성과에 있어 기존의 방법론과도 별다른 차이를 보이지 않는다고 한다.[36] 그렇기에 그 활용도는 더욱 높아지고 있다. 미국에서는 특히 여러 병원 간 민감정보를 포함하고 있는 데이터를 서로 전송하지 않고도 통합된 연구를 수행할 수 있어 보건의료 분야에서 큰 주목을 받고 있다. 예를 들어, 미국 보스턴 소재 비영리 병원인 Mass General Brigham은 NVIDIA사의 보건의료 분야 플랫폼인 Clara를 활용해 전 세계 20개 병원의 흉부 X선 등 데이터를 연합학

34) Andrew Hard et al., "Federated Learning for Mobile Keyboard Prediction", arXiv:1811.03604v2 (2019), pp. 1-2.
35) Keith Bonawitz et al., "Towards Federated Learning at Scale: System Design", arXiv:1902.01046v2 (2019), pp. 3-4.
36) Karan Singhal et al., "Federated Reconstruction: Partially Local Federated Learning", arXiv:2102.03448 [cs.LG] (2021), pp. 6-7.

습 방식으로 학습하여, COVID-19 증상을 보이는 환자의 산소 보충 필요성을 판단하는 인공지능 모델을 개발하였다.[37] 머신러닝 분야에서 널리 사용되는 오픈소스 라이브러리(open souse library)에 연합학습 알고리즘이 구현되어 있기도 하다. 구글이 공개한 TensorFlow 라이브러리에는 연합학습을 수행할 수 있는 TensorFlow Federated(TFF) 알고리즘이 구현되어 있고, 이를 활용하는 예제(이미지 분류, 텍스트 생성 등) 또한 상세하게 제시되어 있다.

나. 연합학습의 한계

연합학습의 원리에 의하면, 사용자들의 개인정보가 그 자체로 수집된다고 보기는 어렵다. 하지만 그러한 개인정보를 기초로 학습된 결과는 서버로 전송되므로, 여전히 개인을 알아볼 수 있는 정보가 수집된다고 볼 여지도 있다. 이때 수집되는 것은 통계적 모델의 매개변수인데, 이러한 정보가 시간·비용·기술을 합리적으로 고려할 때 개인을 알아볼 수 있는 정보에 해당하는지 여부는 일의적으로 판단하기 어렵다. 다만 사용자들의 개인정보가 원본 그대로 수집되는 경우에 비해 프라이버시 침해 위험이 크게 감소한다는 점을 부인하기는 어려울 것이다.

암호화 기술과 차분 프라이버시는 연합학습을 더 안전한 기술로 만들 수 있다. 예컨대 전송된 매개변수를 가로챈 제3자에게 사용자 정보가 노출되는 것을 차단하기 위해, 매개변수를 암호화하여 전송할 수 있다. 이때 일정한 규칙에 의하여 생성된 잡음을 더함으로써

---

37) NVIDIA KOREA, "엔비디아 Clara로 코로나19 환자 산소 요구량 예측 AI 모델 구축", NVIDIA (2020), https://blogs.nvidia.co.kr/2020/10/08/federated-learning-covid-oxygen-needs/ (2021. 11. 14. 방문).

하나의 매개변수는 복호화되지 않지만, 서버로 집적된 매개변수들 전체는 복호화될 수 있도록 할 수 있는 이른바 Secure Aggregation (SecAgg) 프로토콜이 제시되기도 하였다.[38] 이를 통해 사용자들의 개별적·구체적 정보를 보호할 수 있다는 것이다. 더 나아가 차분 프라이버시를 적용함으로써 특정 사용자의 데이터가 갖는 영향력을 제한할 수 있고, 이는 결국 매개변수값의 식별가능성을 낮추는 데 기여할 수 있다. 그러나 이러한 기술을 적용함으로써 머신러닝 학습 과정의 비효율성을 가져오거나 인공지능 모델의 성능 저하를 초래할 가능성이 있으므로, 적절한 조화가 필요할 것이다.[39]

이외에도 연합학습에는 기기, 서버 간의 통신비용이나 기기들 사이의 통계적, 체계적 이질성에서 기인한 이론적, 실무적 문제가 남아 있어, 이를 해결하기 위한 노력들이 계속되고 있다.[40]

다. 사례: Federated Learning of Cohorts(FLoC)

온라인 맞춤형 광고는 연합학습이 적용될 수 있는 분야로 주목받고 있다. 사용자의 관심사를 반영하는 맞춤형 광고는 '제3자 쿠키 (third party cookie)'를 활용하는 것이 일반적이었다. 여기서 '쿠키'란 인터넷 사용자들이 웹사이트에 방문할 때 컴퓨터에 저장되는 일종의 텍스트 파일을 말한다. 서버에서는 접속이 유지될 동안에 쿠키를 통해 사용자들의 관심사 및 행태정보를 수집할 수 있고, 이를 토대로 맞춤화된 서비스를 제공할 수 있다. 이때 쿠키는 사용자들이 방

---

38) Keith Bonawitz et al., 앞의 논문, p. 2
39) Tian Li et al., "Federated learning: Challenges, methods, and future directions", IEEE Signal Processing Magazine 37(3) (2020), p. 52.
40) Tian Li et al., 앞의 논문, pp. 51-52.

문한 웹사이트에 의하여 생성될 수 있을 뿐 아니라, 그 웹사이트에 포함된 타 웹사이트에 의하여도 생성될 수 있는데, 후자와 같이 이용자가 직접 방문하지 않은 다른 웹사이트에 의해 생성된 쿠키를 제3자 쿠키라 말한다. 즉, A웹사이트에 접속한 사용자들의 정보를 B웹사이트가 수집할 수 있는 것이다. 온라인 맞춤형 광고를 위하여 쿠키가 널리 활용되면서, 쿠키에 저장된 정보가 개인정보에 해당하는지, 그리고 제3자 쿠키에 의하여 수집된 행태정보를 활용한 맞춤형 광고가 프라이버시 침해 위험을 증가시키는 것인지 등 여러 가지 문제들이 제기되어 왔다.

근래 들어 구글은 프라이버시 보호를 위하여 장차 자사 브라우저 크롬에서 제3자 쿠키를 사용할 수 없도록 할 예정이라고 밝혔다. 그리고 광고주들이 계속적으로 이용자의 관심사에 기반한 광고를 수행할 수 있도록, 제3자 쿠키를 대신할 새로운 표준으로서 Federated Learning of Cohorts(FLoC)을 제시하였다.[41]

---

41) 구글은 온라인 맞춤형 광고와 관련된 기술에 멧비둘기(Two Uncorrelated Requests, Then Locally-Executed Decision On Victory, TURTLEDOVE), 참새(Secure Private Advertising, Remotely Run On Webserver, SPARROW), 백조(Storage With Access Negotiation, SWAN), 펠리컨(Private Learning and Inference for Causal Attribution, PeLICAn), 앵무새(Publisher Auction Responsibility Retention Revision of Turtledove, PARROT) 등 새의 이름을 붙여 왔다.
다만, 구글은 2022. 1. 25.에 기존에 논의되어 오던 FLoC 개념을 대신하여 새로이 'Topics'라는 이름의 좀 더 단순화된 API 메커니즘을 도입할 계획이라고 밝혔다. Google, "Get to know the new Topics API for Privacy Sandbox" (2022. 1. 25).

그림 5-2. 코호트의 예시[42)]

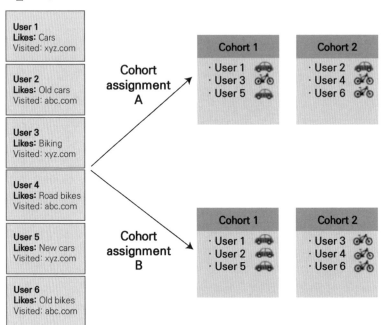

FLoC은 사용자들이 방문한 웹사이트를 기초로 사용자들의 관심사, 예컨대, '클래식 애호가'라는 사실을 프로파일링한 뒤, 클러스터링(clustering) 기법을 통하여 동일한 내지는 유사한 관심사를 공유하는 사용자들로 구성된 코호트(cohort) 그룹을 만들어, 광고주에게 그 코호트 그룹의 ID만 전달하는 것이다. 즉, FLoC ID는 관심사를 짧은 숫자(현재 제안된 방안에 따르면 16진수 4자리 수)로 요약한 것이다. 이때 사용자들의 개인정보가 제3자에게 노출될 위험을 차단하기 위해 각 코호트 그룹은 최소한 수천 명 이상의 사용자들로 구성될 수

---

42) Google Research & Ads, "Evaluation of Cohort Algorithms for the FLoC API" 3 (2021).

있다. 또한 FLoC ID는 매주 업데이트되어 지속적인 식별자로 기능
할 수 없다. 연합학습은 사용자들의 코호트 그룹을 학습할 때 사용
될 수 있다. 즉, 사용자들이 방문한 웹사이트와 관련된 정보가 각 사
용자의 기기에서만 처리될 수 있다는 것이다. 그러나 구글의 FLoC
방식에서 연합학습이 구체적으로 어떻게 적용될 것인지는 현재로서
는 아직 불분명하다.

3. 재현 데이터(Synthetic Data)

가. 재현 데이터의 개념

정보주체의 프라이버시를 보호하면서도 데이터를 활용할 수 있
는 또다른 기술적 방안으로는 '재현 데이터(synthetic data)'가 있다.
재현 데이터란 분석 대상이 되는 실제 데이터와 동일하거나 최대한
유사한 통계적 속성을 갖도록 새롭게 생성된 데이터를 말한다.[43] 적
절한 방법론을 통해 생성된 재현 데이터는 '가상'의 데이터이므로,
더 이상 특정 정보주체를 식별할 수 없게 된다. 하지만 원본 데이터
의 통계적 속성은 그대로 유지하고 있으므로, 데이터 분석가가 원본
데이터와 유사한 분석 결과를 얻을 수 있고, 이로써 데이터의 유용
성을 확보할 수 있다. 통계적 모델로부터 데이터를 새롭게 합성해
낸다는 점에서 영어 원문(synthetic)의 의미에 보다 가깝게 '합성 데
이터'라 표현하기도 한다.

---

43) Khaled El Emam/Lucy Mosquera/Richard Hoptroff, "Practical Synthetic Data
    Generation", O'Reilly Media (2020).

넓은 의미에서는 가상의 시뮬레이션 환경을 구축하여 그로부터 얻어 낸 데이터 역시 재현 데이터의 일종이라 볼 수 있다. 가령, 마치 게임과 같이 가상의 도로 주행 환경을 만들어 그로부터 자율주행차 인공지능 학습용 데이터를 얻거나, 스마트 공장에 대한 '디지털 트윈(digital twin)'을 구축하여 제조공정에 관한 데이터를 얻는 것이 그 예이다. 다만 이하에서는 개인정보를 포함한 원본 데이터를 재현하는 경우로 한정하여 논의한다.

재현 데이터를 생성하는 과정은 일반적으로 다음과 같다. 우선 원본 데이터의 형태와 분포를 통계적으로 추상화한 '모델(model)'을 구축한다. 이러한 재현 모델로는 통계학 분야에서 전통적으로 사용되어 온 결합분포(joint distribution) 모델이나 최근 발전하고 있는 인공지능 생성 모델(generative model) 등을 활용할 수 있다.44) 이러한 재현 모델을 구축하는 과정은 머신러닝 또는 인공지능 모델의 '학습'에 해당하는 것으로 이해될 수 있다. 일단 재현 모델을 만들고 나면, 해당 결합분포로부터 표본을 추출하거나(sampling), AI 생성 모델을 통해 새로운 데이터를 생성해 내는 등의 방법으로 원본 데이터와는 다른 '가상'의 데이터를 재현해 낼 수 있게 된다. 만약 구축된 재현 모델이 원본 데이터의 통계적 특성을 충분히 잘 반영하고 있다면, 해당 모델을 통해 생성된 데이터 역시 원본 데이터와 유사한 통계적 특성을 갖게 된다. 아래 그림은 이처럼 재현 모델을 만들고, 이를 이용해서 새로운 데이터를 생성하는 과정을 도식화한 것이다.

---

44) 구체적 데이터 합성 방법론에 관해서는 위의 책 제5장(Methods for Synthesizing Data) 참조.

그림 5-3. 재현데이터 생성 과정[45)

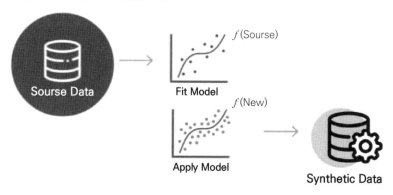

한편, 재현 모델 구축 시 원본 개인정보기 그대로 재현될 가능성은 없는지 주의 깊게 확인할 필요가 있다. 예컨대 인공신경망 등의 복잡한 모델은 방대한 파라미터를 포함하고 있어, 학습 과정에서 원본 데이터를 그대로 기억하고 있다가, 재현 데이터 생성 과정에서 이를 그대로 생성해 낼 위험성이 있다. 이를 막기 위해서는 해당 모델이 충분하게 일반화(generalization)될 수 있도록 구현할 필요가 있다.

나. 재현 데이터의 분류

재현 데이터는 크게 완전 재현 데이터, 부분 재현 데이터, 혼합 재현 데이터로 구분할 수 있다.[46) 완전 재현 데이터(fully synthetic data)란 원본 데이터의 식별자, 준식별자뿐만 아니라 속성정보를 포함한 전부를 재현 모델을 통해 생성한 것이다. 적절한 재현 방법론이 활용될 경우 더 이상 개인정보에 해당하지 않는다고 인정될 가능

45) Khaled El Emam, "Seven ways to evaluate the utility of synthetic data", IEEE Security & Privacy 18.4 (2020).
46) Khaled El Emam/Lucy Mosquera/Richard Hoptroff, 앞의 책, p. 154.

성이 크게 된다.

다음으로 부분 재현 데이터(partially synthetic data)는 데이터 중에서 민감한 정보 또는 프라이버시를 유지할 필요가 있는 일부 데이터만을 재현 모델을 통해 새롭게 생성하고, 나머지는 원본값을 그대로 유지하는 것이다. 이러한 방법을 사용할 경우 원본값이 유지된 부분에 의해서 정보주체가 재식별될 위험성이 남아 있는지 확인해야 하고, 해당 부분에 대해서는 추가적 비식별 조치가 필요할 수도 있다.

마지막으로, 혼합 재현 데이터(hybrid synthetic data)는 원본 데이터와 재현 데이터를 혼합하되 어느 부분이 재현된 것인지 알 수 없도록 한 것이다. 이로써 공격자가 혼합 재현 데이터로부터 정보주체를 재식별하고자 시도하더라도 그 성공 가능성을 낮출 수 있게 된다. 다만, 이 경우 원본 데이터로부터 정보주체가 재식별되거나 그에 관한 정보가 추론될 위험성을 추가적으로 평가할 필요가 있다.

다. 재현 데이터의 활용

현재로는 재현 데이터가 폭넓게 활용되고 있다고 평가하기는 어렵다. 하지만 점차 그 활용 사례가 증가하고 있다. 우선 재현 데이터는 공공데이터 공개 시 프라이버시 보호 목적으로 사용될 수 있다. 예컨대 미국 인구조사국은 2020년 센서스 인구조사 데이터를 공개하면서 응답자의 개별응답 데이터(microdata) 중 일부를 재현 데이터로 대체하는 방법을 적용한 바 있다.[47)]

보건의료 분야에서 재현 데이터를 활용한 사례로는 영국 암 환

---

47) JASON, "Formal Privacy Methods for the 2020 Census" (2020).

자 재현 데이터 집합인 Simulacrum이 있다.[48] 이는 영국 공중 보건국(Public Health England) 산하 정부기관이 보유한 암 환자 데이터를 재현한 것이다. 공개된 데이터는 실제 환자에 관한 정보를 포함하고 있지 않으나, 실제 데이터와 동일한 형태와 통계적 특성을 갖추고 있다. 따라서 실제 의료정보에 적용되는 엄격한 통제나 관리 없이 연구자가 자유롭게 활용할 수 있다. 금융 영역에서도 재현 데이터가 활용될 수 있다. 영국에서는 2020년에 '디지털 샌드박스(Digital Sandbox)'라는 이름으로 시범사업(pilot)을 진행하였는데, 그 과정에서 금융 분야에 특화된 재현 데이터 집합을 구축하여 활용하였다.[49]

　재현 데이터는 국내에서도 활용 사례가 확인된다. 예컨대 한국신용정보원은 국내 금융 빅데이터 개방시스템 CreDB를 통해 비식별 처리된 금융 및 신용정보를 제공하고 있는데,[50] CreDB에서는 해당 데이터베이스 구조에 대한 이해를 돕고, 테스트 코드를 작성하는 등 교육 목적으로 활용할 수 있도록 가상의 신용거래 차주 2,000명에 대한 재현 데이터가 제공되고 있다.

　앞으로 재현 데이터는 특정 정보주체에 관해 식별된 정보가 필요하지는 않으나 통계적 속성은 그대로 유지될 필요가 있는 경우에 유용하게 활용될 수 있을 것으로 기대된다. 예컨대 통계 분석, 각종 경진대회, 해커톤, 오픈소스 데이터, 기술적 개념 검증(proof of concept) 및 소프트웨어 개발 및 테스팅 등의 분야에서 유용하게 활용될 수 있다. 특히 보건의료정보 또는 금융정보, 신용정보와 같이 원본 데

48) https://simulacrum.healthdatainsight.org.uk/ (2021. 11. 14. 방문).
49) Digital sandbox pilot: FCA DataSprint, https://www.fca.org.uk/firms/innovation/digital-sandbox-pilot-datasprint (2022. 2. 1. 방문).
50) https://credb.kcredit.or.kr:3446/frt/main.do (2021. 11. 14. 방문).

이터가 그대로 공개될 경우 정보주체의 프라이버시 침해 또는 영업
비밀 침해 우려가 큰 경우에 활용될 여지가 크다.51) 또한 재현된 데
이터는 가명처리나 익명처리가 된 데이터와 달리 원본 데이터와 외
관상으로는 동일하다는 장점이 있다. 필요에 따라서는 가상의 이름,
이메일, 전화번호 기타 각종 고유식별번호를 포함할 수도 있을 것이
다. 이러한 재현 데이터는 교육이나 직업 훈련 등에 있어서도 유용
하게 활용될 수 있다.

재현 데이터 방식의 부수적인 장점은 결측값(missing value)이 포
함되어 있지 않은 데이터를 생성해 낼 수 있다는 점이다. 현실 데이
터에는 결측값이 존재하는 경우가 많고, 이 경우 결측 값이 존재하
는 레코드나 필드를 활용하지 않거나, 이를 추정한 값으로 채워 넣
는(imputation) 등의 전처리를 거쳐야 한다. 실무상으로는 이러한 전
처리 작업의 결과에 따라 모델의 성능에 있어 큰 차이를 낳기도 한
다. 하지만 재현 데이터를 결측값을 포함하지 않도록 생성함으로써,
연구자가 더욱 용이하게 데이터를 분석하고 인공지능 학습 등에 활
용할 수 있도록 도울 수 있다.

요컨대 재현 데이터는 이제까지 개인정보 보호를 위해 원본 데
이터를 이용, 제공, 공개하기 어려웠던 분야에 있어 유용하게 활용
될 잠재력을 갖고 있고, 특히 인공지능 모델의 학습이나 평가 등에
있어 그 활용 영역이 점차 넓어질 수 있을 것으로 전망된다.

---

51) Samuel Assefa et al., "Generating synthetic data in finance: opportunities,
   challenges and pitfalls" (2020).

참고문헌

[국내문헌]

개인정보보호위원회, "개인정보 보호 법령 및 지침·고시 해설"(2020),

　　　　　　　　　, "가명정보 처리 가이드라인"(2022).

　　　　　　　　　, "불법스팸 실태 분석을 위한 가명정보 결합 시범사례 결과 발표"(보도자료, 2021).

　　　　　　　　　, "가명정보 결합, 보다 안전하고 편리해진다" (보도자료, 2021).

개인정보보호위원회/보건복지부, "보건의료 데이터 활용 가이드라인"(2021).

고학수, "개인정보의 식별과 비식별: 누군가를 '알아본다'는 것의 의미", 데이터 이코노미, 한스미디어(2017).

고학수 외, 개인정보 비식별화 방법론 －보건의료정보를 중심으로－, 박영사(2017).

고학수/최경진, 개인정보의 비식별화 처리가 개인정보 보호에 미치는 영향에 관한 연구, 개인정보보호위원회 연구보고서(2015).

관계부처 합동, "데이터 3법 시행령 입법예고 주요사항"(보도자료, 2020).

　　　　　　, "개인정보 비식별 조치 가이드라인 －비식별 조치 기준 및 지원·관리체계 안내－"(2016).

　　　　　　, "가명정보 활용성과 및 확산 방안 － 안전한 가명정보 활성화를 위한 규제혁신 및 맞춤형 지원"(2021).

국립국어원, "연구", 표준국어대사전.

금융위원회, "데이터전문기관 지정방안 마련을 위한 전문가 전담팀 회의 개최 및 데이터전문기관 지정 사전 수요조사 실시"(보도자료, 2021).

금융위원회/금융감독원, "금융분야 가명 · 익명처리 안내서"(2022).

김민중, "공개된 사진, 성명, 성별, 출생연도, 직업, 직장, 학력, 경력 등을 동의 없이 수집 · 제공한 행위에 대한 책임", 동북아법연구 제10 권 제2호(2016).

김병필, "개인정보 위험기반 비식별 조치와 가명처리", 서울대학교 법학석 사학위논문(2021).

김현숙, "과학적 연구목적을 위한 개인정보 처리에 관한 비교법적 연구 -개정된 개인정보 보호법과 EU의 GDPR의 비교를 중심으로-", 정보법학 제24권 제1호(2020).

박노형, 개인정보보호법, 박영사(2020).

보건복지부, "개인정보 보호법 개정에 따른 생명윤리법 관련 기관 운영지 침 일부개정 추진"(보도자료, 2020).

_____, "보건의료분야의 안전한 가명정보 활용을 위한 보건의료 데 이터 활용 가이드라인 마련"(보도자료, 2020).

_____, "현장소통으로 보건의료 분야 가명정보 활용 문턱 낮춘다" (보도자료, 2021).

이동진, "개인정보 보호법 제18조 제2항 제4호, 비식별화, 비재산적 손해 -이른바 약학정보원 사건을 계기로-", 정보법학 제21권 제3호 (2017).

_____, "일반적으로 접근 가능한 개인정보의 처리와 이익형량", 정보법학 제24권 제2호(2020).

이소은, "개인정보자기결정권의 민사법적 보호", 서울대학교 법학전문박 사학위논문(2018).

이재훈, "데이터 3법 개정에 따른 바이오 · 의료정보 활용방향과 시사점", BioINpro Vol. 71, 생명공학정책연구센터(2020).

이창우/송혁준/전규안/권오상, 회계감사 Study Guide (제6판), 경문사 (2019).

정보인권연구소, "데이터연계결합 지원제도 도입방안 연구", 개인정보보
    호위원회(2017).

조상현, "추론개인정보의 법적 취급", 서울대 인공지능정책 이니셔티브
    DAIG Magazine 제2호(2021).

차상육, "인공지능 창작물의 저작권법상 보호 쟁점에 대한 개정방안에 관
    한 연구", 계간 저작권 제33권 제1호(2020).

최규환, 가명정보와 개인정보자기결정권, 헌법재판소 헌법재판연구원
    (2021).

한국과학기술기획평가원, 프라스카티 매뉴얼 2015: 연구개발 자료수집과
    보고에 관한 지침(2016).

                      , 2019년도 연구개발활동조사보고서(2021).

행정안전부, "개인정보 보호법 개정안 국회 통과, 데이터 경제 청신호 −보
    호체계 일원화로 국민 불편 해소, EU 적정성 평가 통과 기대−"
    (보도자료, 2020).

회계감사기준 감사기준서(2018년 개정).

NVIDIA KOREA, "엔비디아 Clara로 코로나19 환자 산소 요구량 예측 AI
    모델 구축", NVIDIA(2020).

[외국문헌]

Abowd, John M., "The U.S. Census Bureau Adopts Differential
    Privacy", 24th ACM SIGKDD Conference on Knowledge
    Discovery and Data Mining (2018).

Abowd, John M./Schmutte, Ian M., "An economic analysis of privacy
    protection and statistical accuracy as social choices", American
    Economic Review 109(1) (2019).

AD., Boyd et al., "An 'honest broker' mechanism to maintain privacy
    for patient care and academic medical research", Int J Med
    Inform 76(5−6) (2007).

Adam, Nabil R./Worthmann, John C., "Security-Control Methods for Statistical Databases: A Comparative Study", ACM Comput. Surv. 21(4) (1989).

Arbuckle, Luk/El Emam, Khaled, Building an Anonymization Pipeline: Creating Safe Data, O'Reilly Media (2020).

Assefa, Samuel et al., "Generating synthetic data in finance: opportunities, challenges and pitfalls" (2020).

Barbaro, Michael/Zeller Jr., Tom, "A Face is Exposed for AOL Searcher No. 4417749", The New York Times (2006. 8. 9.).

Biega, Asia/Finck, Michèle, "Reviving Purpose Limitation and Data Minimisation in Personalisation, Profiling and Decision-Making Systems", Max Planck Institute for Innovation and Competition Research Paper Series (2021).

Bonawitz, Keith et al., "Towards Federated Learning at Scale: System Design", arXiv:1902.01046v2 (2019).

Carlini, Nicholas, et al., "Extracting Training Data from Large Language Models" (2020).

Committee of Sponsoring Organizations of the Treadway Commission (COSO), "Internal Control - Integrated Framework, Executive Summary" (2013).

Dankar, Fida Kamal/El Emam, Khaled, "The Application of Differential Privacy to Health Data" in Proceedings of the 2012 Joint EDBT/ICDT Workshops, Berlin, Germany: ACM Press (2012).

Dhir, R. et al., "A multidisciplinary approach to honest broker services for tissue banks and clinical data: a pragmatic and practical model", Cancer: Interdisciplinary International Journal of the American Cancer Society, 113(7) (2008).

Dinur, Irit/Nissim, Kobbi, "Revealing Information While Preserving Privacy" in Proceedings of the Twenty−Second ACM SIGMOD− SIGACT−SIGART Symposium on Principles of Database Systems, San Diego, California: ACM Press (2003).

Domingo−Ferrer, Josep/Soria−Comas, Jordi, "From t−Closeness to Differential Privacy and Vice Versa in Data Anonymization", Knowledge−Based Systems 74 (2015).

Dwork, Cynthia, "Differential Privacy", Automata, Languages and Programming, Springer Berlin Heidelberg (2006).

_____, "A Firm Foundation for Private Data Analysis", Commun. ACM 54(1) (2011).

Editorial, "Private funding for science", Nature Methods 13(7) (2016).

El Emam, Khaled/Arbuckle, Luk, "Anonymizing Health Data: Case Studies and Methods to Get You Started", O'Reilly Media (2014).

El Emam, Khaled/Mosquera, Lucy/Hoptroff, Richard, Practical Synthetic Data Generation, O'Reilly Media (2020).

El Emam, Khaled et al., "A Systematic Review of Re−Identification Attacks on Health Data", PLoS ONE 6(12) (2011).

Erlingsson, Úlfar et al., "Rappor: Randomized aggregatable privacy− preserving ordinal response" in Proceedings of the 2014 ACM SIGSAC conference on computer and communications security (2014).

EU Article 29 Data Protection Working Party, "Opinion 4/2007 on the concept of personal data" (2007).

_____, "Opinion 05/2014 on Anonymisation Techniques" (2014).

European Commission, "Proposal for a Regulation of the European Parliament and of the Council Laying down Harmonised Rules on Artificial Intelligence (Artificial Intelligence Act) and Amending Certain Union Legislative Acts" (2021).

European Data Protection Supervisor, "A Preliminary Opinion on Data Protection and Scientific Research" (2020).

European Union Agency for Cybersecurity, "Recommendations on Shaping Technology according to GDPR Provisions, An Overview on Data Pseudonymisation" (2018).

_____, "Pseudonymisation and Best Practices" (2019).

_____, "Data Protection Engineering" (2022).

Evan, Selinger/Leong, Brenda, "The ethics of facial recognition technology" (2021).

Finck, Michèle, "Blockchains and Data Protection in the European Union", EDPL (2018).

Garfinkel, Simson L. et al., "Issues Encountered Deploying Differential Privacy" in Proceedings of the 2018 Workshop on Privacy in the Electronic Society (2018).

Google Research & Ads, "Evaluation of Cohort Algorithms for the FLoC API" (2021).

Hard, Andrew et al., "Federated Learning for Mobile Keyboard Prediction", arXiv:1811.03604v2 (2019).

Hawes, Michael, "Title 13, Differential Privacy and the 2020 Decennial Census" (2019).

Hintze, Mike, "Viewing the GDPR through a de−identification lens: a tool for compliance, clarification, and consistency", International Data Privacy Law 8(1) (2018).

Hintze, Mike/El Emam, Khaled, "Comparing the benefits of pseudony—
    misation and anonymisation under the GDPR", Journal of
    Data Protection & Privacy 2(2) (2018).

Homer, Nils et al., "Resolving Individuals Contributing Trace Amounts
    of DNA to Highly Complex Mixtures Using High—Density
    SNP Genotyping Microarrays", PLoS genetics 4(8) (2008).

International Standard on Auditing 315 (Revised, 2019).

International Standard Organization, "Information technology —Security
    techniques— Guidelines for the use and management of
    Trusted Third Party services"(ISO/IEC TR 14516) (2002).

_____, "Privacy enhancing data de—
    identification terminology and classification of techniques"
    (ISO/IEC 20889, 2018).

JASON, "Formal Privacy Methods for the 2020 Census" (2020).

Li, Ninghui/Li, Tiancheng/Venkatasubramanian, Suresh, "t—Closeness:
    Privacy Beyond k—Anonymity and l—Diversity", 23rd International
    Conference on Data Engineering, IEEE (2007).

Li, Tian et al., "Federated learning: Challenges, methods, and future
    directions", IEEE Signal Processing Magazine 37(3) (2020).

Machanavajjhala, Ashwin et al., "l—Diversity: Privacy Beyond k—Anonymity",
    22nd International Conference on Data Engineering, IEEE
    (2006).

McMahan, Brendan/Ramage, Daniel, "Federated Learning: Collaborative
    Machine Learning without Centralized Training Data", Google
    AI Blog (2017).

Narayanan, Arvind/Shmatikov, Vitaly, "Robust de—anonymization of
    large sparse datasets", 2008 IEEE Symposium on Security and
    Privacy (2008).

Nasar, Zara/Jaffry, Syed Waqar/Malik, Muhammad Kamran, "Named Entity Recognition and Relation Extraction: State−of−the−Art". ACM Computing Surveys (CSUR) 54(1) (2021).

Nissim, Kobbi et al., "Bridging the Gap Between Computer Science and Legal Approaches to Privacy", Harvard Journal of Law & Technology 31(2) (2018).

Office of Federal Statistical Policy and Standards, "Report on Statistical Disclosure and Disclosure Avoidance Techniques", U.S. Department of Commerce (1978).

Ruggles, Steven et al., "Differential Privacy and Census Data: Implications for Social and Economic Research", AEA Papers and Proceedings (2019).

Samarati, Pierangela/Sweeney, Latanya, "Protecting Privacy when Disclosing Information: k−Anonymity and Its Enforcement through Generalization and Suppression", Technical Report SRI−CSL−98−04, Computer Science Laboratory SRI International (1998).

Schwartmann, Rolf/Weiß, Steffen(Ed.), "Requirements for the use of pseudonymisation solutions in compliance with data protection regulations"(A working paper of the Data Protection Focus Group of the Platform Security, Protection and Trust for Society and Business at the Digital Summit) (2018).

Schwartz, Paul M./Peifer, Karl−Nikolaus, "Transatlantic Data Privacy Law", The Georgetown Law Journal 106(1) (2017).

Schwartz, Paul M./Solove, Daniel J., "The PII Problem: Privacy and a New Concept of Personally Identifiable Information", N.Y.U. Law Review 86 (2011).

Smith, Adam, "Local(−ish) Models for Statistical Data Privacy", DPMPC Workshop (2018).

Sweeney, Latanya, "k−anonymity: A model for protecting privacy", International Journal of Uncertainty, Fuzziness and Knowledge −Based Systems 10(5) (2002).

University of Pittsburgh Medical Center, "Honest Broker Certification Process Related to the De−identification of Health Information for Research and Other Duties/Requirements of an Honest Broker", Policy and Procedure Manual (2007).

_____, "Policy and Procedure Manual (HS−EC1807)" (2007).

Warren, Samuel/Brandeis, Louis , "The Right to Privacy", Harvard Law Review 4(5) (1890).

Wood, Alexandra et al., "Differential Privacy: A Primer for a Non− Technical Audience", Vanderbilt Journal of Entertainment & Technology Law 21(1) (2018).

공저자 약력

고학수
고학수는 서울대학교 법학전문대학원(로스쿨) 교수로 재직 중이다. 서울대학교 경제학과에서 학사와 석사 학위를 취득했고, 미국 컬럼비아대학교 로스쿨(J.D.)과 경제학과(Ph.D.)에서 공부하여 각각 학위를 받았다. 공부를 마친 후 미국 월스트리트의 로펌 휴즈 허바드 앤드 리드에서 변호사로 근무한 바 있고, 귀국하여 법무법인 세종에서도 근무하였다. 그 후 연세대학교 법과대학에 재직한 바도 있다. 그 이외에 컬럼비아대학교, 싱가포르국립대학교, 함부르크대학교에서 강의한 경력이 있고, 브뤼셀자유대학교(VUB), UC 버클리, 프라이부르크 고등연구원의 방문학자 경력이 있다. 법경제학, 개인정보보호 및 프라이버시, 빅데이터, 인공지능, IT 정책 등의 영역에 관해 연구하고 강의한다.

김병필
저자 김병필은 KAIST 기술경영학부 교수이다. 법과 기술이 다면적으로 상호작용하는 영역에 관심이 많다. 특히 개인정보 보호와 프라이버시 규제, 알고리즘의 윤리적 활용, 인공지능 법률 서비스 및 컴플라이언스 업무를 주로 연구하고 있다. 『인공지능과 법』, 『인공지능 윤리와 거버넌스』를 공저로 저술하였고, 한국인공지능법학회와 개인정보보호법학회 이사로 활동하면서 정책 쟁점에 대한 자문도 수행하고 있다.

구본효
저자 구본효는 현재 서울고등검찰청에서 공익법무관으로 근무하고 있다. 서울대학교 자유전공학부와 서울대학교 법학전문대학원을 졸업하고 제8회 변호사시험에 합격한 뒤 서울대학교 법과대학 박사 과정에 진학하여 프라이버시, 인공지능 규제 등 분야에 관한 연구를 수행하였다. "국내 웹사이트의 이용자 정보수집 및 트래킹 현황에 관한 분석(공저)", "알고리즘의 요해(공저)", "API와 개인정보 이동권(공저)" 등의 페이퍼와 저서 『인공지능 윤리와 거버넌스(공저)』를 공저자로 집필하였다.

백대열
저자 백대열은 현재 육군법무관으로 복무하고 있다. 서울대학교 경영대학에서 경영학, 수학, 철학을 각 전공하였으며, 제48회 공인회계사(CPA)시험에 합격하였다. 서울대학교 법학전문대학원을 졸업하고 제9회 변호사시험에 합격한 뒤, 서울대학교 법학과 박사과정에 진학하여 민법을 전공하고 있다. 논문 "데이터 물권법 시론(試論) −암호화폐를 비롯한 유체물−동등 데이터를 중심으로"를 발표하여 제4회 한국민사법학회 대학원생 논문경연대회 우수상 및 제1회 대한변호사협회 학술논문상 우수상을 각 수상하였다. 주요 연구성과로는 "개정 개인정보보호법상 가명정보의 개념 및 가명처리에 관하여(공저)", "사망자의 인격권 보호를 위한 입법 제안 −유족을 통한 간접적 보호에서 사망자 본인의 의사 존중으로" 등이 있다.

박도현

저자 박도현은 현재 서울대학교 아시아태평양법연구소 연구원으로서 서울대학교 컴퓨터공학부에서 'AI와 법' 강의를 담당하고 있다. 서울대학교 경제학부와 서울대학교 법학전문대학원을 졸업하고 제5회 변호사시험에 합격한 뒤 서울대학교 법학과 박사학위 과정에 진학하여 다양한 연구를 수행하였고, 법학박사 학위논문 "인공지능과 해악: 창발적 해악론을 중심으로"를 발표하여 제6회 홍진기법률연구상 대상을 수상하였다. 이외에 "인공지능과 차별(공저)", "인공지능과 자율성의 역학관계", "인공지능 윤리규범과 규제 거버넌스의 현황과 과제(공저)", "인공지능 윤리의 두 가지 가치", "인간 편향성과 인공지능의 교차" 등의 논문을 학술지에 게재하였고, 저서 『인공지능 원론: 설명가능성을 중심으로』를 공저자로 집필하였다.

정종구

저자 정종구는 서울대학교 법학전문대학원에서 교육지원실장으로 근무하고 있다. 연세대학교 법과대학과 연세대학교 법학전문대학원을 졸업하고 제8회 변호사시험을 합격한 뒤 법무법인 엘케이비앤파트너스에서 근무했다. 고려사이버대학교 정보관리보안학과에 편입하여 졸업하였고 서울대학교 일반대학원 석사과정에서 개인정보 보호를, 박사과정에서는 인공지능 법정책을 연구했다. 현재 서울대학교 인공지능정책이니셔티브 연구원으로서 인공지능과 메타버스를 연구하고 있으며, 국내외 20여 편의 연구논문을 발표했다. 이외에도 변호사로서 지식재산 업무를 수행하며 대한변호사협회 학술위원회(지식재산분과) 위원으로 활동하고 있으며 추계예술대학교에서 '저작권법', '메타버스와 문화행사기획'을 가르치고 있다.

김은수

저자 김은수는 현재 서울대학교 법학연구소 객원연구원으로 활동하고 있다. 서울대학교 경제학부와 미국 Texas Tech Law School(JD)을 졸업하고, 서울대학교 법학전문대학원에서 전문법학박사 학위를 취득했다. 주 연구 분야는 법경제학, 프라이버시, 인공지능 등이다.

SAPI(서울대 인공지능정책 이니셔티브) 연구총서 1

인공지능 시대의 개인정보 보호법

초판발행   2022년 5월 25일

지은이   고학수 · 김병필 · 구본효 · 백대열 · 박도현 · 정종구 · 김은수
펴낸이   안종만 · 안상준

편 집   윤혜경
기획/마케팅   조성호
표지디자인   BEN STORY
제 작   고철민 · 조영환

펴낸곳   (주) **박영사**
          서울특별시 금천구 가산디지털2로 53, 210호(가산동, 한라시그마밸리)
          등록 1959. 3. 11. 제300-1959-1호(倫)

전 화   02)733-6771
f a x   02)736-4818
e-mail   pys@pybook.co.kr
homepage   www.pybook.co.kr
ISBN   979-11-303-4196-5 94360
          979-11-303-4210-8 (세트)

정 가   18,000원